KB039949

초한전쟁

楚漢戰爭

이동민 지음

흠영

초한전쟁

역사적 대전환으로의
지리적 접근

추천의 글

류재명

(서울대학교 지리교육과 명예교수)

30년 가까이 교수 생활을 하면서 지리학의 혁신과 지평 확대, 그리고 대중화를 위해 끊임없이 노력했다. 심리학, 행동경제학, 경영학 등 다양한 분야의 최신 동향을 담은 책과 논문을 찾아 읽고 기회가 있을 때마다 여러 분야의 학자들과 교류했다. 이는 우리가 살아가는 '땅'을 다루는 학문인 지리학을 다른 분야와 결합해 인류의 삶터를 새롭게 해석하고 명쾌하게 설명하고자 했던 나의 학문적 바람 때문이었다.『초한전쟁—역사적 대전환으로의 지리적 접근』은 이 같은 나의 바람을 실현해 주었다는 점에서 무척이나 반갑고, 또 진심으로 감사한 책이다.

지리와 역사는 뿌리를 공유하는 밀접한 학문이며, 전쟁과 전쟁사는 특히 지리와 긴밀하게 연결된다. 지리와 역사, 인문학 전반을 아우르며 초한전쟁을 오늘날 우리 사회와 연결 지어 재해석한 이 책은, 지리가 역사와 세상을 보는 눈을 어떻게 바꾸는지 우리에게 생생하게 보여준다. 역발산기개세의 항우와 사람을 잘 다루었던 유방, 과하지욕과 토사구팽의 주인공 한신 등 초한전쟁기의 인물들과 초한전쟁의 단편적인 장면들이 중국의 지리와 더불어 보다 선명하게 전해진다.

서른 매가 넘는 지도를 활용해 초한전쟁 당시 중국 땅의 정세와 군대의 이동을 일목요연하게 서술한 이 책의 가장 큰 장점은, 지리적 관점으로 초한전쟁을 그저 알기 쉽게 설명하는 수준을 넘어 초한전쟁에 대한 새로운 시각을 제공했다는 점이다. 백수건달이었던 유방이 어떻게 한고조가 될 수 있었을까? 항우가 서초패왕이 될 수 있었던 까닭은 용맹하고 힘이 장사였기 때문일까? 한신은 어떻게 배수진으로 빛나는 승리를 거두었으며 어째서 토사구팽 당했을까? 이 책은 지도를 통해 이런 질문에 대해 참신하면서도 명쾌한 답변을 제시한다. 초한전쟁사를 지도, 지리, 그리고 폭넓은 인문학적 소양으로 아우른 이 책만이 제시할 수 있는 귀중한 통찰이다.

『사기』『한서』등 일차 사료의 원문을 충실히 검토하고, 초한전쟁에 대한 다각적인 논의와 최신 연구 성과까지 담아 학술적 토대가 탄탄하다. 아울러 초한전쟁을 우리나라는 물론 동아시아 세계와 연결 지어 서술해, 고대 중국에서 일어난 전쟁 이야기임에도 이해하기 쉬울뿐더러 확실히 읽는 재미가 있다. 이러한 점에서 이 책은 오늘날 동아시아에서 살아가고 있는 우리나라의 독자들에게 더욱 추천해 주고 싶은 책이기도 하다.

나는 우리나라에서도 『총, 균, 쇠』『지리의 힘』『왜 지금 지리학인가』『사피엔스』와 같은 지리 책이 나오는 날이 오기를 손꼽아 기다려 왔다. 지리의 시선으로 역사와 문화, 사회, 경제 등 인문학 전반을 아우르며 세상을, 사회의 흐름과 변화를 혁신적으로 재조명해 줄 그런 책 말이다. 이 책이 대중에게 널리 읽혀, 오늘날 급변하는 세계와 동아시아의 지정학적 질서 속에서 정치인, 경제인, 군사 안보 전문가 등에게 의미 있는 메시지와 통찰을 제시해 주기를 기대한다.

일러두기

1 연월 표기는 오늘날의 그레고리력이 아닌 초한전쟁 당시의 역법인 전욱력(顓頊曆)을 따랐다. 그
   러므로 한 해의 시작은 10월, 마지막 달은 9월임을 고려해 읽어야 한다. 이를테면 기원전 209년
   9월부터 기원전 208년 11월까지는 1년 3개월이 아니라 3개월이다. 이는 기원전 221년 시황제가
   전욱력을 진나라의 공식 역법으로 삼은 후 이것이 초한전쟁기를 거쳐 한나라 제6대 황제인 경제
   (景帝) 재위기까지 이어진 데 기인한다.

2 고대 중국의 지명은 우리말 한자음으로 표기한 뒤 괄호 안에 현대 중국 지명을 밝혔다. 산과 강의
   이름은 국립국어원 표준국어대사전에 따라 표기했으며, 표준국어대사전에 등재되어 있지 않은
   경우 일반 지명과 마찬가지로 고대의 이름을 우리말 한자음으로 표기한 뒤 현대의 이름을 본문에
   밝혔다.

3 지명과 인명에 대한 한자는 처음 등장할 때만 병기하고 그 뒤에는 꼭 필요한 경우가 아니면 한글
   로만 표기했다. 다만 동음이의어가 있는 경우 그것과 무관하게 한자를 병기했다.

4 이 책에 실린 모든 인용문의 출전은 사마천의 『사기』이며, 참고문헌의 번역문을 참고하되 원문의
   뜻을 살려 저자가 다시 번역한 것이다. 원문은 주석에 밝혀두었다.

책을 펴내며

진나라 멸망 후 벌어진 유방(기원전 247?~기원전 195)과 항우(기원전 232~기원전 202)의 패권전쟁인 초한전쟁은 우리에게 상당히 익숙한 역사적 사건이다. '사면초가四面楚歌' '금의환향錦衣還鄕', '배수진背水陣' '다다익선多多益善' '파부침주破釜沈舟' 등 초한전쟁에 유래하는 고사성어가 일상생활 속에서 널리 쓰이고 있는 데서 알 수 있듯 말이다. 우리 민족이 오랜 세월 즐겨온 놀이 장기에서도 우리는 '초한'을 찾을 수 있는데, 재미있는 건 일본은 물론 중국의 장기도 초한전쟁과 아무런 관계가 없다는 점이다. 우리 민족이 역사적으로 초한전쟁에 얼마나 많은 관심을 가졌는지 알 수 있는 대목이다. 또한 중국 명나라 시대에 저술되었다고 알려진 고전소설 『초한지楚漢志』가 한중일 삼국에서 널리 읽혀왔으며, 유명 작가들이 현대적인 관점으로 평역해 오늘날에도 여전히 많은 사랑을 받으며 애독되고 있다. 항우와 우미인의 사랑과 이별을 그린 중국의 경극京劇〈패왕별희覇王別姬〉는 중국 전통 공연예술의 정수가 담긴 작품으로 평가되고 있으며, 1993년 동명의 영화로 개봉되어 제46회 칸영화제 황금종려상을 수상하는 등 세계적으로 작품성을 인정받았고 흥행도 했다.

초한전쟁은 장기나 『초한지』, 〈패왕별희〉 등 고전 문화는 물론, 오늘날 발표되고 있는 다양한 매체에도 지대한 영향을 미치고 있다. 이를테면 1994년에는 항우와 유방의 정실부인 여치呂雉(기원전 241~기원전 180)를 주인공으로 한 영화 〈서초패왕〉이 개봉했고 국내에서도 많은 인기를 얻었다. 또한 2011년에 〈초한지—천하대전〉이 개봉된 데 이어 2012년에 〈초한지—영웅의 부활〉이 개봉했고, 같은 해 중국에서 대하 드라마 〈초한전기楚漢傳奇〉가 방영되었다. 이 드라마 역시 국내에서 〈초한지〉라는 제목으로 방영되어 시청자들의 주목을 받았다. 아울러 2016년 출시되어 2020년 서비스가 종료된 모바일 게임 〈삼국지 조조전 온라인〉에도 초한전쟁을 주제로 한 〈유방전〉이라는 시나리오가 담겨 많은 인기를 얻은 바 있다.

초한전쟁의 여러 인물도 우리에게 익숙하다. 신체가 건장하고 힘이 아주 센 사람을 흔히 '항우장사'라고 부르는데, 이는 말할 것도 없이 서초패왕 항우에게서 유래한 표현이다. 건달 출신으로 뛰어난 용인술을 발휘하고 백성들의 어려움을 살필 줄 알았던 유방은 오래전부터 동아시아 문화권에서 이상적인 지도자상으로 여겨졌다. 실제로 『삼국지연의』에 묘사된 돗자리 장수 출신의 도덕군자 유비의 모습은 유방의 행적에 그 모티브를 둔다.[1] 유방을 도와 한나라를 건국하는 데 큰 기여를 한 장량張良(?~기원전 186)의 호인 '자방子房'은 흔히 뛰어난 책사나 모사를 이르는 말로 쓰인다. 한나라의 대장군 한신韓信(기원전 231~기원전 196)이 젊은 시절 시비를 걸어오는 건달의 가랑이 사이를 기어갔다는 이야기에서 유래된 고사성어 '과하지욕袴下之辱'은 큰 뜻을 가진 사람은 쓸데없이 남과 다투지 않음을 빗대는 말로 쓰인다. 이처럼 초한전쟁기의 인물들이 대중에게 많이 알려져 있고, 특히 유방, 한신 등의 리더십은 오늘날 수많은 자기계발서에 인용되고 있다.

　이처럼 초한전쟁이 역사학자들의 관심사를 넘어 대중적으로 널리 알려지게 된 까닭은 그만큼 초한전쟁이 중국사, 나아가 동아시아사에 지대한 영향을 끼쳤기 때문이다. 초한전쟁에서 승리한 유방은 한漢나라(기원전 207~기원후 220)를 건국했다. 중국 최초의 통일 왕조는 진秦(기원전 221~기원전 206)이지만, 통일 진나라는 불과 15년밖에 지속되지 못했다. 반면 한나라는 400년 이상 지속되며 중국 문화의 근간을 이뤘다. 중국인을 '한족漢族'이라고, 중국의 문자를 '한자漢字'라고 부르는 까닭은 그만큼 한나라가 중국사에서 차지하는 비중이 크다는 사실을 시사한다. 그뿐만 아니라 한나라는 400년이 넘는 세월에 걸쳐 동아시아사에 많은 영향을 미쳤다. 일례로 한무제武帝(기원전 157~기원전 87, 재위 기원전 141~기원전 87)는 한때 한나라보다도 국력이 강했던 북방의 기마민족 흉노匈奴를 몰아내고 동아시아 최강국 한나라의 위상과 영역을 공고히 했다. 고조선 말기에 준왕準王(?~?)을 몰아내고 위만조선을 세운 위만衛滿(?~?)은 초한전쟁 직후 고조선에 유입된 연나라 사람이었고, '한사군漢四郡'이라는 지명에서 알 수 있듯 고조선은 한 무제의 침공으로 인해 멸망했다. 유교가 동아시아의 사상적 토양으로 자리매김한 것도 한나라가 유교를 통치 이념으로 삼았기 때문이다. 이처럼 한나라가 중국은 물론 동아시아의 발전에 지대한 기여를 했으니, 한나라 탄생의 계기가 된 초한전쟁이 갖는 역사적 중요성을 결코 가벼이 여길 수 없는 것이다.

그런데 초한전쟁을 올바르게 이해하려면 역사적 관점뿐만 아니라 지리적 관점으로도 살펴볼 필요가 있다. 무엇보다 한漢, 초楚, 관중關中, 팽성彭城(오늘날 장쑤江蘇성 쉬저우徐州시), 형양滎陽(오늘날 허난성 싱양滎陽시), 성고成皋(오늘날 중국 허난성 궁이鞏義시) 등과 같은 중요 지역의 위치와 환경에 대한 이해는, 유방, 항우, 장량, 한신, 범증范增(기원전 278?~기원전 204) 등과 같은 인물의 이야기 못지않게 중요하다. 그리고 초한전쟁을 통해 중국을 통일한 한나라의 의미 역시 지리적 관점에서 분석할 거리가 많다. 초한전쟁은 진승·오광의 난(기원전 209) 이후 진나라에 흡수되었던 전국시대의 옛 제후국들이 부활하면서 일어났다. 진나라에 의해 통일되었던 중국이 또다시 여러 제후국으로 분열되고, 부활한 제후국들과 진나라 사이에 대립과 항쟁이 일어나는 가운데 유방과 항우가 두각을 나타내게 된 것이다. 만일 진승·오광의 난이 진나라를 분열시키지 못하고 단순한 반란으로 끝났다면 초한전쟁은 일어나지 않았거나, 일어났더라도 역사에 기록된 양상과는 전혀 다른 방향으로 전개되었을 가능성이 크다.

유방과 항우 역시 진나라, 초나라의 지리적 환경과 떼어놓고 생각할 수 없다. 유방을 건달 출신으로만 알고 있는 이들이 많은데, 사실 유방은 진나라가 완전히 장악하지 못했던 비주류 공간에서 상당한 인맥과 영향력을 가진 인물이었다. 그렇기에 백수건달이었던 유방이 미관말직에나마 오를 수 있었던 것이고, 그 시절 유방과 인연을 맺은 사람들이 훗날 한나라의 개국공신이 될 수 있었던 것이다. 즉, 유방은 단순히 시대를 잘 만난 포용력 있는 건달이 아니라, 중앙정부의 영향력이 미치지 않는 비주류 공간이 존재했기에 대두할 수 있었던 인물이라 할 수 있다.

항우 역시 단순히 명문가의 자제, 또는 역발산기개세力拔山氣蓋世의 용감무쌍하기 그지없는 영웅 정도로만 이해해선 안 된다. 항우는 애초에 패망한 초나라의 명문가 출신으로, 진나라에서는 주류사회에 편입되기 어려운 인물이었다. 그런 항우가 대두할 수 있었던 까닭 역시 진나라, 초나라의 지리적 상황과 무관하지 않다. 양쯔강 유역에서 발달한 초나라는 황허강 유역을 기반으로 하는 진나라 및 다른 제후국들과는 지리적으로 거리가 있었다. 그리고 당시만 하더라도 초나라에는 미개척지가 많았고 이민족들도 많이 살고 있었다. 그러다 보니 초나라 땅에는 비주류 공간이 특히 많았고, 이곳에서 무장 집단이 난립했다. 패망한 나라의 명문자제 항우는 이러한 영역에서 세력을 키워 서초패왕으로 거듭날 수 있었다. 즉, 서초패왕 항우 역시 초나라라는 환경이 키워낸 영웅으로 바라볼 필요가 있는 것이다.

초한전쟁의 과정과 결과에도 당시 중국의 지리적 상황, 그리고 땅을 바라보는 유방과 항우의 안목 차이가 큰 영향을 미쳤다. 이를테면 고대 중국의 중심지였던 관중은 전쟁에서 승리하기 위해 반드시 취해야 하는 땅이었다. 유방은 관중을 다스릴 명분은 물론 관중 백성들의 신망도 얻었다. 그랬기 때문에 유방은 항우와의 전쟁을 유리하게 끌고 갈 수 있었다. 반면 항우는 관중을 파괴해 민심을 잃었던 데다, 관중을 버리고 중국의 중심지와는 거리가 먼 자신의 근거지 팽성을 도읍으로 삼았다. 그러다 보니 서초패왕으로서 중국의 패권을 쥐기는 했지만 제후국들을 효과적으로 다스리지 못했고 결국 유방과의 싸움에서 패하고 말았다. 그뿐만이 아니다. 서초패왕에 오른 항우는 유방을 제거하기 위해 그를 한왕漢王에 봉해 오지였던 파촉巴蜀(오늘날 쓰촨四川성 일대)으로 보내버렸다. 그런데 땅이 기름지고 방어에 유리한 데다 관중과도 가까웠던 파촉의 지리적 환경은, 유방이 재기해 세력을 키우고 항우를 위협할 상대로 떠오르는데 큰 역할을 했다. 팽성은 유방을 견제하기에는 너무 멀리 떨어져 있었기 때문에, 항우는 유방의 재기를 제대로 막아내지 못했다. 게다가 유방은 한신의 북벌을 통해 황허강 북쪽의 광대한 영역을 장악할 수 있었고, 이를 통해 항우의 서초를 지리적으로 고립시키는데 성공했다. 반면 항우는 초나라의 영역조차 완전히 장악하지 못했다. 그러다 보니 인접한 지역의 세력가인 팽월彭越(?~기원전 196)과 영포英布(?~기원전 195)에게 후방을 교란당하며 유방과의 전쟁에서 많은 어려움을 겪었다.

역사적 맥락, 인물의 자질과 심리를 이해하는 것은 물론 중요하다. 그러나 이처럼 지리적인 접근이 있었을 때 우리는 비로소 초한전쟁을 정확하게 읽어낼 수 있다. 이러한 점에서 초한전쟁에 대한 지리적 접근은, 유방과 항우가 중국의 패권을 다투는 영웅으로 대두하게 된 배경과 유방이 현저한 열세를 극복하고 항우를 상대로 승리를 거둔 까닭, 또 한나라의 건국과 통일이 동아시아 문화의 형성과 발전에 끼친 영향을 올바르게 이해하는 데 필수적이라고 할수 있다. 이에 초한전쟁을 지리적으로 살펴보는 책을 쓰게 되었다.

독자 여러분이 초한전쟁을 새로운 각도에서 깊이 있게 이해하고 동아시아의 역사와 문화를 읽는 안목을 기르는 데 이 책이 조금이나마 도움이 된다면 저자로서 더 큰 바람이 없을 것이다.

　마지막으로 이 책이 출간되는 데 많은 도움을 주신 공재우 편집자님, 송언근 교수님, 류재명 교수님, 한민 박사님, 조철기 교수님, 박소희 선생님, 임호민 교수님, 가톨릭관동대학교 지리교육과 학생들과 전보애, 조대헌, 최광희 교수님, 그리고 사랑하는 나의 가족에게 진심 어린 감사의 말씀을 전한다.

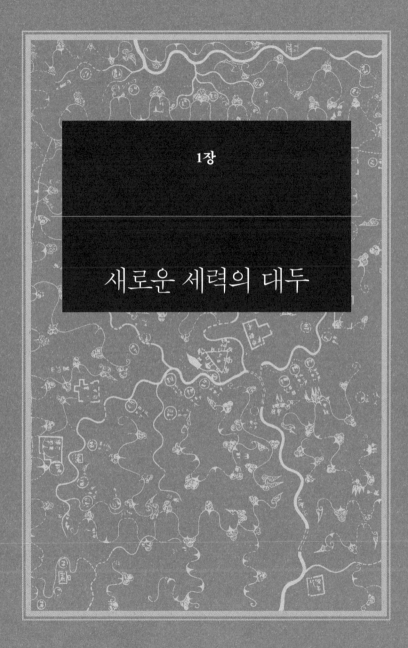

1장

새로운 세력의 대두

간신의 국정 농단과 난으로 인해
나라가 혼란스러워지자,
택의 소년들이 일어나기 시작한다.

1
흔들리는 통일 제국

중국 최초의 통일 왕조는 시황제始皇帝(기원전 259~기원전 210, 재위 기원전 220~기원전 210)*와 만리장성으로 잘 알려진 진秦나라다. 그렇다면 진나라 이전에는 중국에 왕조다운 왕조, 나라다운 나라가 없었을까? 그렇지는 않다. 진나라 이전에도 중국에는 상商(기원전 17세기 전후~기원전 11세기 전후)**과 주周(기원전 11세기 전후~기원전

---

* '황제'란 고대 중국 신화에 등장하는 전설상의 명군인 삼황오제三皇五帝에서 따온 호칭으로, 왕보다 격이 높다. 그리고 시황제는 군주의 사후 후손이나 신하들이 붙여주는 묘호廟號(예를 들면 '세종' '태종' '고조' 등이 바로 묘호다)는 마치 아들이나 손자가 아버지나 할아버지를 평가하는 행위처럼 무례한 일이라고 여겨, 자신을 최초의 황제인 시황제로, 후대 황제를 계승 순서에 따라 이세황제, 삼세황제 등으로 부르게 했다.
** 상나라는 흔히 '은殷나라'라고 불리는데, 이는 상나라의 마지막 도읍이 은이었기 때문이다. 상나라는 과거에는 전설상의 왕조라고 여겨졌지만, 20세기 초중반에 은의 유적인 은허殷墟가 발굴되면서 실존했던 왕조로 인정받았다.

256)라는 왕조가 엄연히 존재했다. 이 두 왕조가 지속된 시기를 합하면 무려 1000년 하고도 수백 년에 달한다. 그런데도 우리는 상이나 주를 통일 왕조라고 부르지 않는다.

시황제, 중국 최초의 통일 왕조를 세우다

진나라와 이 두 나라의 차이는 무엇일까? 그것은 바로, 진나라가 참된 통일을 이룩한 반면 상나라와 주나라는 부족 연합체 수준을 벗어나지 못했거나, 온전한 통일국가 체제를 이루지 못하고 봉건 체제에 머물렀다는 점이다. 상나라와 주나라에도 왕실과 조정이 있었지만, 각지의 부족장이나 제후들이 대대로 자리를 세습하면서 자기 영지를 마치 작은 왕처럼 다스렸다. 조정은 이러한 부족장이나 제후의 영역을 세부적으로 통제하지 못했다. 반면 진나라는 통일 후 전 국토를 조정에서 임명한 관리가 국법에 따라 다스렸다. 그래서 역사학계에서는 중국 최초의 왕조는 상으로, 최초의 통일 왕조는 진으로 간주한다.

이해를 돕기 위해 잠시 중국사에서 한국사로 초점을 옮겨보자. 고대 한국에는 신라, 가야, 고구려, 백제, 동예, 옥저 등의 여러 나라가 존재했다. 그런데 우리는 역사를 배우거나 서술할 때 삼국시대라 하여 신라, 고구려, 백제를 특히 중요시하고 가야나 동예, 옥저 등은 상대적으로 덜 중요하게 다룬다. 이유가 무엇일까? 물론 단순히 큰 나라와 작은 나라, 강한 나라와 약한 나라였다는 것에서 그 이유를 찾을 수도 있을 것이다. 그런데 신라, 고구려, 백제 삼국은 땅을 다스리는 방식에 있어서도 가야, 동예, 옥저와 결정적인 차이점이 있었다.

가야, 동예, 옥저는 본격적인 국가라기보다는 부족 연합체에 가까웠다. 임금과 영토가 존재하기는 했지만, 영토는 왕실이나 조정의 땅이 아니라 여러 부족이 알아서 다스리는 영역이었다. 그러다 보니 임금은 지존이라기보다는 부족장들의 대표자였다. 임금이 전쟁 등 위기 상황에 제대로 대처하지 못하면 부족장들이 왕을 갈아 치우는 일도 있을 정도였다.

신라, 고구려, 백제도 그 출발은 가야, 동예, 옥저 등과 마찬가지로 부족 연합체였지만 역사의 흐름에 발맞춰 고대국가로 거듭나는 데 성공했다. 법령을 정비하고 왕권을 강화하는 한편, 각지에 태수를 보내 영토를 여러 부족의 땅이 아닌 조정과 나라의 땅으로 바꿔 갔다. 불교를 받아들여 사상도 통일했다. 이러한 과정을 거치면서 신라와 백제, 고구려는 강력한 통일국가로 거듭났다. 통일국가가 부족 연합체보다 훨씬 강한 국력을 가질 수 있음은 두말할 필요가 없다. 시간이 흐르면서 여전히 부족 연합체에 머물러 있던 가야, 동예, 옥저는 신라와 고구려에 복속당하고 말았다. 바로 이것이 고대 한반도에 가야, 동예, 옥저 등 여러 부족국가들이 존재했음에도 우리가 신라, 고구려, 백제를 기준으로 삼국시대의 역사를 배우는 이유다.

우리나라 이야기는 이쯤에서 정리하고 다시 중국 이야기로 돌아가겠다. 고대 중국의 왕조였던 상과 주는 통일국가로 발전한 신라, 고구려, 백제보다는 가야나 동예, 옥저 등과 같은 부족 연합체에 가까웠다. 상나라 왕실은 여러 부족을 대표해 제사를 주관했을 뿐 도읍 주변을 제외한 영토는 다른 부족들이 직접 다스렸다. 주나라 역시 부족 연합체 수준에서 완전히 벗어나지 못했다. 주나라 왕실은 도읍 주변의 직할지를 직접 다스리되 그 밖의 지방은 왕족이나 공신을 각지의 제후로 봉해 다스리게 하는 봉건제封建制를 시행했다. 상나라에 비하면 크게 발전했지만 이 역시 제후가 자리를 세습하며 자기 영지의 작은 왕처럼 군림하는 체제였다. 즉, 주 역시 통일 왕조라 부르기에는 부족함이 많았다. 주나라 왕실은 제후들의 인정을 받지 못한다면 언제든 무너질 수 있는 사상누각 같은 존재였다.

기원전 770년부터 주나라 왕실의 권위가 땅에 떨어지면서 중국 땅은 여러 제후국이 난립하며 항쟁하는 혼란기로 접어들었다. 이를 춘추시대春秋時代(기원전 770~기원전 403)와 전국시대戰國時代(기원전 403~기원전 221)라 한다. 그래도 춘추시대에는 명목상으로나마 주 왕실의 권위가 남아 있었지만 전국시대에 접어들면서 그마저도 완전히 실추되어 주나라 왕실은 소규모 영주 수준으로 전락하고 말았다. 진, 초楚, 제齊, 위魏, 조趙, 연燕, 한韓의 일곱 제후국(전국칠웅戰國七雄)으로 분열되었던 중국 땅은 기원전 221년 진왕 영정嬴政에 의해 통일되었다. 중국을 통일한 영정은 왕이 아닌 황제에 올라 시황제가 되었다.

시황제는 진나라의 영토를 완전히 통일된 영역으로 만들기 위해 많은 노력을 했다. 우선 전국시대 후기부터 진나라가 시행해 왔던 군현제郡縣制를 전국으로 확대했다. 군현제란 조정, 즉 중앙정부가 영토를 군과 현이라는 행정구역으로 가른 뒤 지방관을 임명해 다스리는 제도다. 황제의 대리인인 지방관이 각 지역을 관리하니 전 국토가 온전한 진 황실의 땅이 될 수 있었다. 그리고 제후국마다 서로 달랐던 도량형과 문자를 통일하는 한편 법률을 체계적으로 정비하고 이를 엄격하게 집행하는 법령 개혁도 시행했다. 게다가 황실과

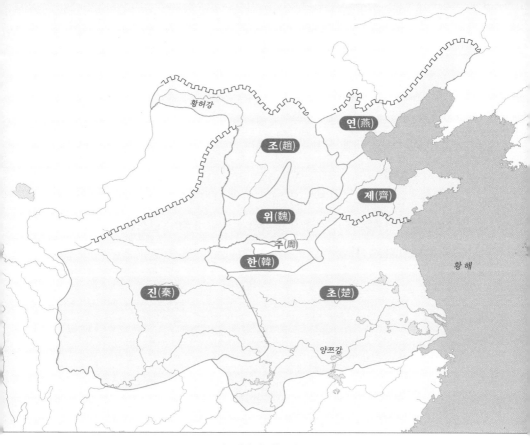

전국시대 전국칠웅의 영토

조정의 권위를 과시하기 위해 거대한 황궁인 아방궁을 건설했다. 시황제는 이러한 과정을 통해 진나라를 완전한 통일 제국으로 변모시키고자 했다. 아울러 진나라의 체제를 안정시키기 위해 각지를 순행하며 관리들을 감독하고 민심을 수습했다.

　시황제는 강력한 통일국가를 완성하기 위해 대대적인 대외 원정도 실시했다. 붓 발명 설화로도 유명한 몽염蒙恬(?~기원전 210)*이 지휘하는 30만 진나라 군대는 북방의 거대한 위협이었던 유목민족 흉노匈奴를 정벌했다. 틈만 나면 중국 대륙을 약탈하던 흉노는 어릴

적부터 말타기와 사냥을 배우는, 중국의 정예 군인들도 상대하기 버거워했던 강력한 기마민족이었다. 하지만 이들조차도 몽염이 이끄는 진나라 군대를 당해내지 못했다. 진나라 북쪽 국경까지 내려와 약탈을 일삼던 흉노는 북쪽으로 멀리 달아났다. 시황제는 흉노의 침략이 되풀이되지 않도록 하기 위해 만리장성을 쌓았다. 이 역시 이민족이 함부로 드나들지 못하게 함으로써 중국 본토를 확고하게 지배하려는 시도였다.

진나라의 문제점과 시황제의 죽음

시황제는 중국 땅을 통일했지만 그 부작용도 만만치 않았다. 우선 진나라의 법령은 너무 복잡한 데다 가혹하기까지 했다. 오늘날에야 법치가 민주주의의 기본 원리라지만, 당시는 2000년도 더 전의 고대사회였다. 백성 대부분이 체계적인 교육을 받기는커녕 까막눈이었다. 교육 수준이 높아진 현대에도 자세히 알기 힘든 게 법률이니, 당시 백성에게 복잡한 법령은 가혹한 폭정이나 다름없었다. 진나라 백성들이야 그나마 법치에 어느 정도 익숙했겠지만 초, 위, 한 등 전국시대의 다른 여섯 나라(이하 육국) 백성들은 그러지도 못했다. 수백 년에 걸쳐 형성된 자기 나라의 풍습에 따라 살아가던 사람들이 듣지도 보지도 못한 진나라의 복잡하고 엄격한 법치에 제대로 적응

---

* 천자문의 구절인 '염필륜지恬筆倫紙(몽염이 붓을 발명했고 후한의 채륜蔡倫이 종이를 발명했다는 뜻)'에서 볼 수 있듯이 몽염은 붓의 발명자로도 전해지나 이를 뒷받침할 역사적 근거는 충분하지 않다.

할 수 있었을 리 없다. 시황제가 즉위한 이후 중국 각지에서 자신이 무슨 죄를 지었는지도 모르는 채 죄인이 되어 엄중한 형벌을 받거나 노역장에 끌려가는 백성이 줄을 이었다.

시황제의 무리한 토목공사와 대외 원정도 백성의 원망을 샀다. 흉노 정벌, 만리장성 구축, 아방궁 건설 등에 쓰인 막대한 자금은 백성의 세금으로 충당되었다. 가뜩이나 먹고살기 어려웠을 백성들은 과중한 세금 때문에 더욱 가난에 찌들 수밖에 없었다. 문제는 세금뿐만이 아니었다. 오늘날 토목공사는 건설업체가 돈을 받고 기술자와 인부를 고용해서 실시한다. 이 때문에 대규모 토목 사업이 이루어지면 경기가 활발해지기도 한다. 실제로 20세기 이후 세계 각국에서 실업문제 해결이나 불경기 해소를 위해 대대적인 토목공사를 벌이곤 했다. 하지만 이 시기 토목공사는 무보수로 끌려온 죄수나 백성의 몫이었다. 죄수들이야 죗값을 치른다는 구실이라도 있지, 아무 죄도 없이 끌려온 백성들의 원망은 더욱 커질 수밖에 없었다. 안 그래도 무거운 세금 때문에 먹고살기 힘든 마당에 생업도 내팽개친 채 힘든 노역에 시달려야 했기 때문이다. 공사가 끝난 뒤 몸이라도 성하게 돌아간다면 그나마 다행이었다. 사고를 당해 불구가 되거나 목숨을 잃는다면 그것으로 끝이었다.

이러한 문제는 지역감정까지 폭발시켰다. 진나라는 주로 옛 육국 백성들을 토목공사에 강제로 동원했다. 그러잖아도 나라가 망한 뒤 무거운 세금에 시달리면서 알아먹지도 못할 법령 때문에 하루아침에 죄인으로 전락하지 않을까 노심초사하는 삶을 이어가던 이들이었다. 그런데 이제 자기 삶과 별다른 관계도 없는 토목공사에 강제로 동원되어 보수도 제대로 받지 못하고 진나라 군사들의 매질까지 견뎌내야 하는 상황에 직면한 것이다. 이러다 보니 육국 백성들과 진나라 사이에는 감정의 골이 깊어만 갔다. 시황제 재위 당시 장량은 조국 한韓나라의 원수를 갚고자 창해역사滄海力士*라는 장사를 시켜 시황제 암살을 꾀한 바 있는데, 이는 당시 진나라 내 지역감정이 얼마나 심각했는가를 잘 보여준다. 요컨대 진나라는 겉으로는 강력한 통일 제국이었지만, 시황제가 재위할 때부터 이미 서쪽의 진나라 본토와 동쪽의 옛 육국 영토 사이에 심각한 분열의 싹이 자라나고 있었다.

시황제의 사상 탄압 역시 문제였다. 법가 사상을 바탕으로 중국을 통일한 시황제는 자신에게 거역하는 유학자들을 생매장하고 유학 서적을 압수해 불태우는 분서갱유焚書坑儒를 자행했다.** 시황제는 이를 통해 자신과 진나라에 저항하는 사상을 잠깐은 억누를 수 있었다. 하지만 분서갱유로 말미암아 중국 지식인들은 시황제를 극악무도한 폭군으로 여기게 되었다.

진나라의 지방 통치 또한 완벽하지 않았다. 군현의 지방관들이 온전하게 지배했던 영역은 성읍과 그 주변의 민가, 농경지, 그리고 크고 작은 마을 정도였다. 이러한 영역을 넘어가면 진나라의 지방

---

* 강원도 강릉시에는 창해역사 탄생 설화가 전해오며, 그를 육성황신肉城隍神으로 숭배하며 제사도 지낸다. 창해역사 설화와 육성황신에 대한 제사는 강릉 단오제(2005년 유네스코 세계인류 구전 및 무형문화유산 걸작 등재)를 구성하는 중요한 부분이기도 하다.

** 분서갱유로 인해 수많은 유학 서적이 불타 없어졌기 때문에, 이후 1000년이 넘도록 유학자들은 없어진 유학 서적의 내용을 추론하고 보충하여 주석을 다는 일에 매진해야 했다. 이처럼 경전의 뜻을 밝히고 내용을 보충하는 학문을 훈고학訓詁學이라고 한다. 1000년도 넘게 이어졌던 훈고학은 북송의 유학자 주희朱熹(1130~1200)가 주자학朱子學을 창시하면서 비로소 새로운 흐름으로 발전할 수 있었다. 그리고 주자학은 고려시대 말기에 한반도에 유입되어 조선의 유학자들에 의해 성리학性理學으로 발전했다.

관과 관청도 제대로 통제하지 못하는 일종의 비주류 공간이 펼쳐져 있었다. 이러한 공간은 '택澤'이라 불렸다.[2] 옛 중국에서 산과 삼림, 늪지대를 일컫던 말인 '산림수택山林藪澤'에서 나온 말이다. 『초한지』 등에서 택 또는 택중澤中을 그저 늪지대 정도로 치부하곤 하는데, 엄밀히 말하면 잘못된 것이다. 마치 요즘의 뒷골목이나 암흑가처럼 주류 사회에 적응하지 못한 건달이나 무법자, 범법자, 반체제 인사 등이 몰려들었던 공간이 바로 택이었다. 그리고 택에서 활동하던 주류 사회 바깥의 사람들은 '소년少年'(이하 '소년집단'***)이라고 불렸다.[3] 택의 규모는 공권력이 발달한 현대사회의 암흑가와는 비교할 수 없을 정도로 컸고, 소년집단의 위세나 영향력 역시 오늘날의 조직폭력배나 범죄 조직 등과는 비교할 수 없을 정도로 강했다. 택에서 수백 수천 명에 달하는 부하를 거느리고 자신만의 소왕국을 건설하거나 산적질에 나서는 소년집단의 지도자도 적지 않았다. 유방, 항우, 장량****, 팽월, 영포 등 초한전쟁에서 활약했던 주요 인물들이 택의 소년집단 출신이거나 소년집단과 관계 깊은 인물이었던 까닭도 이와 무관하지 않다.

절대 권력을 휘두르던 시황제는 기원전 210년 사구沙丘(오늘날 허베이河北성 핑샹平鄕현 인근)를 순시하던 중 지병을 이기지 못하고 쓰러지고 말았다. 임종을 맞기 직전 시황제는 최측근 환관 조고趙高

*** 본서에서는 일상적으로 널리 쓰이는 '소년'이라는 단어와의 혼동을 피하는 차원에서, 진·한 교체기에 존재했던 무법, 반체제 집단을 일컫는 '少年'을 '소년집단'이라고 지칭함을 밝힌다.
**** 장량은 『초한지』 등에서 선이 가는 외모와 가냘픈 신체를 가진 책사의 모습으로 묘사되는 경우가 많으나, 실제로는 초한전쟁 이전부터 수백 명의 부하를 거느린 지도자였다.

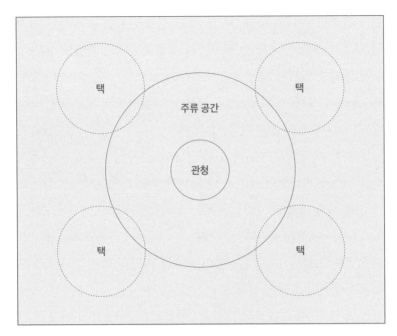

고대 중국에서 주류 공간과 택의 관계에 대한 모식도

(?~기원전 207)를 불러 유언*을 남기고는 세상을 떠났다.

　"짐은 맏아들 부소扶蘇(기원전 242~기원전 210)에게 대통을 물려주
니, 그 아이를 이세황제로 옹립하라. 변방에서 부소를 잘 보좌한
장군 몽염은 군권을 이어받아 이세황제를 충심으로 보좌하라."

---

* 『사기』의 「진시황본기」와 「이사열전」에는 조고가 이사와 작당하여 시황제의 유언을
조작한 뒤 부소와 몽염을 제거하고 호해를 이세황제로 옹립했다는 기록이 나와 있다. 본
문에 인용된 시황제의 본래 유언과 조작된 유언은 이러한 기록을 바탕으로 필자가 재해
석한 것임을 밝힌다.

그런데 시황제의 유언장은 물론 옥새까지 조고가 갖고 있었다. 조고가 시황제의 죽음을 숨기거나 유언장을 위조하려고 마음먹는다면 충분히 그렇게 할 수 있는 상황이었다는 뜻이다. 더욱이 시황제를 수행하던 승상 이사李斯(?~기원전 208) 역시 시황제가 정식 후계자도 정해두지 않은 채 순행 중 갑자기 서거했기 때문에 시황제의 죽음을 일단 비밀에 부쳤다. 이사와 조고는 시황제의 가마에 건어물을 집어넣어 시체에서 나는 악취를 가리며 그의 죽음을 숨겼다. 조고와 이사, 시황제의 18남 호해胡亥(기원전 229~기원전 207, 재위 기원전 210~기원전 207)와 소수의 환관을 제외하면 시황제의 죽음을 눈치챈 사람은 아무도 없었다. 문제는 이런 상황에서 조고가 이사를 회유해 시황제의 유언장을 위조해 버렸다는 것이다.

"짐은 짐의 뜻을 거스르고 유생을 옹호했던 나약한 부소를 변방으로 유배 보냈노라. 부소는 황제가 될 그릇이 못 되니 짐이 세상을 떠나고 나면 자결하도록 하라. 부소를 제대로 보좌하지 못한 몽염에게도 자결을 명하노라. 그리고 짐의 18남 호해를 이세황제로 옹립하라."

이세황제가 될 정통성은 물론 뛰어난 능력과 훌륭한 인품까지 갖추고 있던 부소는 조작된 시황제의 유언에 따라 스스로 목숨을 끊었다. 몽염 역시 얼마 버티지 못하고 자결할 수밖에 없었다. 방해물을 제거한 조고는 허수아비 황제 호해를 등에 업고 국정 농단을 이어갔다. 호해는 국정에 충실하라는 이사의 진언을 거듭 무시한 채 주색잡기에 빠져 허송세월했다. 안 그래도 백성들의 불만과 지역감정이 극에 달한 상황이었던 진나라는, 어리석은 황제를 등에 업은 간신의 국정 농단으로 인해 걷잡을 수 없는 혼란에 빠져들어 갔다. 진나라는 통일을 이룩한 지 불과 10년 만에 분열 위기에 직면했다. 초한전쟁의 서막이 열린 셈이었다.

2

진승·오광의 난

시황제 사망 바로 다음 해인 기원전 209년, 진나라는 큰 위기를 맞았다. 바로 진승陳勝(?~기원전 208년)*·오광吳廣(?~기원전 209년)의 난이었다.

"왕후장상의 씨가 따로 있으랴!"

토목공사에 동원된 진승과 오광은 그해 7월 대택향大澤鄕(오늘날 안

---

* 진승의 자는 섭涉이었고, 이 때문에 사마천은 그의 세가를 「진섭세가」라 이름 붙였다. 오늘날에도 진승을 진섭이라 표기하는 예가 있다.

후이安徽성 쑤저우宿主시 남동쪽 다제샹大澤鄕)에서 갑작스러운 폭우를 만났다. 이 때문에 그들은 기일에 맞춰 공사 현장에 도착할 수 없게 되었다. 진나라는 공사 현장에 늦게 도착하거나 공사를 제때 마치지 못한 백성을 예외 없이 가혹한 형벌로 다스렸다. 진승과 오광은 '왕후장상의 씨가 따로 있으랴!王侯將相寧有種乎'라는 구호를 외치며, 힘들고 위험한 공사에 동원된 것도 억울한 마당에 그저 날씨 때문에 죄인이 될 처지에 내몰린 동료 900여 명을 선동해 봉기했다. 진승과 오광의 봉기에 수만 명이 넘는 백성이 호응하면서, 이들의 세력은 삽시간에 진나라를 위협할 만큼 거대해졌다. 진승·오광의 반란군은 그다음 달에 진陳(오늘날 허난성 저우커우周口시 일대)을 장악하고 근거지로 삼았다.

폭정에 지친 백성들뿐만 아니라 반체제 지식인들까지 진승과 오광에게 모여들었다. 옛 위나라의 명사였던 장이張耳(?~기원전 202)와 진여陳餘(?~기원전 205)가 대표적이다. 이 두 사람은 전국시대에 수백 수천의 빈객을 불러모았던 명사였다. 진여는 스무 살 이상 연장자였던 장이를 아버지처럼 모시며 매우 가깝게 지냈다. 사람들은 장이와 진여를 '문경지교刎頸之交'*라 부르며 칭송했다. 위나라가 기원전 225년 진나라에 멸망하자 두 사람은 초야에 은거한 채 때를 기다렸다. 진나라의 통일 이전부터 당대인들에게 명사로 존경받던 장이와 진여의 합류는, 진승·오광의 난이 단순한 민란의 수준을 넘어 새로운 역사의 분기점이 될 것임을 시사하는 일대 사건이었다.

---

* 참수형도 대신 당해줄 정도로 깊은 사이라는 뜻으로 전국시대 조나라의 명재상 인상여蘭相如(?~?)와 명장 염파廉頗(?~?)의 이야기에서 유래되었다.

진승과 오광이 만든 초한전쟁의 무대

진승은 지역 유지들의 추대를 받아 진왕陳王에 오른 뒤 장초張楚의 건국을 선언했다. 옛 초나라를 계승해 한층 더 강한 초나라를 만들겠다는 뜻이었다. 오광은 진승을 보좌하는 왕이라는 뜻의 가왕假王이 되었다. 장이와 진여는 진승의 진왕 즉위를 미루고 신속하게 진나라의 도읍 함양咸陽(오늘날 산시陝西성 시안西安시 남서쪽)을 점령해 진나라의 숨통을 끊는 동시에 옛 육국 왕실의 후예를 찾아내 육국을 부활시켜야 한다고 조언했다. 하지만 진승은 이를 받아들이지 않았다.

진왕으로 즉위한 진승에게 진여는 장초군의 본대로 함양을 점령하고 별동대를 중국 각지에 보내 진나라를 와해하는 작전을 건의했다. 이에 따라 진승은 원정군을 조직했다. 주문周文(?~기원전 208)에게는 관중 지방의 동쪽 관문인 함곡관을 넘어 함양을 함락시키는 임무가 주어졌다. 가왕 오광은 낙양洛陽(오늘날 허난河南성 뤄양洛陽시)에 동쪽으로 인접한 데다 황허강의 분수계에 있는 교통과 군사의 요지 형양滎陽(오늘날 허난성 싱양滎陽시)을 점령하는 임무를 맡았다. 무신武臣(?~기원전 208)에게는 옛 조나라 방면의 공략을 맡겼고, 진여와 장이를 교위校尉로 삼아 무신을 보좌케 했다. 주불周市(?~기원전 208)에게는 장초 북동쪽의 옛 위나라 방면의 공략을, 갈영葛嬰(?~기원전 209), 등종鄧宗(?~기원전 207) 등에게는 장초 남동쪽 공략을 맡겼다. 이에 따라 장초의 군대는 중국 전역으로 원정을 개시했다.

진승·오광의 난으로 진나라는 동부 영토를 사실상 상실했다. 주문 휘하의 장초군 주력부대는 함곡관을 넘어 함양에서 동쪽으로

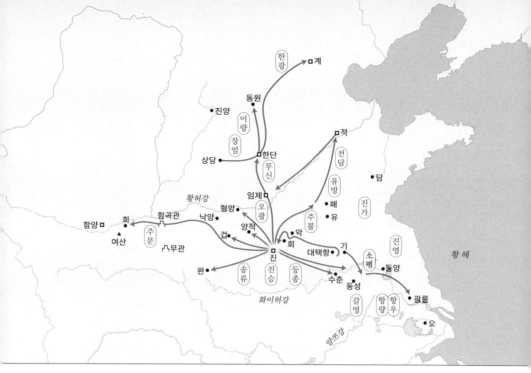

장초군의 원정로

불과 30킬로미터 정도밖에 안 떨어진 희戱(오늘날 산시陝西성 시안西
安시 북동부 일대)까지 진출했다. 장초의 천하가 눈앞에 펼쳐지는 듯
했다. 하지만 장초의 영광은 거기까지였다. 장초는 원정을 개시한 기
원전 209년 8월 무렵부터 분열하기 시작했다. 8월에는 무신이 괴철
蒯徹(?~?)*, 진여, 장이 등의 도움을 받아 조왕趙王을 칭하며 독립했
다. 같은 달에는 진승의 진왕 즉위를 미처 인지하지 못했던 갈영이
독단으로 양강襄彊(?~기원전 209)이라는 인물을 초왕楚王으로 옹립
하는 일도 일어났다. 양강은 졸지에 반역자 신세가 되어 진승에게
살해당했다. 9월에는 조왕 무신의 부하 한광韓廣(?~기원전 206)이 연
왕燕王을 칭하며 독립했다. 주불의 공격을 받은 옛 제나라 땅에서는

초한전쟁

제나라 왕실의 후예 전담田儋(?~기원전 208)이 거병해 제나라를 부활시켰다. 그리고 위나라 왕실의 후예 위구魏咎(?~기원전 208)가 주불의 추천을 받아 위왕魏王에 올랐다.

진승과 오광에게는 제후들과 백성들의 충성을 얻어낼 만한 정통성이 부족했고, 장초는 중국을 통일해 장기적으로 지배하는 데 필요한 체계를 충분히 갖추지 못했다. 이 때문에 장초의 장수들은 진승의 권력이 닿지 않는 곳에서 옛 육국을 부활시켜 독립해 버렸다. 결과적으로 진승·오광의 난은 장초라는 새로운 나라를 세우는 대신 진나라에 의해 통일된 중국 땅을 또다시 분열시킨 셈이었다.

기원전 209년 겨울에 접어들면서 장초는 파국으로 치닫기 시작했다. 장초에 사형선고를 내린 인물은 진나라 최후의 명장 장한章邯(?~기원전 205)이었다. 장초의 대군이 함양의 동쪽 관문인 함곡관을 넘자 호해와 조고 역시 위기를 느낄 수밖에 없었다. 하지만 호해 즉위 후 진나라는 국정의 문란이 극에 달한 탓에 반란군을 진압할 군대조차 소집하지 못했다. 장한은 궁여지책으로 진시황릉 공사에 동원된 죄수들을 군사로 징발했다. 장한은 기원전 209년 9월부터 기원전 208년 11월**까지 세 차례에 걸쳐 함양 근처까지 진격한 주문 휘하의 장초군을 격파했다. 명장 장한은 죄수와 신병을 용감무쌍한 정예병으로 탈바꿈시켰다. 주문은 연패 끝에 자살했고 휘하 군대는

---

* 괴철의 이름자인 '철徹'은 한 무제의 휘였기 때문에, 사마천은 『사기』에서 피휘(임금이나 성인, 스승 등의 이름자를 쓰지 않는 것)를 위해 괴철의 이름을 '괴통蒯通'으로 바꿔 표기했다. '철徹'과 '통通' 모두 통한다는 뜻을 가졌기 때문이다. 전근대 중국에서 피휘 하지 않는 행위는 불경죄나 모욕죄 수준을 넘어 반역자로까지 몰릴 수 있는 중죄였다.
** 일러두기에서 언급한 바와 같이 당시 역법인 전욱력에 따라 이 기간은 1년 3개월이 아닌 3개월이 된다.

와해되었다. 장초의 다른 부대들도 장한의 공세에 격파되고 말았다. 궁지에 몰린 진승이 기원전 208년 12월 마부의 손에 암살당하면서 장초는 멸망했다. 진나라를 뒤흔들었던 진승·오광의 난은 반년 만에 결국 실패로 돌아갔다.

왕후장상의 씨가 따로 있냐는 구호를 외치며 봉기했던 진승과 오광은 새로운 나라를 세우지 못하고 허망한 최후를 맞이했다. 하지만 진승·오광의 난은 중국 전역을 뒤흔들어 놓았고 그 과정에서 육국이 부활하게 되었다. 육국은 진나라에 무너지기 전까지 그들의 땅을 수백 년간 다스려온 나라들이었기 때문에, 옛 육국 왕실의 후예들은 옛 육국의 땅을 다스릴 정통성을 갖고 있었고 백성들의 지지도 쉽게 얻어낼 수 있었다.

이와 더불어 택에서 활동하던 소년집단이 진승·오광의 난을 계기로 무장 세력으로 발전했다. 옛 초나라 영토에서 때를 기다리던 항우의 숙부 항량項梁(?~기원전 208), 건달패와 도적패의 두목 노릇을 하던 유방과 영포, 팽월 등 초한전쟁의 주역들이 바로 그러한 세력의 지도자들이었다. 진나라가 중국 땅을 완전히 지배하던 시절 택에 숨어든 사회 부적응자, 체제 밖의 사람들이 진나라가 무너지며 분열하기 시작하자 택이라는 공간을 기반으로 난세의 영웅으로 부상하기 시작한 것이다. 진나라에 의해 통일되었던 중국 땅은 서쪽의 진나라와 동쪽의 육국 세력이 대립하는 새로운 양상으로 급속히 변모해 갔다. 유방과 항우는 이처럼 중국이 새로운 모습으로 분열해 대립하던 상황 속에서 초한전쟁을 주도할 거대 세력의 지도자로 발돋움할 수 있었다. 이러한 점에서 진승·오광의 난이 초한전쟁의 무대를 만들어주었다고 할 수 있다.

3

초나라의 부활

초나라는 춘추시대부터 진나라와 어깨를 나란히 하던 강대국이었다. 전국시대를 통일한 진나라로서도 초나라는 특히 상대하기 어려운 강적이었는데, 가장 큰 걸림돌은 바로 초나라의 기후와 지형이었다. 양쯔강 일대를 영토로 하는 초나라는 그 중심지가 황허강 일대의 다른 제후국들에 비해 진나라와 멀리 떨어져 있었을 뿐 아니라 거대한 양쯔강이 그 자체로 천연 장애물 역할을 해주었다. 또한 이 무렵 초나라엔 미개척지가 많았고 곳곳에 습지와 늪지대, 밀림, 산지 등이 분포했다. 남쪽의 초나라는 황허강 유역과 달리 아열대기후가 나타나는 곳이 많았기 때문에, 초나라의 미개척지는 다른 육국의 미개척지와 환경이 크게 달랐고 황허강 유역의 화하족華夏族* 에게는 익숙지 않은 풍토병도 널리 퍼져 있었다.** 이러한 초나라의 풍토는 진나라의 군사들로서는 극복하기 어려운 대상이었다.

초나라는 국력과 별개로 황허문명의 주역이었던 화하족의 세계에서 오랑캐 취급을 받던 나라였다. 초나라의 영토였던 양쯔강과 화이허淮河강 일대에는 황허문명과 별개의 고대문명이 발달했고,[4] 양쯔강 유역에 세워진 초나라, 그리고 전국시대에 초나라에 흡수된 오吳나라와 월越나라 사람들은 초한전쟁기까지도 화하족과 언어와 풍습이 달랐다. 초나라, 오나라, 월나라 등이 주나라 왕실로부터 제후국으로 인정받아 중국의 영역에 들어왔음에도 춘추전국시대 내내 화하족에게 오랑캐 취급을 받은 이유가 바로 이것이다.

그러다 보니 진나라의 통일 이후에도 초나라 땅에 특히 택이 발달하게 되었다. 황허강 유역은 물론 진나라 본토로부터도 멀리 떨어진 데다 지형이 험하고 기후까지 다르다 보니 진나라의 공권력이 침투하기가 그만큼 어려웠다. 결국 초나라의 미개척지에 이민족은 물론 진나라에 반기를 들었거나 체제에 순응하지 않는 반체제 인사들이 몰려들어 소년집단을 이뤘다. 이들은 무리를 지어 택에서 산적질과 수적질을 일삼았고 때로는 자기들끼리 세력 다툼을 벌이기도 했

---

* 고대 중국에는 '한족漢族'이라는 개념이 없었고, 양쯔강 일대나 관중 동쪽 땅은 이민족의 영역이었다. 이 당시 황허강 일대의 사람들은 스스로를 '화하華夏'라고 부르며 주변의 이민족과 차별화했다.

** 『삼국지연의』덕에 매우 유명해진 적벽대전(208)의 그 '적벽'이 바로 양쯔강 연안인데, 적벽대전 당시 조조의 군대 또한 이 지역의 풍토병에 시달리다 결국 손권-유비 연합군에 패하고 말았다. 그로부터 수백 년이 지난 1127년, 송나라는 여진족女眞族이 세운 금金나라에 수도 개봉開封을 비롯한 황허강 일대의 북부 영토를 점령당해 양쯔강 일대에 터를 다시 잡아 나라를 존속시킨다(이 시기의 송나라를 앞선 시대와 구분 지어 '남송南宋'이라 이른다). 이러한 사실로 미루어 보면, 초한전쟁으로부터 1000년 이상의 세월이 지난 시점에도 양쯔강 일대의 지리적 특수성은 여전했던 것으로 보인다.

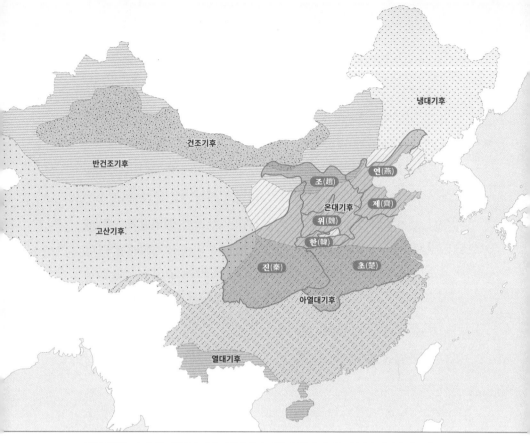

육국의 기후 초나라는 중국의 다른 지역과 달리 아열대기후에 속하는 영역이 넓었기 때문에 풍토와 문화가 상당히 이질적이었다.

다. 이처럼 시황제 치하에서 구심점을 찾지 못한 채 흩어져 있던 이들이 난을 계기로 한데 모여 세력을 키우기 시작했고, 초나라의 택은 강력한 군사들을 배출하는 공간으로 거듭났다.

초나라의 택에는 항량이라는 인물도 있었다. 항량은 전국시대 말기에 초나라를 침공한 진나라군을 격파해 초나라 사람들에게 존경받던 명장 항연項燕(?~기원전 223)의 아들로, 초나라 최고 명문가의 자제였다. 그렇다 보니 시황제 치하에서 항량은 요주의 인물이 될 수밖에 없었다. 일찍이 사람을 죽이고 초나라의 택에 잠적해 있던 항량에게는 항적項籍이라는 조카가 있었는데, 그의 자는 우羽였다. 항우의 부모에 대해서는 정확히 알려진 바 없으며 항량, 항백項伯(?~기원전 192) 형제의 조카라는 사실만이 전해져 온다. 『사기』에는 항우가 명문가의 자제여서 예의범절과 언행만큼은 바르고 정중했다고 기록되어 있다. 하지만 실제 항우는 우리가 일반적으로 생각하는 '명문 공자'와는 다소 거리가 있는 환경에서 성장했을 가능성이 크다. 항우의 집안은 멸망한 초나라의 명문가였지 진나라의 명문가가 아니었고, 항량이 택에서 숨어 살았던 만큼 그 역시 택의 소년집단 속에서 자라났을 것이다.

항량은 진나라에서는 이단아, 도망자, 범죄자였을지 몰라도 초나라 땅에서는 영웅의 아들로 인망을 모을 수 있는 인물이었다. 그는 택에서 수많은 부하를 잘 다스리고 향촌 사회의 중요한 실무에 수완을 발휘하며 지역사회의 실력자로 거듭났다. 항우가 서초패왕이 될 수 있었던 까닭 역시, 항량이 초나라 택에서 싸움에는 이골이 났을 소년집단을 포섭한 덕택에 용맹한 부하들을 일찍부터 거느릴 수 있었다는 사실과 무관하지 않다.

진승·오광의 난으로 인해 옛 초나라 땅에서도 격변이 시작됐다. 기원전 209년 9월 회계會稽(오늘날 저장浙江성 닝보寧波시 일대) 태수 은통殷通(?~기원전 209)이 진승·오광의 난에 편승해 거병할 계획을 세웠다. 은통은 먼저 초나라 택의 명사였던 항량과 환초桓楚(?~?)를 포섭하려 했다. 시황제의 칼날을 피해 택에 숨어들었던 초나라의 소년집단은 그렇게 양지로 나오기 시작했다.

항량의 북진과 초나라의 '온전한' 부활

항량은 은통의 부하에 만족할 인물이 아니었다. 항량은 항우가 택에 잠복한 환초의 행방을 잘 알고 있다며 은통을 유인한 뒤 항우를 시켜 살해했다. 항량은 본인의 명망과 항우의 무용을 이용해 회계에서 독자적인 세력을 구축했다. 진나라는 진승·오광의 난을 진압하기에도 벅찬 형편이었기 때문에 항량을 제압할 여력이 없었다. 게다가 회계가 장초군의 공세 방향에서 비켜나 있던 까닭에 항량은 장초의 간섭이나 침공도 피해 갈 수 있었다.

기원전 208년 초의 어느 날 장초의 사자를 칭한 소평召平(?~?)이라는 인물이, 항량을 장초의 상주국上柱國으로 임명하며 북벌을 명한다는 내용의 조서를 가져왔다. 항량은 이를 명분 삼아 군사 8000을 일으켜 북벌을 시작했다. 항량은 진영陳嬰(?~기원전 184), 여신呂臣(?~?), 영포, 포장군蒲將軍* 등 초나라 일대에서 활동하던 군벌 세력을 포섭하며 세력을 키워갔다. 이 가운데 여신은 진가秦嘉(?~기원전 208)와 더불어 진승·오광의 난이 초래한 혼란을 틈타 초나라 방계 왕족 출신인 경구景駒(?~기원전 208)를 초나라의 가왕으로 옹립했던 유력자였다. 기원전 208년 2월 항량 세력은 하비下邳(오늘날 장쑤江蘇성 피저우邳州시 일대)를 장악했고, 휘하 병력은 7만 명에 달할 정도로 불어나 있었다. 항량은 회계를 벗어나 초나라 북동부의 광대한 지역을 지배하는 거대 세력의 지도자로 부상했다.

이 무렵 항량의 막하에 들어온 범증이 멸망한 초 왕실의 적통 후

---

* '포蒲'라는 성만 알려진 인물로, 그 정체에 대해서는 논란이 있다.

손을 찾아 초나라를 재건하자는 제안을 했다. 초나라의 가왕 경구는 직계와는 거리가 먼 방계 왕족이어서 정통성이 약했다. 정통성이 확고한 초 왕실의 적통 후손을 찾아 왕으로 세운다면 양쯔강 일대의 광대한 영역을 기반으로 초나라가 온전히 부활하게 될 터였다. 항량은 범증의 제안을 받아들였다.

기원전 208년 4월 항량은 경구 세력을 멸망시켰다. 초 왕실의 직계 후손을 옹립해 정통성 있는 초나라를 만들려면 경구부터 제거해야 했다. 같은 달 항량은 설薛(오늘날 산둥山東성 짜오좡棗莊시 일대)에 입성했다. 휘하 병력은 10만 명으로 불어나 있었다. 설은 산둥반도 남쪽 끝에서 서쪽으로 약 160킬로미터, 회계로부터는 북서쪽으로 약 800킬로미터 떨어진 곳으로 옛 초나라의 북단이자 옛 제나라와 맞닿은 곳이기도 했다. 즉, 항량은 옛 초나라 영토를 상당 부분 회복하고 중원*으로까지 진출할 지리적 발판을 확보하는 데 성공했다.

기원전 208년 6월 항량은 초 왕실의 직계 후손인 웅심熊心(?~기원전 206)을 찾았다. 웅심은 초나라 멸망 후 진나라 관청의 감시를 피해 양치기 노릇을 하며 숨어 살고 있었다. 항량은 웅심을 회왕懷王(재위 기원전 208~기원전 206)으로 옹립했다. 회왕 즉위의 일등 공신 항량은 무신군武信君에 봉해졌다. 이로써 춘추전국시대 중국의 강자로 위세를 떨쳤던 초나라가 부활했다. 경구의 초나라와 달리,

---

* 중원이란 낙양, 즉 오늘날의 뤄양시를 중심으로 황허강 중하류를 따라 펼쳐진 평야지대를 가리키는 말로, 현대 중국의 허난성 일대에 해당한다. 춘추전국시대부터 초한전쟁기까지 중원은 끊임없이 쟁탈전이 벌어지는 전쟁터였다. 황허문명의 발상지이기도 한 중원은 낙양, 개봉開封(오늘날 허난성 카이펑開封시) 등 중국 여러 왕조의 발상지이자 도읍이 들어선 지역이었기 때문에 오늘날에는 중국 문명의 중심지로 여겨지고 있다.

항량에 의해 부활한 초나라는 확고한 정통성을 가졌을 뿐만 아니라 춘추전국시대 초나라의 영토도 대부분 회복한 '온전한' 초나라였다.

4

시대와 땅이 함께 키워낸 영웅

패현沛縣(오늘날 장쑤성 쉬저우徐州시 일대)의 풍읍豐邑이라는 마을에
한 건달이 살고 있었다. 풍모는 그럴듯했지만 나이를 먹고도 돈 벌
생각은 않고 주색잡기와 무위도식, 싸움질만 일삼으며 한심한 삶을
이어갔다. 큰집에 빌붙어 사는 주제에 뻔뻔하게 밥을 달라고 보채
큰형수가 혼꾸명내며 그를 내쫓았다는 이야기도 전해진다. 유씨 집
안의 아들이었던 이 건달은 '계季'라는 자로 불렸다. '백중숙계伯仲叔
季'의 '계季'를 자로 썼으니 사남이나 막내였으리라.* 이처럼 망나니
짓을 일삼던 유계가 바로 젊은 시절의 한고조 유방이다.

---

* '백伯'은 장남, '중仲'은 차남, '숙叔'은 삼남, '계季'는 사남 또는 막내아들을 뜻한다. 참고
로 유방의 아버지는 유방과 마찬가지로 호색한이었으며, 학계에서는 대개 유방이 형들과
이복형제 관계였다고 본다.

초한전쟁

비범했던 백수건달

유방의 아버지는 유태공劉太公, 어머니는 유온劉媼이다. 그런데 유태공, 유온 모두 본명이 아니다. '태공'은 남자에 대한 존칭으로 사마천이 한고조 유방의 아버지를 높이기 위해 붙인 말이다.** '온媼'은 '할머니'를 뜻하는 글자인데, 이 역시 인명이 아니라 나이가 많은 여성을 가리키는 말이다. 유방은 건달 시절 무부武負와 왕온王媼이 운영하던 술집에서 외상술을 즐겨 마셨다는 기록이 있는데, 여기서 왕온 역시 술집 주인의 실명이 아니라 '왕씨 아주머니' '왕씨 할머니' 정도를 뜻한다.*** 즉, 유방은 부모의 실명이 알려지지 않은 한미한 집안 출신이었다.

하지만 사마천은 『사기』의 「고조본기」에 유방이 젊은 시절 주색을 즐기는 건달이었으면서도 비범한 인물이었다고 기록했다. 유온이 교룡蛟龍과 교접하는 태몽을 꾼 직후 유방을 임신했으며 유방이 용을 닮은 관상(용준용안隆準龍顏)을 한 데다 왼쪽 넓적다리에 일흔두 개의 점****이 있었다고 한다. 심지어 무부와 왕온은 외상술을 마시고 취해 드러누운 유방의 몸 위에 용의 기운이 나타나 그를 비범한

** 유방의 어머니를 지칭하는 데 쓰인 글자인 '온媼'에 대응하는 글자는 늙은이 '옹翁' 자이나, 전한 시대에 활동했던 사마천이 한고조 유방의 아버지를 평민 노인을 지칭하는 옹 자 대신 존칭인 태공으로 기록했다.

*** '무부武負' 역시 '무씨 아주머니' 정도의 뜻이다.

**** 고대 중국에서는 음력의 1년인 360일을 음양오행설陰陽五行說의 오행五行에 따라 목木(동쪽)→화火(남쪽)→토土(중앙)→금金(서쪽)→수水(북쪽)의 순서로 72일씩 나누었다. 즉, 72라는 숫자는 단순한 숫자가 아니라 유방이 황제가 될 천명을 타고났음을 강조하기 위한 표현이다.

인물로 여기기까지 했다. 물론 이러한 기록은 유방을 신성화하고 한 왕조 창업을 정당화하기 위해 꾸며낸 이야기로 보는 것이 타당하다.[5]

사서의 기록이 허구라곤 해도 유방이 용의 아들로 그려질 만한 비범한 인물이었다는 것만큼은 사실이었던 듯하다. 주색잡기나 일삼고 입만 열면 상스러운 소리를 내뱉던 백수건달이 창업 군주가 되었다는 이야기는 굉장히 흥미롭지만 유방이 그저 건달일 뿐이었다면 황제 자리에까지는 절대 오르지 못했을 것이다. 무엇보다 유방은 배포가 크고 인망이 높은 인물이었다. 베풀기를 좋아하고 활달한 성격이었던 까닭에 그의 주변으로 사람들이 모여들었다. 무부와 왕온은 외상술만 마시던 유방을 오히려 환대했다. 두 사람의 인심이 좋았거나 정말로 유방에게 용이 서려서가 아니라 유방이 마치 '물주'처럼 손님을 끌어모아 장사에 도움을 주었기 때문이다. 나아가 어린 시절의 항우가 그랬던 것처럼, 유방 역시 시황제의 행렬을 구경하고는 대장부라면 당연히 시황제처럼 되어야 한다며 감탄했다는 기록까지 전해진다.*

이 같은 유방의 독특하고 비범한 모습은 택이라는 비주류 공간이 폭넓게 존재했던 당시의 지리적 상황과도 밀접한 관련이 있다. 유방은 비록 주류 사회에서는 보잘것없는 가문에서 태어난 건달이었지만, 택이라는 비주류 공간의 소년집단 사이에서는 상당한 인맥을

---

* 항우는 어린 시절 시황제의 순행 행렬을 본 적이 있다. 이때 항우가 언젠가 시황제의 자리를 빼앗고 왕좌를 차지하겠다고 이야기했다. 이 말을 들은 항량은 일족을 망하게 할 말을 함부로 내뱉지 말라며 항우를 꾸짖었지만, 내심 항우를 범상치 않은 인물로 여겼다. 『사기』의 「항우본기」에 기록된 이 일화는 항우의 배포와 야심, 그리고 유방의 라이벌이자 적수로서 항우의 면모를 보여주기 위한 사마천의 의도가 녹아든 서술이라고도 평가받는다.

갖춘 인물이었을 가능성이 크다. 훗날 한나라의 개국공신이 되는 하후영夏侯嬰(?~기원전 172), 번쾌樊噲(?~기원전 189), 왕릉王陵(?~기원전 180), 노관盧綰(기원전 256~기원전 194) 등이 이 시절 유방과 어울렸던 친구들이었다는 데서 그러한 사실을 유추할 수 있다. 참고로 하후영은 관아의 마부였다. 당시 마부는 정식 관리가 아니라, 조선시대로 치면 아전 정도의 대우를 받던 낮은 신분이었다. 번쾌는 시장에서 개를 잡아 고기를 파는 백정이었다. 그리고 왕릉은 유방이 형님처럼 따랐던 패현의 이름난 건달이었다. 이처럼 주류 사회에서 천시받던 마부와 백정, 건달이 전쟁터에서 용명을 떨쳐 한나라 건국에 큰 공을 세웠다는 사실은, 택이라는 공간이 비록 진나라의 주류 사회에서는 배제되어 있었지만 초한전쟁기에는 무시하기 어려운 인재 창고였음을 의미한다. 그리고 유방을 보호하기 위해 고문까지 감내했던 하후영의 일화**, 건달 세계에서의 형님 왕릉이 훗날 유방 휘하에 들어갔다는 사실 등은 유방이 택이라는 비주류 공간에서 상당한 인망을 얻었음을 보여준다.

유방은 지역 유지의 딸 여치와 결혼한 뒤 패현의 관리였던 소하蕭何(기원전 257~기원전 193)의 도움으로 정장亭長이라는 말단 관직에 오른다. 이 일화 역시 유방이 주류 공간에서나 백수건달이었을 뿐 택에서는 영향력이 있었음을 방증한다. 유방은 여치의 아버지 여공呂公(?~기원전 203)이 연 잔치에 참석한 적이 있다. 이때 여공은

** 하후영이 마부였던 시절 유방과 장난을 치다 다친 적이 있는데, 진나라에서는 이럴 경우 상해를 가한 가해자와 상해를 입은 피해자를 동시에 처벌했다. 그런데 하후영은 유방이 처벌받지 않게 하려고 고문을 받으면서까지 유방이 자신을 상처 입힌 적이 없다고 거짓말을 했다. 덕분에 유방은 아무런 처벌도 받지 않았다고 한다.

1000전 이상의 예물을 낸 사람만 상석에 앉도록 했는데, 유방은 무일푼이면서도 상석에 앉았다. 그런 유방을 여공은 귀인이 될 관상을 가졌다는 이유로 사위로 삼았다. 게다가 소하는 건달 유방을 정장으로 천거했을 뿐만 아니라, 그 뒤에도 유방에게 물심양면으로 많은 도움을 준다.* 유방이 택에서는 결코 무시하기 어려운 실력자였던 것이다.

「고조본기」에는 여공이 유방의 관상 하나만 보고 그에게 딸을 시집보냈다고 기록되었지만, 당연히 곧이곧대로 믿을 만한 이야기는 아니다. 유방의 비범함과 영향력을 알아챈 여공이 그를 허풍선이 건달로 치부하는 대신 사위로 삼아도 될 만큼 믿음직한 큰 인물로 여겼다고 보아야 할 것이다. 여공은 유방뿐만 아니라 번쾌까지도 사위로 삼았는데, 이는 여공이 택의 소년집단을 중요하게 여겼다는 사실뿐만 아니라 택이라는 공간이 당시 지역사회에서 결코 무시할 수 없는 영역이었다는 것을 말해준다. 그랬기에 소하 또한 택의 건달과 무뢰배를 잘 다스릴 수 있는 유방을 천거한 것이라 생각된다. 정장이 된 유방은 죽순 껍질로 만든 갓인 죽피관竹皮冠을 쓰고 다녔는데, 나중에 황제가 된 후에도 죽피관을 계속 써서 이 죽피관이 유방의 상징이 되었다.

유방이 건달이었다는 사실은 『초한지』를 비롯한 문학작품과 대중매체를 통해 널리 알려져 있다. 그리고 많은 곳에서 유방을 큰 세

---

* 「고조본기」에는 이때 소하가 여공에게 유방을 허풍만 떠는 인물이라고 말했다고 기록되었다. 하지만 다른 기록들을 살펴보면 소하가 건달 시절의 유방을 무시하거나 얕보았다고 보기는 어렵다. 아무리 말단이었다고는 하지만, 소하가 유방을 정말로 허풍선이 정도로만 치부했다면 정장이라는 관직을 갖도록 도와주지는 않았을 것이다.

초한전쟁

력의 지도자가 된 뒤에도 건달 시절의 버릇을 못 버리고 말끝마다 욕설과 상소리를 늘어놓으며 채신없는 행동을 일삼는 인물로 묘사한다. 유방의 상스럽고 체통 없는 언행은 심지어 『사기』에도 언급되어 있을 정도이다. 하지만 당시 진나라의 지리적 환경을 살펴보면, 유방을 그저 운 좋게 천하를 얻은 건달로 치부할 수 없다는 것을 깨닫게 된다. 지역 유지의 딸과 결혼하고 말단이라고는 하나 관직에까지 오른 데서 알 수 있듯,** 유방은 이미 택이라는 공간에서 영향력을 키워가고 있던 인물이었다.

만일 진나라가 오래도록 이어졌다면, 유방은 마치 오늘날의 조직 폭력배 두목처럼 택에서나 인정받는 인물 아니면 말단 관리 정도로 삶을 마쳤을지도 모른다. 하후영, 번쾌, 관영 등도 마찬가지다. 하지만 진승·오광의 난으로 인해 진나라는 동쪽 영토에 대한 영향력을 잃었고 육국이 부활하는 가운데 각지에서 소년집단과 군벌들이 봉기했다. 이러한 상황에서 유방 또한 택을 벗어나 주류 사회로 진입하기 시작했다.

패공 유방의 탄생

시황제는 즉위 직후부터 전국 각지에서 수십만 명의 백성과 죄수를 동원해 오늘날 병마용갱으로도 잘 알려진 거대한 황릉을 건설했다.

** 관직에 올랐던 데서 알 수 있듯이 유방은 학식이 깊지는 않았지만 최소한 글을 읽고 쓸 줄 아는 인물이었다. 이 시대에는 문맹자가 허다했기 때문에, 유방의 지적 수준 또한 결코 부족했다고 볼 수 없다.

기원전 212년경 정장 유방도 진시황릉 공사에 동원될 고향의 죄수들을 인솔하는 임무를 맡아 여산으로 향하고 있었다. 그런데 여러 명의 죄수가 패현을 채 벗어나기도 전에 도주해 버렸다. 인솔 책임자였던 유방은 중형을 면하기 어려운 상황이었다. 유방은 남은 죄수들과 술자리를 벌인 다음 자신은 정장 자리를 버리고 도주할 테니 따를 자는 따르라고 선언했다. 「고조본기」에 따르면, 이때 술에 취한 유방이 길목에서 똬리를 틀고 있던 커다란 흰 뱀을 칼로 베었는데, 그를 뒤따르던 죄수들이 길가에서 울부짖는 노파의 모습을 보았다고 한다.

"내 아들 백제白帝가 뱀으로 변해 있다가 적제赤帝의 손에 죽었네!"[6]

이 모습을 본 죄수들은 유방을 귀인으로 존경하고 따르게 되었다고 한다. 물론 이 역시 유방이 멸망한 진나라의 뒤를 이어 건국된 한나라의 창업주로서 정통성을 갖추었음을 강조하기 위해 쓴 대목으로 보아야 하겠다.*

유방과 그를 따르던 자들은 패현 인근의 망탕산芒碭山에 숨어 살았다. 고향으로 돌아갔다가는 엄벌을 면하기 어려웠기 때문이다. 그

---

* 음양오행설에는 오행을 상징하는 색이 있다. 목木은 청색, 금金은 흰색, 토土는 황색, 화火는 붉은색, 수水는 검은색이다. 금(흰색)은 목(청색)을 이기고, 목은 토(황색)를 이기며, 토는 수(검은색)를 이기고, 수는 화(붉은색)를 이기며, 화는 금을 이긴다고 간주한다. 이러한 점에서 적룡 유방이 흰 뱀을 베었다는 기록은, 붉은색, 즉 화에 해당하는 유방이 흰색인 금, 즉 진나라를 이겼음을 의미한다. 여담으로 후한말 일어난 황건적黃巾賊의 난에서 황건적이 썼던 황색 두건도, 음양오행설에 따라 붉은색인 한나라를 무너뜨리고 황색(토)의 세상을 만들겠다는 의미가 있다.

런데 신기하게도 여치는 망탕산에 몸을 숨긴 도망자 유방을 수시로 찾아왔다. 「고조본기」에는 여치가 유방이 숨은 곳에 깃든 영험한 기운을 보고 유방을 찾아왔고, 이 사실이 알려지면서 패현의 젊은이들 사이에 유방의 명성이 널리 퍼졌다고 기록되어 있다. 실제로는 유방의 택중 인맥 덕분에 도망자 신세임에도 가족과 만날 수 있었던 것으로 보인다. 도망자 유방이 오히려 패현에서 명성을 키워갈 수 있었던 까닭도 신기하고 영험한 기운 덕분이라기보다는, 죄수들을 이끌고 망탕산으로 숨어든 유방의 의협심과 지도력에 대한 소문이 택의 소년집단 사이에 퍼졌기 때문이라고 보아야 할 것이다.

진승·오광의 난이 일어나자 패현 현령도 그에 합류하려는 계획을 세웠다. 그러기 위해서는 택의 소년집단을 끌어들일 필요가 있었다. 이때 패현의 관리 소하와 조참曹參(?~기원전 190)이 도망자 유방이 수많은 부하를 거느리고 있으니 그를 불러 도움을 받자고 제안했다. 현령은 번쾌를 보내 유방을 불렀다. 망탕산에서 수백 명에 달하는 부하를 거느리고 있던 유방은 번쾌를 따라 패현으로 향했다.

그런데 유방이 기원전 209년 9월에 부하들을 데리고 패현에 도착하자 현령이 갑자기 마음을 바꾸었다. 반란이 실패했을 때 반역자가 되어 엄벌에 처해질 게 두려웠던 데다, 무법자이면서도 수많은 부하를 거느린 유방이 배신할 수도 있다는 생각에 겁을 먹었기 때문이었다. 현령은 성문을 굳게 잠가 유방을 막았다. 심지어 소하와 조참을 살해하려고까지 했다. 소하와 조참은 구사일생으로 성을 빠져나와 유방과 합류했다. 유방은 비단에 패현의 유지들을 선동하는 글을 써서 활로 쏘아 성안으로 날렸다.

"천하가 진나라 때문에 어려워진 지 한참입니다. 지금 어르신들께서는 현령을 위해 성을 지키고 있습니다. 하나 이제 제후들이 들고 일어나 패현을 치러 몰려오고 있습니다. 현령을 주살하고 솜씨 좋은 젊은이를 우두머리로 세워 제후들에게 호응한다면 가족과 재산을 온전히 지킬 수 있을 것입니다. 그렇게 하지 않는다면 어르신들도 젊은이들도 모두 헛되이 도륙당하고 말 것입니다."[7]

유방의 선동에 넘어간 패현 유지와 백성들은 현령을 살해한 다음 성문을 열고 유방을 맞이했다.

패현의 유지들은 유방을 신임 패현 현령으로 추대했다. 유방은 자신의 능력이 부족하다며 현령 자리를 사양했지만 소하와 조참이 거듭 권하자 결국 승낙했다. 「고조본기」에는 소하와 조참이 반란에 실패할 경우 반역자로 몰릴 것을 우려하여 만만한 유방을 우두머리로 세웠다고 기록되어 있다. 하지만 오늘날 학자들은 유방이 100명이 넘는 부하들을 거느릴 정도로 영향력이 컸던 데다 소하나 조참보다 백성들에게 더 두터운 인망을 가졌기 때문에 패현 현령에 오를 수 있었다고 보기도 한다.[8] 그렇게 진나라의 동쪽 영토가 무장 집단과 군벌, 독립 제후가 난립하는 새로운 판도로 재편되면서, 유방은 택에서 나와 패현이라는 지역의 지도자로 떠올랐다.

진나라에 반기를 들고 사실상 독립적인 패현의 지도자가 된 유방은 제사를 지낸 뒤 스스로 패공沛公이라 칭했다. 기원전 209년 9월에 일어난 일이다. 패현 출신인 소하, 조참, 하후영, 노관, 주발周勃(?~기원전 169) 등이 패공 유방의 부하가 되었다. 인근에서 군사를 일으켰던 근흡靳歙(?~기원전 183)도 유방 밑으로 들어왔다. 유방은 수천

명의 군사를 모아 진나라의 토벌군을 격퇴하고 세력을 확대하기 시작했다. 전투에 나선 유방은 옹치雍齒(?~기원전 192)에게 근거지 풍읍을 지키게 했다.

그런데 공교롭게도 유방이 풍읍을 떠나 세력을 확대하려던 그 시점에, 장초의 장수 출신으로 위구를 옹립해 위나라를 부활시킨 인물인 주불이 패현과 풍읍 방면으로 진격해 오고 있었다. 주불은 패현과 풍읍을 빼앗기 위해 풍읍을 지키던 옹치를 매수했다. 주불은 전국시대에 위나라의 지배를 받은 적이 있던 패현과 풍읍을 바친다면 위나라의 제후 자리를 주겠다며 옹치를 회유했다. 옹치는 결국 주불의 매수에 넘어가 풍읍을 바치고 위나라에 귀순했다. 이로 인해 기껏 군사를 일으켜 세력을 떨칠 준비를 하던 유방은 졸지에 갈곳 없는 신세로 전락하고 말았다. 기원전 208년 12월에 일어난 일이었다.

위나라의 땅에서 위기를 맞은 유방은 초나라의 땅에서 재기할 수 있었다. 마침 패현 근처의 유留(오늘날 장쑤성 패현 남동부)에서 경구가 초나라의 부활을 준비하고 있었다. 이제 막 세력을 일으킨 경구는 갈 곳 없는 신세가 된 유방을 받아주었다. 유가 패현과 가까웠기 때문에 경구도 유방의 명성을 전해 들었을 것이다. 그리고 초나라 부흥이라는 대업을 시작한 경구 입장에서 패공 유방은 초나라 부활을 위해 필요한 세력의 지도자이기도 했다. 경구 덕분에 유방은 재기해 세력을 확장할 수 있었다.

이때 유방은 때마침 경구 휘하에 들어와 있던 장량을 만나 깊은 교분을 쌓았다. 장량은 중요한 시기마다 적절한 계책을 내놓아 유방이 한나라를 건국하는 데 결정적인 역할을 한 뛰어난 책사로,

『삼국지연의』의 제갈량에 비견되는 존재다. 옹치에게 근거지를 잃고 경구 휘하에 들어온 유방이 장량을 만났다는 사실은 조조에게 쫓겨 형주 땅으로 달아난 유비가 제갈량을 삼고초려 끝에 영입했다는 이야기를 떠올리게 한다. 유방은 장량과 친해지기는 했지만 아직 자신의 부하나 책사로 삼지는 못했다. 하지만 이때의 인연은 한나라 건국의 밑거름이 되었다.

유방이 경구의 막하에 들어오고 몇 달 뒤인 기원전 208년 4월, 경구를 격파한 항량이 설에 진주했다. 유방은 재빨리 장량과 함께 항량 편에 들어갔다. 항량은 유방을 받아준 다음 군사 5000명을 내주며 막하의 장수로 삼았다. 심지어 항량은 유방과 조카 항우를 의형제로 맺어주기까지 했다. 패공 유방은 이미 항량 같은 거물도 인정하는 난세의 영웅이 되어 있었다. 항량 휘하에 들어간 유방은 풍읍을 공격해 탈환했고 유방에게 패해 풍읍을 빼앗긴 옹치는 위나라로 도주했다.

진승·오광의 난으로 인해 중국 대륙이 분열하고 각지에서 반란이 일어나면서 유방은 비로소 택이라는 비주류 공간을 벗어나 패공으로 거듭났다. 그리고 거기서 더 나아가 자신의 근거지인 패현 근방에서 일어난 초나라의 부활을 계기로 유방은 진승·오광의 난에 편승한 군소 반란의 지도자를 넘어 큰 전쟁을 주도할 수 있는 인물로 발돋움하게 되었다. 사람은 시대가 만든다는 말이 있다. 유방 역시 진승·오광의 난을 계기로 패공이 될 수 있었다는 점에서 시대가 만든 영웅이라고 볼 수 있다. 그런데 패현과 풍읍의 위치와 그 지정학적 의미, 경구와 항량의 초나라 재건 및 항량의 설 입성 과정, 그리고 유방이 건달 행세를 하던 시절부터 지내온 비주류 공간인 택의

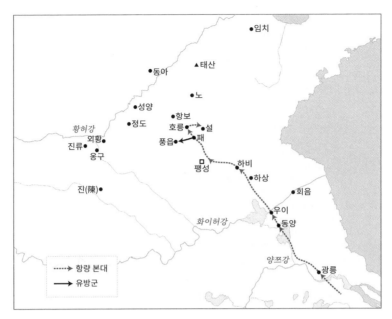

항량 세력과 유방군의 이동 경로 회계에서 거병한 항량은 북벌을 통해 하비, 설 일대까지 북상했다. 유방은 항량 세력에 합류해 풍읍을 수복하고, 항량 휘하에서 기반을 다졌다.[9]

의미 등을 생각해 보면, 유방이 영웅으로 거듭나는 데 있어 시대뿐만 아니라 땅, 즉 지리 또한 큰 역할을 했다고 해석할 수 있다.

2장

거록대전, 패왕의 탄생

"나라의 운명이 이번 싸움에 달렸으니
이기지 못하면 죽을 뿐이다.
돌아갈 곳이 없는데 거추장스러운
배와 밥솥이 무슨 필요가 있느냐!"

1

육국의 분열

부자는 망해도 3년은 간다는 속담이 있다. 망조가 들었다고는 하나 진나라의 저력은 여전히 무시할 수 없었다. 장한의 공세는 장초의 멸망 뒤에도 멈추지 않았다. 멈출 수도 없었다. 부활한 육국을 그대로 둘 수 없었기 때문이다.

장초를 멸망시킨 장한은 이어서 위나라를 공격해 도읍 임제臨濟(오늘날 허난성 카이펑開封시 인근)를 포위했다. 고립무원의 상황에 부닥친 위왕 위구의 요청에 따라 제나라와 초나라는 구원군을 보냈다. 그러나 임제 근처에서 장한의 기습을 받아 참패했고 제왕 전담이 전사했다. 구원군마저 패퇴했으니 위나라의 운명은 사실상 끝난 것이나 다름없었다. 임제가 포위되었기 때문에 위구는 병력을 물려 후일을 도모하려는 시도조차 할 수 없었다. 희망을 잃은 위구는 장한에게 위나라 백성들을 해치지 말아 달라는 부탁을 한 뒤 스스로 목숨을 끊었다. 이로써 위나라는 부활한 지 고작 반년 만에 멸망했다. 항량이 회왕을 옹립하고 초나라를 재건한, 그리고 한韓나라 왕실의 후손 한성韓成(?~기원전 206)이 한왕韓王에 올라 육국이 완전히 부활한 기원전 208년 6월에 일어난 일이었다. 그나마 위구의 동생 위표魏豹(?~기원전 204)가 초군 패잔병과 더불어 초나라로 도주하는 데 성공함으로써 위나라 재건의 끈은 끊어지지 않았다.

위기의 제나라

왕을 잃은 제나라군 잔존 세력은 전담의 사촌 동생이자 제나라 부활의 일등 공신이었던 전영田榮(?~기원전 205)이 수습했다. 전영은 병력의 이탈이나 붕괴를 막고 패배로 인한 손실을 보충하기 위해 임제에서 북동쪽으로 200여 킬로미터 떨어진 동아東阿(오늘날 산둥성 랴오청聊城시 둥어東阿현)로 퇴각했다. 그러나 장한은 전영과 제나라군이 숨 돌릴 틈도 주지 않고 동아로 진격해 제나라군을 포위했다. 전영도 녹록지 않은 인물이었지만, 장한의 전광석화 같은 기동에 제나라군은 손쓸 틈도 없이 고립되고 말았다.

문제는 전담과 전영이 지휘했던 제나라의 위나라 구원군이 제나라가 가진 병력의 대부분이었다는 사실이었다. 다시 말해서 동아에 고립된 제나라군이 섬멸된다면 군사력이 붕괴된 제나라는 속수무책으로 멸망할 수밖에 없었다. 더 큰 문제는 제나라의 지리적 위치였다. 산둥반도 일대에 자리했던 제나라는 북쪽의 연나라, 조나라와 남쪽의 초나라, 한韓나라를 이어주는 역할을 했다. 제나라 서쪽의 위나라와 장초가 이미 장한에 의해 멸망했기 때문에 제나라까지 멸망한다면 연나라, 조나라와 초나라, 한韓나라는 지리적으로 단절될 수밖에 없었다. 그렇게 된다면 남은 네 나라는 서로 유기적으로 협력하지 못한 채 장한에게 각개격파 당할 위험성이 컸다.

한편 전담의 전사 소식이 알려지자 같은 달 제나라에서 전국시대 제나라의 마지막 왕 전건田建(?~기원전 221, 재위 기원전 264~기원전 221)의 아우 전가田假(?~기원전 205)가 새 왕으로 즉위했다. 전각田角은 상국에, 그 아우인 전간田間은 대장군에 올랐다. 물론 왕이 전사했으니 제나라로서는 하루라도 빨리 새 왕을 세울 필요가 있었을 것이다. 하지만 그렇다고 해도 전영이 엄연히 살아 있는 상황이었다. 비록 동아에 고립된 처지였다고는 하나 전영은 제나라 부활의 일등공신이자 전담의 사촌 동생이었다. 그런데 전가가 그런 그를 무시하고 독단적으로 즉위했으니, 이는 결국 심각한 내분의 불씨가 될 수밖에 없었다. 이로써 전영이 포위망을 뚫고 제나라에 돌아오게 되었을 때 내전이 일어날 소지가 다분해졌다. 그러니까 제나라는, 전영이 장한에게 패한다면 멸망할 운명이었고 전영이 병력을 이끌고 돌아오는 데 성공한다면 쿠데타가 일어날 수밖에 없었다.

동아 구원과 초나라의 확장

한편 장한의 연승 행진은 동아에서 멈추고 말았다. 기원전 208년 7월 항량이 위표, 사마司馬 용저龍且(?~기원전 203), 패공 유방, 그리고 조카 항우 등과 더불어 동아 구원에 나선 것이다. 항량군은 동아에 고립된 전영군과 합세해 장한군을 격파하고 동아를 구원하는 데 성공했다. 장한은 진승·오광의 난을 진압하기 위해 출병한 이래 처음으로 패배를 맛보았고, 육국은 남북으로 분단될 위기에서 벗어났다.

하지만 동아전투 이후에도 장한은 건재했고, 동아의 탈환이 진나라군의 붕괴로 이어지지도 않았다. 장한은 군사들을 수습해 서쪽으로 질서 정연하게 후퇴했다. 전가가 왕위에 오른 데 불만을 품은 전영이 동아 구원 직후 군사를 이끌고 제나라로 돌아가 버린 덕분이었다. 장한은 동아에서 무사히 후퇴한 뒤 병력을 재정비했다. 게다가 육국은 동아에서 승리를 거뒀음에도 전황을 확 뒤집지 못했다. 동아전투 이후 육국이 일치단결해 진나라에 체계적으로 대항하지 못했기 때문이다. 오히려 초나라와 제나라의 협력 관계가 틀어졌다. 기원전 208년 8월 전영은 제왕 전가를 폐위하고 전담의 아들 전불田市(?~기원전 206)을 새로운 제왕으로 옹립한 뒤 자신은 상국이 되었다. 실각한 전가는 초나라로, 상국 전각과 대장군 전간은 조나라로 망명했다. 항량이 전영에게 장한 추격을 도와달라고 요청하자 전영은 전가와 전각, 전간을 살해하라는 조건을 내걸었다. 항량과 초나라로서는 받아들이기 어려운 조건이었다. 항량은 전영의 요청을 거부했고 이 일로 인해 항우와 전영의 사이가 크게 틀어지고 말았다. 이는 훗날 초한전쟁에 중대한 영향을 미치게 된다.

결국 항량은 제나라의 도움 없이 유방과 항우를 선봉장으로 삼아 단독으로 장한을 추격했다. 유방과 항우는 동아 남서쪽의 성양城陽(오늘날 산둥성 허쩌菏澤시 쥐안청鄄城현)을 함락한 뒤 백성들을 학살했다.* 장한은 성양 서쪽의 복양濮陽(오늘날 허난성 푸양濮陽시)으로

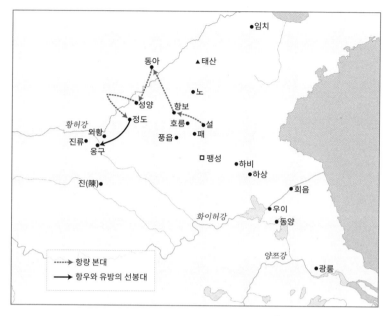

동아 구원 이후 초나라군의 장한군 추격로[10]

퇴각한 뒤 복양성 둘레에 깊은 해자를 파서 방어 태세를 견고히 한 채 농성했다. 유방과 항우는 복양 남동쪽의 정도定陶(오늘날 산둥성 허쩌시 딩타오定陶구)를 공략했으나 완전히 함락하지 못했다. 하지만 유방과 항우는 진나라 승상 이사의 장남이자 삼천三川** 태수 이유李由(기원전 261~기원전 208)를 참살하는 등 대승을 거두며 정도 남

---

* 학살의 주체가 항우였는지 유방이었는지 아니면 둘 다였는지 명확하지 않다.

** 훗날 하남군河南郡으로 개칭되는 삼천은 장안과 더불어 고대 중국의 중심지였던 낙양이 속한 지역이었다. 즉, 삼천 태수는 진나라에서도 손꼽히는 요직이었다. 이유가 삼천 태수라는 요직에 있었다는 사실은 진나라 승상의 장남이었던 그가 아버지 못지않은 권세를 누렸음을 말해준다.

서쪽의 옹구雍丘(오늘날 허난성 카이펑시 치杞현)를 함락했다.

항량은 뛰어난 군사 지도자였고 회왕 옹립과 초나라 부활의 일등 공신이었지만, 어디까지나 초 회왕의 신하였다. 회왕은 초나라의 명실상부한 지도자였고 진영, 영포, 여신 등은 애초에 항량의 부하가 아닌 연합 세력이었다. 하지만 항량이 동아를 구원하고 옹구까지 함락하면서 항량의 위세는 한층 강고해졌다. 그리고 초나라는 양쯔강 유역을 넘어 황허강 인근, 즉 중원 일대까지 진출하며 그 영역을 넓혔다. 이를 통해 초나라는 주도적으로 진나라에 맞설 수 있는 기반을 다질 수 있었다. 요컨대 항우가 서초패왕이 되는 데, 항량이 동아를 구원하고 초나라의 영역을 황허강 인근의 정도-옹구까지 확장한 것이 어느 정도 원동력이 되어주었다.

2

수세에 몰린 육국

항량은 장한군을 연이어 격파하며 서쪽으로 몰아냈다. 초나라는 위왕 위구의 동생 위표, 그리고 잠시나마 제왕에 올랐던 전가의 신병도 확보해 두고 있었다. 장한을 상대로 계속해서 승리를 거둔다면 함양을 점령하고 진나라를 붕괴시킨 다음 초나라의 천하를 세울지도 모를 일이었다. 하지만 장한은 단지 후퇴했을 뿐 무너지지 않았다. 게다가 함곡관 서쪽 영역은 여전히 진나라의 확고한 지배 아래 있었다. 호해와 조고는 권력과 목숨을 부지하기 위해 장한에게 병력과 물자를 적극적으로 지원했다.

장한으로부터 동아를 탈환한 뒤 유방과 항우가 연승을 이어가자 항량은 자만심에 빠지기 시작했다. 부장이었던 송의宋義(?~기원전 207)조차 항량에게 적을 깔보지 말라고 간언했을 정도였다. 그런 와

중에 유방과 항우의 선봉대가 옹구를 넘어 외황外黃(오늘날 허난성 상추商丘시 민취안民權현)까지 진출하면서 초나라의 병력이 분산되고 말았다.

기원전 208년 9월, 장한은 유방과 항우의 선봉대를 상대하는 대신 정도에 주둔한 항량의 본대를 기습하는 대담한 작전을 감행했다. 선봉대로 병력이 빠지는 바람에 항량의 본대는 그만큼 약해져 있었고, 항우와 유방이 정도에서 멀리 떨어진 곳까지 진출했기 때문에 유사시 항량을 즉각 구하러 올 수도 없었다. 함매銜枚*를 입에 물고 야습해 온 진나라 군사들에게 항량의 본대는 제대로 저항하지 못하고 와해되고 말았다. 난전 중에 항량도 목숨을 잃었다. 초나라는 항량을 비롯한 주력군의 상당수를 잃고 중대한 위기에 빠졌다.

거록에 몰려드는 육국의 구원군과 초 회왕의 약조

항량이 전사한 뒤 장한은 초나라에 공격을 더 가하는 대신 황허강을 건너 북쪽의 조나라를 공격하기 시작했다. 이는 치명타를 입은 초나라와 내홍에 빠진 제나라 공략에 힘을 쏟기보다는 위, 제, 초에 이어 조나라까지 무력화함으로써 육국의 일치단결을 막으려는 시도였다고 판단된다.

그런데 초나라는 항량 사후 분열하거나 와해되기는커녕 회왕의

---

* 야습이나 기습을 할 때 병사나 군마가 소리를 내 발각되지 않도록 입에 물리는 나무 막대기를 말한다.

초한전쟁

지도하에 위기 상황에 잘 대처하고 있었다. 회왕은 우선 근거지를 기존의 우이盱眙(오늘날 장쑤성 화이안淮安시 쉬이盱眙현)에서 팽성으로 옮겼다. 사마천은 항량이 전사한 뒤 회왕이 두려운 마음 때문에 팽성으로 근거지를 옮겼다고 기록했지만, 우이에서 북서쪽으로 180킬로미터 이상 떨어진 팽성은 전선에 훨씬 더 가까운 장소였다. 게다가 회왕은 항우와 여신 휘하의 병력을 합쳐 자신의 직속 부대로 재편했다. 그리고 여신을 사도司徒에, 여신의 아버지 여청呂青(?~기원전 191)은 영윤슈尹에 임명하는 등 내부의 결속을 다지기 위한 시도에 나섰다. 아울러 유방을 무안후武安侯에 봉한 다음, 당시 초나라의 북서쪽 경계였던 옹구, 외황과 가까운 탕군碭郡(오늘날 허난성 상추시 쑤이양睢陽구 인근)의 장으로 삼아 초나라 서쪽 영역을 방어하고 정도에서의 패전을 수습게 했다. 이처럼 장한이 공세의 방향을 조나라로 돌리면서 초나라는 항량의 죽음이 불러온 위기를 수습하고 군사력과 영토를 유지할 수 있었다. 초나라 내부의 결속력도 흔들리지 않았다.

한편 조나라는 무신이 부하에게 암살된 뒤 장이와 진여가 옹립한 옛 조나라의 왕족 조헐趙歇(?~기원전 204)이 다스리고 있었다. 장이는 상국, 진여는 대장군에 올라 조왕 조헐을 보좌했다. 기원전 208년 9월 장한은 조나라의 도읍 한단邯鄲(오늘날 허베이성 한단邯鄲시)을 점령했다. 조헐과 장이, 진여는 한단에서 북동쪽으로 약 80킬로미터 떨어진 거록鉅鹿(오늘날 허베이성 싱타이시 쥐루鉅鹿현)으로 퇴각했다. 장한은 부장 왕리王離(?~?)와 섭간涉閒(?~기원전 207)을 보내 거록을 포위했다. 장한의 본대는 거록 남쪽에 주둔하며 용도甬道*를 닦아 왕리와 섭간의 부대에 물자를 보급했다.

조헐과 장이는 장한에게 역습을 가하기는커녕 거록에 갇힌 신세가 되고 말았다. 거록성 밖에 진여가 이끄는 수만 명의 조나라 군대가 주둔했지만 장한의 기세에 눌려 아무런 도움도 주지 못했다. 장한은 기원전 207년 10월 한단을 파괴하고 한단 백성을 진나라가 장악하고 있던 낙양 인근의 하내河內(오늘날 허난성 자오쭤焦作시 일대)로 이주시켰다. 조나라는 도읍이 황폐해지고 백성을 잃었을 뿐만 아니라, 왕과 수뇌부가 고립된 탓에 소멸할 위기에 처했다. 조헐은 육국에 구원군을 요청했다.

육국은 조나라의 요청에 호응해 구원군을 보냈다. 기원전 208년 9월부터 기원전 207년 12월까지 총 4개월**에 걸쳐 육국의 구원군이 거록을 향해 진격했다. 가장 먼저 움직인 나라는 초나라였다. 회왕은 상장군 송의가 지휘하는 주력부대를 조나라 구원군으로 편성했다. 항우는 차장次將으로, 범증은 말장末將으로 임명해 송의를 보좌케 했다. 제나라, 연나라, 그리고 위표가 재건한 위나라 등도 거록에 구원군을 보냈다. 거록은 바야흐로 진나라와 육국의 운명을 판가름할 장소로 떠올랐다. 거록으로 집결한 육국의 군대를 장한이 격파한다면 조나라는 멸망하고 다른 연합국들도 풍전등화의 상황에 놓이게 될 터였다. 반면 육국의 연합군이 장한을 격파하고 조나라를 구원한다면 육국은 수세에서 벗어나 진나라를 동쪽에서 압박하는 새로운 국면을 만들어낼 수 있었다.

한편 회왕은 관중을 가장 먼저 평정하는 인물을 관중왕에 봉한

---

* 군량 운반 또는 병력이나 요인의 은밀하고 안전한 이동을 위해 좌우에 벽을 쌓아 만든 길을 말한다.
** 이 역시 당시의 역법인 전욱력에 따라 셈한 것이다.

다는 약조를 했다. 그런데 그 무렵에는 육국이 수세에 몰려 있었다. 게다가 관중의 동쪽 입구인 함곡관은 거록으로부터 서쪽으로 490킬로미터, 팽성으로부터는 600킬로미터나 떨어져 있었다. 초나라 군이 아무리 용맹했다고 한들 거록 포위도 풀리지 않은 데다 진나라의 도읍 함양이 위치한 관중을 평정할 수 있으리라고 기대하기란 현실적으로 어려운 일이었다.

「항우본기」에는 회왕의 약조가 포로와 민간인 학살을 일삼았던 항우의 난폭하고 잔혹한 성품을 우려한 회왕과 초나라 노장들의 항우 견제책이었다고 기록되었다. 확실히 항우가 아닌 다른 누군가—유방—가 중국의 심장부와도 같은 관중을 장악한다면 얼마든지 항우를 견제할 수 있었을 것이다. 그런데 이때만 하더라도 항우는 초나라의 일개 장수일 뿐이었고 회왕은 물론 진영, 여신, 송의 등 초나라 지도층의 권력도 확고했다.[11] 이러한 점에서 회왕의 약조는 장수들의 사기를 올리기 위한 방편, 혹은 회왕의 장기적인 목표를 엿보게 하는 단서 정도로 해석함이 타당하다. 그런데 이 회왕의 약조는 훗날 초한전쟁의 판도를 크게 흔드는 변수로 떠오르게 된다.

3

육국의 맹주로 부상한 항우

송의는 안양安陽(오늘날 산둥성 허쩌시 차오曹현)에 주둔한 채 무려 46일이나 지체하며 진격하지 않았다. 안양은 황허강 남쪽에 위치했고, 거록에서 남쪽으로 280킬로미터 이상 떨어져 있었다. 심지어 동아보다도 남쪽에 있었다. 항우는 동아전투에서 그랬던 것처럼 신속히 북진해 포위된 조나라군과 힘을 합쳐 진나라군을 격파해야 한다고 주장했지만, 송의는 진나라와 조나라가 전쟁 끝에 피폐해지면 두 나라를 함께 쳐부술 수 있다며 항우의 주장을 묵살했다. 송의는 나아가 주전론을 주장하는 자를 엄벌에 처한다는 포고까지 내렸다.

상관의 목을 베고 병권을 장악한 항우

그런데 송의는 제나라와 모종의 연결 고리를 갖고 있었다. 송의의 아들 송양宋襄(?~기원전 207)은 이 무렵 제나라의 재상으로 내정되어 있었다. 게다가 송의는 제나라의 사신으로 회왕을 알현했던 고릉군高陵君 고현高顯의 추천을 받아 상장군에 오른 인물이기도 했다. 송의가 제나라 왕실과 긴밀한 관계를 맺고 있던 것이다. 이러한 점으로 미루어 보건대 송의는 아들 송양을 제나라 재상 자리에 앉힌 뒤 제나라와 연합해 군사행동을 하거나 육국에서 자신의 영향력을 키우려 했던 것 같다. 물론 육국 전체가 위기에 처한 상황에서 조나라 구원에 소극적인 태도로 일관했던 송의는 항우를 비롯한 부하 장병들에게 지지받지 못했다.

기원전 207년 11월 송의는 제나라로 떠나는 송양의 송별연을 열었다. 송별연이 끝난 뒤 항우는 깊은 밤중에 송의의 침소를 찾아 그의 잘못을 규탄한 뒤 목을 베었다.

"장군은 죽을힘을 다해 진나라를 쳐도 모자랄 판에 한참이나 한자리에 머무르며 움직이지 않고 있소. 올해는 굶주린 백성들이 가난에 시달리고 군사들은 토란과 콩으로 끼니를 때우며 군량은 바닥을 드러내고 있소. 그런데도 장군은 어찌 성대한 술자리까지 벌이실 수 있소이까! 장군은 군사를 이끌고 강을 건너 조나라 군사들과 한솥밥을 먹으며 진나라를 칠 생각은 않고 기껏 빈틈을 노린다는 말씀만 늘어놓고 계시오. 강대한 진나라가 갓 일어선 조나라를 공격한다면 조나라가 무너짐은 당연한 일이오. 조나라가 무너지면 진나라는 더한층 강해질 텐데 무슨 빈틈을 노린단 말이오? 게다가 얼마 전 우리 군이 격파되어 왕은 좌불안석이오. 나라의 안위가 장군의 손에 있거늘, 군사들은 아끼지 않고 사사로움만 앞세우는 장군은 사직을 보전하려는 신하가 아니오."[12]

항우는 이어서 회왕의 밀명을 받아 제나라와 내통한 반역자 송의를 참살했다는 거짓말로 군사들을 선동했다. 상관을 살해하고 회왕의 명령을 사칭한 항우의 행동은 명백한 하극상이자 반역이었다. 하지만 송의의 부하들은 항우에게 동조하며 그를 송의를 대신할 임시 상장군으로 추대했다.

회왕은 항우를 처벌하지 못했다. 항우가 초나라의 주력군이었던 조나라 구원군을 완전히 장악함으로써 초나라의 병권을 쥐어버렸기 때문이다. 게다가 장한의 거록 포위로 인해 조나라는 물론 육국 전체가 큰 위기에 처해 있었고, 안양은 팽성으로부터 북서쪽으로 160킬로미터 이상 떨어진 곳이었다. 상황이 비교적 덜 절박했거나 초나라군이 차라리 더 후방에 머물러 있었다면 항우를 암살하거나 체포할 수 있었을지도 모른다. 하지만 항우는 대군을 거느린 채 회왕의 힘이 닿지 않는 곳에 주둔해 있었고, 장한의 위협이 코앞에 닥친 상황에서 항우를 팽성으로 소환할 수도 없었다. 결국 회왕은 항우를 정식 상장군으로 임명하고 구원병을 지휘케 했다. 병사들의 지지뿐만 아니라 회왕의 인정까지 받은 항우는 일개 장수에서 벗어나 초나라의 실세로 거듭났다. 이러한 점에서 보면 애매한 위치에서 시간만 축낸 송의는 결과적으로 자기 목숨을 바쳐 항우를 도와준 셈이다.

항우는 안양을 떠나 거록으로 진군하기 시작했다. 기원전 207년 12월 항우가 지휘하는 초나라군은 거록을 구원하기 위해 황허강을 건너 조나라 땅에 진입했다. 여기서 항우는 결사적인 각오를 뜻하는 고사성어 '파부침주破釜沈舟'의 기원이 되는 명령을 내렸다.

"용맹스러운 초나라 군사들이여! 그대들은 지금부터 사흘분의 식량을 몸에 지녀라. 타고 온 배는 모두 가라앉혀라. 솥과 시루는 부수고 막사도 불태워라. 초나라의 운명이 이번 싸움에 달렸으니 이기지 못하면 죽을 뿐이다. 돌아갈 곳이 없는데 거추장스러운 배와 밥솥이 무슨 필요가 있느냐. 사흘 안에 진나라 군사를 쳐부수고 용맹한 초나라 남아의 기개를 보여주자!"*

지정학적인 관점에서 항우의 황허강 도하를 초나라 북상의 효시로 볼 수도 있다. 항우의 영향력은 초나라의 근거지였던 양쯔강 일대를 완전히 벗어나 중국 전역으로 퍼져갔다. 진나라와 육국 간의 세력 구도를 완전히 뒤바꾼 거록대전의 막이 열리기 시작했다.

진나라 최후의 명장 장한의 항복

기원전 207년 12월, 거록 일대에 초나라 외에도 육국의 여러 연합

---

* 이 구절은 『사기』의 「항우본기」에 나오는, 항우가 타고 온 배를 가라앉히고 밥솥과 시루를 부순 뒤 사흘분의 군량만 휴대하라고 명령을 내렸다고 언급한 구절을 필자가 대화문으로 재해석한 것이다.

군이 조나라를 구원하기 위해 와 있었다. 거록 북쪽에는 진여 휘하의 하북군 수만 명도 주둔했다. 하지만 육국의 군대는 거록을 포위한 진나라군을 제대로 공격하지 못하고 정세를 관망할 뿐이었다. 하북군을 인솔한 진여도 조왕 조헐과 문경지교의 동지 장이를 구할 엄두를 내지 못하고 있었다. 거록을 포위한 섭간과 왕리의 부대에 몇 번의 소극적인 공격을 시도했지만 애꿎은 군사들만 잃을 뿐이었다. 장한은 용도를 통해 거록을 포위한 병력에 충분한 보급을 해주고 있었는데 육국 군대는 용도를 끊을 엄두조차 내지 못했다.

이러한 상황에서 황허강을 건너온 항우가 파부침주의 각오에 걸맞게 거록을 포위한 왕리와 섭간의 부대에 맹공을 가하기 시작했다. 육국의 다른 부대의 도움은 조금도 받지 않고 오직 초나라 군대만으로 감행하는 공격이었다. 초나라군이 용도를 끊어버리고 맹공을 가하자 진나라군은 결국 무너졌다. 항우의 무용과 과감한 지휘도 빛났지만 초나라 군사들도 일당십一當十, 즉 혼자서 열 명의 적군을 상대할 정도의 용맹을 떨쳤다. 미개척지가 많아 택이 발달했던 초나라의 지리적 환경은 군사들을 지휘관 '항우장사'에 못지않게 용맹하고 강인하게 키워주었다. 요컨대 용감무쌍한 군사를 길러낸 초나라 땅이 진나라를 무너뜨린 셈이었다. 왕리는 항우에게 포로로 잡혔고 섭간은 항복을 거부하고 불길에 뛰어들어 스스로 목숨을 끊었다.

오로지 초나라와 항우의 힘만으로 거둔 승리였다. 거록대전에서 승리한 항우가 육국의 장수들을 불러 모으자 그들은 항우 앞에 무릎을 꿇고 고개를 숙였다. 초나라의 병권을 손에 넣은 항우는 그렇게 육국까지 장악하는 데 성공했다. 거록이 포위됨으로써 중국 동부는 여러 나라가 난립하며 이합집산하던 혼란스러운 모습에서 육국이 일치단결 연합하는 모습으로 바뀌었다. 그리고 거록대전을 거치며 전황이 또다시 역전되었다. 거록대전 이전은 장한의 진나라 군대가 거록을 손에 쥔 채 동쪽의 육국을 압박하는 양상이었다. 하지만 거록대전 이후 진나라는 초나라가 주도하는 육국 연합에 밀려나는 신세로 전락했다. 그리고 초나라는 사실상 회왕의 초나라가 아닌 항우의 초나라로 바뀌었다.

거록을 잃은 장한의 본대는 멀리 후퇴하는 대신 거록 남쪽의 극원棘原(오늘날 허베이성 싱타이시 핑샹현 남서부)에 주둔하며 몇 달 동안 항우와 대치했다. 그 와중에 호해는 장한에게 사자를 보내 거록에서의 패전을 질책했다. 장한이 육국 연합군과 적극적으로 싸우지 않는다는 점도 비난했다. 호해의 신임을 잃고 역적으로 몰릴 것이 두려웠던 장한은 부장 사마흔(?~기원전 203)을 함양에 보내 호해를 알현케 했다. 하지만 조고는 알현을 요청하는 사마흔을 박대했다. 심지어 사흘이나 기다리다 돌아가는 사마흔을 추격하기까지 했다.

장한에게 돌아간 사마흔은 설령 장한이 육국과의 전쟁에서 이기더라도 국정 농단을 일삼고 있는 조고의 시기를 받아 숙청당할 것이라 보고했고, 장이는 장한에게 편지를 보내 전향을 권했다. 게다가 기원전 207년 육칠월 무렵에는 항우가 장한의 휘하 부대를 공격해 격파하는 일까지 일어났다. 안 그래도 진나라 본국으로부터 지원이 끊긴 탓에 군량 부족에 시달리던 장한은 궁지에 몰리자 결국 항우에게 항복했다. 항우는 눈물을 흘리며 조고의 악행을 고하는 장한을 따뜻하게 위로한 뒤 옹왕雍王에 봉했다. 그리고 사마흔은 상장군에 봉해 장한을 따라 항복한 진나라 군사들을 지휘케 했다. 육국을 사실상 자신의 지배하에 놓는 데 성공한 항우는 장한 휘하의 진나라 군사까지 흡수했다. 진나라는 육국을 견제할 힘과 함곡관 동쪽 영토를 완전히 잃어버렸다.

4

유방의 관중 평정

항우가 거록에서 진나라군을 무찌르고 육국과 장한의 세력을 흡수하는 동안, 초나라 서쪽의 탕군을 책임졌던 유방은 서쪽으로 세력 확장을 시작했다. 탕군 서쪽은 진나라 영토였다. 초나라의 주력군을 이끌었던 항우와 달리 유방은 후방을 안정시킨 뒤 세력을 확장하는 보조적인 임무를 맡았다. 그런데 이 덕분에 유방은 항우의 영향력에서 벗어나 독립적인 세력으로 부상할 수 있었다.

관중을 향한 서진

탕군 서쪽으로는 황허강 유역의 광대한 평야지대이자 황허문명의 발상지인 중원이 자리하고 있었다. 탕군에서 서쪽으로 나아가면 위나라의 근거지였던 임제, 상나라 때부터 교통의 요지였던 정주鄭州(오늘날 허난성 정저우鄭州시)를 거쳐 낙양으로 이어졌다. 그리고 낙양을 지나 함곡관을 통과하면 함양이 위치한 고대 중국의 중심지 관중으로 들어갈 수 있었다. 탕군에서 낙양까지의 거리는 약 290킬로미터, 함양까지의 거리는 약 630킬로미터였다. 결코 가까운 거리는 아니었다. 하지만 탕군에서 낙양까지는 험준한 산악지대나 거대한 하천이 발달하지 않은 평야였다.

탕군에서 낙양, 함곡관을 거쳐 관중으로 들어갈 수도 있었지만 다른 경로도 있었다. 탕군에서 남서쪽으로 320킬로미터가량 떨어진 거대한 분지 안에 완宛(오늘날 허난성 난양南陽시 일대)이라는 지역이 있었는데, 이 지역의 북동쪽에 분지와 외부를 연결해 주는 입구처럼 생긴 지대가 있었다. 이곳이 탕군과 완을 이어주었다. 게다가 완에서 북서쪽으로 난 길을 통과하면 관중의 남쪽 관문인 무관武關에 도달할 수 있었다. 즉, 탕군은 유방이 거록대전의 혼란을 틈타 서쪽으로 세력을 확대하고 관중까지 평정하는 데 발판이 되어줄 수 있는, 지리적 조건을 잘 갖춘 땅이었던 셈이다.

기원전 207년 여름까지 진나라와 육국의 세력은 황허강 북쪽의 조나라에 집중되어 있었다. 탕군이나 완, 낙양처럼 거록과 멀리 떨어진 황허강 이남은 육국도 진나라도 힘을 쏟기 어려웠다. 유방은 초나라의 주력군을 거느리지는 않았지만, 진나라와 육국의 힘이 집중되지 않은 방향으로 진출했기 때문에 장한이라는 강력한 적수와 항우의 간섭을 피해서 세력을 확장할 수 있었다.

탕군 주변을 평정한 유방은 북쪽으로 90여 킬로미터 떨어진 창읍昌邑(산둥성 지닝濟寧시 진샹金鄕현) 인근까지 진출했다. 거록대전이 일어난 기원전 207년 12월 무렵이었다. 그런데 유방은 거야鉅野(오늘날 산둥성 허쩌시 쥐야鉅野현)의 수적 출신으로 진승·오광의 난을 틈타 군사를 일으킨 팽월의 협력까지 받았음에도 창읍 함락에 많은 어려움을 겪었다. 이 무렵 역이기酈食其(기원전 268~기원전 204)라는 유학자가 유방을 찾아왔는데, 유방은 속옷 바람으로 시녀에게 발을 씻기던 모습 그대로 손님인 역이기를 맞이했다. 심지어 평소에 유학자를 싫어했던 유방은 역이기에게 욕설까지 퍼부어 댔다. 기가 막힌 역이기는 유방의 무례를 질타했다.

"공께서 여러 무리를 모아 의병을 일으켜 무도한 진나라를 무너뜨리고자 한다면 덕망 있는 선비를 오만하게 맞이하는 태도부터 바로잡으소서."[13]

역이기의 질타를 들은 유방은 얼른 자신의 무례를 사죄하고 옷을 차려입은 뒤 역이기를 상석에 앉혀 가르침을 청했다. 이 일화는 주류 사회의 예의범절에 미숙했지만 사람의 마음을 잡는 일에 능했고 생각도 유연했던 택 출신 호걸 유방의 면모를 잘 보여준다.

역이기는 유방에게 창읍에 집착하는 대신 진류陳留(오늘날 허난성 카이펑시 남동부)를 습격할 것을 권유했다. 진류는 임제, 낙양 등과 이어지는 교통의 요지였다. 유방은 역이기의 제안에 따라 진류를 점령했다. 덕분에 유방은 창읍에 고착되어 시간을 허비하는 것을 그만두고, 진류에 비축되어 있던 군량을 확보하며 관중 입성의 지리적 발판을 마련할 수 있었다. 유방은 큰 도움을 준 역이기와 그의 동생 역상酈商(?~기원전 180)을 장수로 삼았다.

비단 행상이던 관영灌嬰(?~기원전 177)도 이 무렵 유방 휘하로 왔다. 관영은 출신은 한미했지만 무용이 출중했고 특히 기병대 지휘에 탁월한 재능을 가진 인물이었다. 관영은 유방 휘하에 들어오자마자 두각을 드러냈고 착착 공을 세워나가며 장수로 승진했다. 관영은 항우와의 전쟁 때도 기병을 지휘해 각지에서 눈부신 전과를 세워 유방이 승리하는 데 큰 기여를 하게 되고, 이로 인해 한漢나라의 공신으로 중용되어 유방 사후에도 한漢나라의 체제가 안정되는 데 많은 이바지를 하며 승상 자리에까지 오른다.

진류를 장악한 유방은 서쪽으로 진격을 계속해, 기원전 207년 3월 곡우曲遇(오늘날 허난성 정저우시 중무中牟현)에서 진나라 장수 양웅楊熊(?~기원전 207)을 격파했다. 이어서 군사를 남쪽으로 돌려 영양潁陽(오늘날 허난성 쉬창許昌시 남서부)을 점령했다. 이 무렵 유방은 과거 항량 밑에서 친교를 맺었던 장량을 다시 만났다. 장량은 한왕韓王 한성의 밑에서 일하고 있었다. 한韓나라의 영토가 관중에 동쪽으로 인접해 있어 유방은 한韓나라를 지날 수밖에 없었다. 한성은 유방에게 협조하면서 관중 동쪽을 견제했다. 아울러 장량을 유방 휘하에 배속해 유방을 돕게 했다. 이로써 유방은 본격적으로 장량의 도움을 받기 시작했다. 이 시기 장량은 한성을 모시면서 유방에게 배속된 객장客將 신분이었지만 유방이 관중을 평정하는 데 결정적인 도움을 주었다.

그런데 유방은 영양에서 학살을 저질렀다. 백성을 존중해 민심을 얻었던 관중 입성 후의 그와는 사뭇 다른 모습이다. 어쨌든 영양이 관중만큼 중요하지 않았고 그 규모도 작았기 때문인지는 몰라도,

영양에서의 학살이 유방에게 항우와 같은 잔혹한 학살자라는 오명을 가져다주지는 않았다. 유방은 영양에서 북서쪽으로 다시 군세를 돌려, 장량의 도움을 받아 낙양 남동쪽의 환원轘轅(오늘날 허난성 뤄양시 남동쪽)을 공략했다.

유방이 서쪽으로 진격하며 세력을 확장할 무렵, 조나라의 장수 사마앙司馬卬(?~기원전 205)도 남서쪽으로 군사를 움직여 함곡관을 향해 진격하기 시작했다. 자칫하면 사마앙과 조나라에 관중왕 자리를 빼앗길 수도 있는 위기 상황이었다. 유방은 재빨리 황허강의 나루를 끊어 사마앙의 진격을 저지했다. 그런 다음 낙양 공략을 시작했지만 전세가 불리해져 낙양을 우회해 함곡관을 돌파하기 위해 완방면으로 남하했다. 완에서도 태수 여의呂齮(?~?)가 굳건하게 저항을 계속하자 유방은 신속하게 함곡관을 돌파하기 위해 완을 버려두고 북상하려 했다.

이때 장량이 유방의 북상을 만류했다. 함곡관은 험준한 산지 사이에 난 길을 가로막은 관문으로 진나라 제일의 요새이기 때문에 뚫기가 매우 어려운 데다, 완을 내버려 두고 북상한다면 함곡관의 방어 병력과 완의 추격군에 포위될 위험이 있다는 이유에서였다. 이에 유방은 여의의 식객이었던 진회陳恢(?~?)의 도움을 받아 여의를 매수했다. 여의가 유방에게 항복하자 인근의 태수와 장수들도 유방에게 연달아 항복했다. 유방은 완 일대의 병력과 물자를 흡수하며 세력을 키웠을 뿐만 아니라, 후방의 위협을 제거함으로써 관중 입성에 집중할 수 있는 환경까지 조성해 놓았다. 유방은 북서쪽으로 진격해 관중의 남쪽 관문인 무관에 도달했다.

한편 거록대전 이후 진나라는 심각한 내분에 빠졌다. 장한이 항

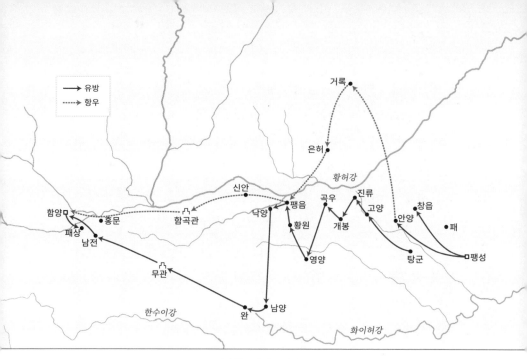

유방과 항우의 관중 진격로

우에게 항복한 다음 달이었던 기원전 207년 8월, 승상 이사를 누명
을 씌워 제거한 조고는 이세황제 호해를 암살하고 진나라의 황족
자영子嬰(기원전 242~기원전 206)을 삼세황제로 앉혔다. 호해보다도
더 다루기 쉬운 완전한 허수아비를 황제로 앉힌 뒤 관중 입성을 눈
앞에 둔 유방과 작당해 관중을 둘로 쪼개 왕이 되려는 심산이었다.
하지만 장량은 조고의 의도를 간파했다. 장량의 건의에 따라 유방
은 무관을 지키던 진나라 장수들을 뇌물로 회유해 같은 달 무관을
돌파했다. 게다가 조고는 자신이 허수아비처럼 주무르려던 자영의
함정에 빠져 암살되고 말았다.

기원전 206년 10월 유방은 함양에 입성했다. 자영은 자신의 직위
를 진왕秦王으로 낮춘 뒤 유방에게 항복했다. 이로써 진나라는 멸망

초한전쟁

했다. 그리고 유방은 관중을 가장 먼저 평정한 데다 진왕 자영의 항복까지 받아냄으로써 관중왕이 될 수 있는 확고한 명분을 얻는 데 성공했다.

관중의 지정학적 가치

유방은 관중을 얻음으로써 항우도 무시하기 어려운 영향력을 갖추게 되었다. 이뿐만 아니라 이 시기 유방의 관중 평정은 훗날 초한전쟁에서 유방에게 커다란 이점으로 작용하는데, 이러한 점에서 초한전쟁 당시 관중이 어떤 곳이었는지 지정학적으로 살펴볼 필요가 있다.

관중은 오늘날 중국 산시陝西성 중부와 허난성 서부에 걸쳐 있는 분지 일대를 가리킨다. 관중분지는 황허강의 지류인 웨이수이渭水강이 남쪽의 친링秦嶺산맥, 동쪽과 북동쪽의 타이항太行산맥, 북쪽 산베이陝北의 산지를 침식해 형성된 침식분지다. 관중이라는 지명은 네 관문關, 동쪽의 함곡관, 서쪽의 대산관大散關, 남쪽의 무관, 북쪽의 소관蕭關 가운데中에 있다는 뜻이다. 즉, 관중은 험준한 산지로 둘러싸인 분지이기 때문에 이 네 관문만 잘 지키면 외적의 침공을 매우 효과적으로 방어할 수 있었다. 게다가 관중은 중원을 포함한 중국 동부의 평야지대는 물론 쓰촨분지, 그리고 이민족의 영역이었던 중국 북부, 서부와도 연결되는 교통의 요지였다. 한마디로 요약하자면 관중은 방어는 물론 교류와 교역에도 유리한 지역이었다는 말이다.

험준한 산지에 둘러싸인 관중분지의 내부는 비옥한 평야이다. 웨

관중의 지형과 네 관문의 위치

이수이강은 오랜 시간에 걸쳐 주변의 산지를 깎아내고 땅을 비옥하게 만드는 물질들을 퇴적시키며 넓고 기름진 평야를 만들어냈다. 웨이수이강이 산지를 깎으며 만들어낸 분지였기 때문에, 관중분지는 웨이수이강과 황허강의 범람으로부터도 비교적 안전했다.* 웨이수이강 북쪽에는 바람을 타고 날아온 고운 황토가 수십 미터 두께

---

* 분지 중에서도 이처럼 하천의 침식 작용으로 만들어진 분지를 침식분지라고 부른다. 침식분지는 토양이 비옥하고 물을 구하기 쉬운 데다 하천의 범람과 외적의 침입으로부터 비교적 안전했기 때문에 고대부터 마을, 도시, 국가가 들어서는 경우가 많았다. 우리나라도 역사가 오랜 마을이나 도시 등은 대부분 침식분지에 위치한다. 산지가 많은 우리나라의 지형 특성상 침식분지는 땅이 기름지고 물을 얻기 수월했을 뿐만 아니라, 장마철에 강수가 집중되어 여름마다 홍수가 일어나는 우리나라의 기후 조건에 적응하며 살아가는 데도 유리했기 때문이다.

초한전쟁

로 쌓여 만들어진 황투고원黃土高原까지 있었다. 강물이 곱게 침식한 흙에 강물을 따라 흘러온 유기물과 무기물이 퇴적된 웨이수이강 유역의 땅, 그리고 황투고원의 황토는 농사짓기에 더없이 좋은 비옥한 토양이었다. 기름지고 넓은 분지 내부로 웨이수이강이 흐르는 관중은 물을 구하고 농사를 짓기에 적합했다.

정리하면, 관중은 외적의 침입을 매우 효과적으로 방어할 수 있었을뿐더러 중국 각지와 교류하기 좋았으며 땅이 기름지고 넓은 데다 물까지 풍부해 많은 사람이 모여 살기 좋은 땅이었다. 환경이 이러하다 보니 관중은 고대부터 중국의 노른자 역할을 톡톡히 해냈다. 고대 주나라의 발상지도 관중이다. 주나라는 황허강 유역을 중심으로 중국 동부에 자리 잡고 있던 상나라를 멸망시키고 중국의 패권을 잡았으며, 춘추전국시대가 시작될 때까지 관중 지역의 호경鎬京(오늘날 중국 산시陝西성 시안西安시 인근)을 도읍으로 삼았다. 그리고 진나라는 전국시대에 관중의 함양으로 천도하면서 서쪽 이민족의 나라에서 전국시대를 통일할 강대국으로 발돋움했다. 유방은 서초를 멸망시켜 통일 한나라를 세운 뒤 장안(오늘날 중국 산시陝西성 시안시)을 도읍으로 삼았다. 한나라가 멸망한 뒤 세워진 수나라, 당나라 등과 같은 통일 왕조들의 도읍도 장안이었다. 이처럼 관중은 기원전 11세기 무렵 주나라가 건국될 때부터 907년 당나라가 멸망할 때까지 2000년 이상 중국의 중심지 역할을 한 요지 중의 요지라 할 수 있다.

진승과 오광이 진나라를 무너뜨리지 못했던 이유도 진나라가 끝까지 관중을 장악하고 있었다는 사실과 절대 무관하지 않다. 관중은 인구가 많은 데다 경제적으로도 부유한 지역, 그러니까 중국의

관중의 위치

정치, 경제의 중심지이기도 했다. 즉, 관중은 단순히 진나라의 도읍
이 있는 곳을 넘어 중국을 주도하고 통일할 '지리적 힘'을 가진 지역
이었다. 그러므로 회왕의 약조는, 의도야 어찌 되었든 강대한 항우
를 꺾고 한나라를 건국할 수 있게 유방에게 그 지리적 힘을 실어준
셈이었다.

선정으로 관중의 민심을 얻은 유방

유방은 자영을 살해하자는 일부 장수의 의견을 물리치고 자영을 정
중하게 대하며 그의 신변을 보호했다. 장량과 번쾌는 유방에게 진
나라 왕실의 재물에 손대지 말고 그대로 봉해두자고 제안했다. 그

초한전쟁

리고 호색한 유방에게 후궁과 궁녀는 털끝도 손대지 말라 조언했다. 유방은 두 사람의 의견을 좇아 진나라의 보화와 재물 창고를 봉하고 후궁과 궁녀를 보호한 뒤 아방궁에 발을 들이지 않고 막사에서 생활했다. 고대 중국에서 승자가 패자를 약탈하는 일이 일상적이었음을 고려하면 이는 매우 이례적인 처사였다.

유방은 관중의 백성들도 철저하게 보호했다. 군사들을 엄히 다스려 관중 백성을 죽이거나 약탈하는 일, 관중의 마을이나 도시에 불을 지르고 파괴하는 일을 저지르지 못하게 했다. 이에 따라 유방이 관중에 입성한 뒤에도 관중 백성들은 평온한 삶을 이어갈 수 있었다. 심지어 유방의 선정에 감격한 관중의 유지들이 유방의 군사들에게 술과 고기를 대접하려 했을 때도 민폐를 끼칠 수 없다며 사양했다. 게다가 유방은 진나라의 법령을 폐지하고 '약법삼장約法三章'이라는 새로운 법령을 공표했다.

"어르신들께서는 오랫동안 진나라의 가혹한 법령에 시달리셨소이다. 진나라 조정을 비방했다는 구실로 멸족의 화를 입었고 그저 이야기를 나누었다는 이유로 저잣거리에서 처형을 당해야 했소이다. 소생은 일전에 여러 제후와 더불어 먼저 관중에 입성하는 제후가 왕이 된다는 약조를 했으니, 응당 소생이 왕위에 오를 것이외다. 소생, 어르신들께 세 가지 조목만 약조하겠소이다. 첫째, 살인자는 사형으로 다스리겠소. 둘째, 사람을 다치게 하거나 물건을 훔친 자는 죄의 무겁고 가벼움에 따라 처벌하겠소. 셋째, 이외의 진나라 법령은 모두 폐지하오."[14]

오늘날에야 이런 단순한 법률로 나라를 다스릴 수 없겠지만, 문맹자가 수두룩했던 당시의 백성들은 진나라의 복잡하고 지나치게 엄격한 법령을 폭정으로 여겼다. 그러다 보니 관중의 유지와 백성들은 약법삼장이라는 매우 간소한 법령만을 남긴 채 진나라의 다른 법령을 모두 폐지한 유방의 조치를 진심으로 환영했다. 「고조본기」에는 이 무렵 유방이 베푼 선정으로 인해 관중 백성들이 유방이 아닌 다른 사람이 왕위에 오르지 않을까 근심하기까지 했다고 기록되었다. 즉, 유방은 회왕에게 관중왕으로 봉해질 명분을 얻었을 뿐 아니라 관중 백성들로부터도 관중왕으로 인정받는 데 성공했다.

유방은 관중에서 군사적 역량까지 키울 수 있었다. 관중 입성 과정에서 옛 진나라의 관리들과 장수들을 회유해 그들의 병력을 흡수한 데 이어, 관중 입성 후에도 관중을 안정적으로 다스려 군사력이 증대되었다. 그 덕에 유방의 군사는 20만 대군으로 불어났다. 비록 항우의 군사력에 비할 바는 아니었지만 유방도 이제 중국에서 손꼽히는 강자 중 한 명이었다. 흔히들 유방이 항우에게 백번 패하다 마지막에 한 번의 결정적인 승리를 거두어 항우를 물리치고 한나라를 세울 수 있었다고 하는데, 사실 유방은 초나라와 한나라의 본격적인 전쟁이 일어나기 전부터 이미 항우가 무시할 수 없는 강대한 세력으로 부상해 있었다. 그리고 유방이 이처럼 새로운 지도자로 부상할 수 있게 힘을 실어준 땅이 바로 관중이었다.

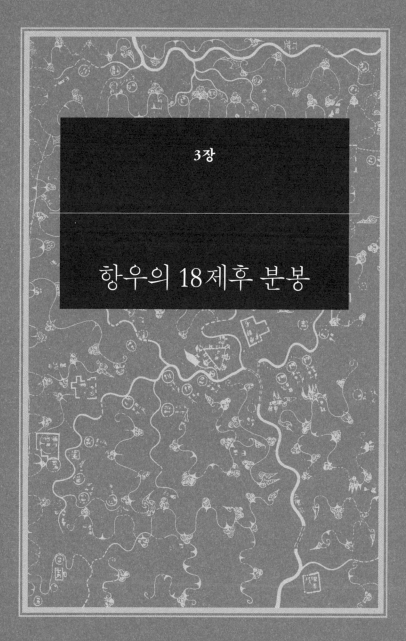

3장

항우의 18제후 분봉

항우의 형편없는 지정학적 안목으로 인해
대륙은 스무 개로 갈라지고,
항우가 세운 체제는
시작과 동시에 무너지고 만다.

1

항우의 함양 입성

거록대전으로 육국의 맹주로 부상한 데다 장한의 군사력까지 흡수하는 데 성공한 항우는 서둘러 함곡관으로 향했다. 함곡관을 넘어 다른 제후나 장수보다 한 발이라도 먼저 관중에 입성해야 관중왕에 봉해질 수 있었기 때문이었다. 항우는 위표, 장이 등 여러 제후 및 장수들과 더불어 40만 대군을 이끌고 함양으로 향했다.

하지만 유방이 기원전 206년 10월 항우보다 앞서 관중에 입성한 뒤 자영의 항복을 받고 약법삼장으로 백성들의 지지까지 받으며 관중을 장악하고 있었다. 유방은 휘하에 있던 누군가의 조언에 따라 함곡관을 굳게 걸어 잠갔다. 용맹하기 그지없는 데다 대군을 거느린 항우였지만 험준한 산지로 둘러싸인 천혜의 요새 함곡관을 힘으로 돌파할 수는 없었다. 이 때문에 항우는 우회할 수밖에 없었고, 유방보다 두 달이나 늦게 함양에 입성했다.

유방 때문에 관중왕이 될 명분을 놓친 데다 관중 입성 시일까지 지체한 항우는 격노했다. 범증은 항우에게 유방을 공격해 멸망시키자는 제안을 했다. 항량에게 초 회왕 옹립을 권하고 항우의 초나라 군권 찬탈을 지지했던 범증은 항우에게 아부亞父, 즉 아버지에 버금가는 어르신으로 우대받으며 그의 최측근 참모로 활동하고 있었다. 유방이 20만 대군을 거느렸다고는 하나 항우의 병력은 100만 명에 달할 정도로 불어나 있었다. 게다가 지휘관 항우는 거록대전을 승리로 이끌어 전쟁의 국면을 한순간에 뒤집어 버린 불세출의 명장이었다. 유방에게는 승산이 없었다. 압도적인 군사력을 가진 항우의 공격 앞에 유방은 한순간에 패망할 위기에 처했다. 심지어 유방의 좌사마左司馬 조무상曹無傷(?~기원전 206)은 항우와 내통하기 위해 밀서를 보내기까지 했다.

"패공은 관중왕에 올라 진왕 자영을 승상으로 삼은 뒤 재물과 보화를 남김없이 차지하려 합니다."[15]

이러한 절체절명의 상황에서 유방을 구한 사람은 다름 아닌 항우의 백부이자 항량의 형제 항백이었다.

생과 사의 갈림길에서 열린 연회

항량과 항백 형제는 과거 죄를 짓고 쫓기던 중 택에서 세력을 모으고 있던 장량의 보호를 받은 적이 있었다. 항백은 은인 장량을 구하기 위해 몰래 장량을 만났다. 항백은 항우의 공격이 임박했으니 하루빨리 몸을 피하라고 충고했지만 장량은 유방을 버리고 혼자서 도망갈 수 없다며 거절했다. 그러자 항백은 유방과 항우의 화해를 주선했다. 이에 따라 항우는 유방 공격을 중단했다. 항백은 유방에게 의형제를 맺자고 하더니, 제 아들과 유방의 딸 사이의 혼약을 통해 사돈 관계까지 맺었다. 여담으로 조카 항우의 강력한 경쟁자이자 훗날 항우를 몰락시키는 장본인인 유방을 살려주는 실책을 저지른 항백은, 홍문연 이후에도 은인 장량과 사돈 유방에 대한 의리를 지키느라 항우의 과감한 공세에 발목을 잡는 행동을 여러 번 반복한다. 그래서였는지 항백은 서초가 멸망한 뒤 유방에게 처벌받기는커녕 개국공신으로 우대받아 사양후射陽侯에 봉해진다. 심지어는 유방에게 유씨 성을 하사받고 유전劉纏이라는 이름으로 개명까지 한다.*

기원전 206년 12월 함양 인근의 홍문鴻門에서 항우와 유방의 화해를 위한 연회가 열렸다. 이것이 바로 홍문연이다. 항우에게 사과하는 처지였던 유방은 백여 명의 기병과 몇몇 측근들만 대동한 채 홍문에 가 항우에게 자신의 행동에 대해 해명했다.

"소신은 장군과 더불어 진나라를 쳐부수는 데 전력을 다했사옵니다. 장군이 하북에서, 소신이 하남에서 전투를 이어가는 가운데 소신이 뜻하지 않게 관중에 먼저 들어와 진나라를 격파하고 여기서

---

* 항백의 이름은 전纏이고, 백伯은 그의 자이다. 항우가 본명인 항적 대신 자인 항우로 널리 알려진 것처럼, 그 역시 대개 본명 항전이 아닌 항백으로 불린다.

다시 장군을 뵙니다. 그런데 요즘 들어 소인배의 언동으로 인해 장군과 소신 사이에 틈이 벌어지려 하고 있사옵니다."[16]

기분이 좋아진 항우는 유방의 사과를 호탕하게 받아주었다.

"이는 그대의 좌사마 조무상의 말 때문에 일어난 일이오. 그렇지 않았다면 이 항적이 어찌 이렇게까지 했겠소이까?"[17]

강력한 경쟁자인 유방을 힘들이지 않고 제거할 기회를 잡고도 그를 제거하기는커녕 술자리에서 유방에게 내통자의 정체까지 알려준 항우의 행태를 목도한 범증의 마음은 어떠했을까? 그 허탈함은 굳이 설명할 필요도 없을 것이다. 범증은 몇 번이나 항우에게 신호를 보내 유방을 살해해야 한다고 설득했으나 술기운에 흥이 오른 항우는 범증의 진언을 무시했다. 결국 범증은 항우의 친척 동생인 항장項莊(?~?)을 불러 밀명을 내렸다.

"대왕은 사람이 무르시네. 자네는 연회장 안에 들어가 축수祝壽*를 한 뒤 칼춤을 추겠다고 청하시게. 그리고 칼춤을 추다가 기회를 보아 자리에 앉아 있는 패공을 참살하시게. 그러지 못한다면 훗날 자네를 비롯한 우리 모두가 패공에게 포로로 잡힐 걸세."[18]

항장은 범증의 밀명에 따라 칼춤을 추는 척하면서 날이 시퍼렇

---

* 잔치 자리 등에서 주최자나 빈객의 장수를 기원하는 일을 말한다.

초한전쟁

게 선 칼을 휘두르며 유방에게 다가갔다. 유방이 항장의 의도를 눈치채지 못했을 리 없다. 눈앞에서는 시퍼런 칼날이 오가고 있는데 저항하기는커녕 도망갈 수조차 없었다. 가만히 앉아 있다가는 항장에게 목이 달아날 판이었고, 사죄하러 온 마당에 항우에게 항의할 상황도 아니었다.

이때 홍문연을 주선한 항백이 사돈 유방의 목숨을 구하기 위해 나섰다. 항백은 칼춤은 두 사람이 추어야 제맛이라며 항장과 어우러져 함께 칼춤을 추기 시작했다. 항장이 칼을 빼 들고 유방에게 다가가면 항백은 항장의 칼을 받아내며 유방을 보호했다. 항우야 항백과 항장이 칼을 맞대는 멋진 춤사위에 흥을 돋우며 술잔을 기울였지만, 유방은 어떻게든 살아서 나갈 때까지 항백이 시간을 벌어주기를 바라며 술도 안주도 제대로 넘기지 못한 채 공포에 질려 있었다. 애타기는 범증도 마찬가지였다. 다른 사람도 아닌 항우의 백부 항량이 유방을 제거할 절호의 기회에 초를 치는 상황이었으니, 이러지도 저러지도 못한 채 애만 태울 따름이었다.

유방이 위험에 처했음을 직감한 장량은 대담한 결단을 내렸다. 장량은 몰래 연회장 밖에서 기다리고 있던 번쾌를 불렀다. 유방이 위기에 처했다는 말을 들은 번쾌는 칼을 찬 채 방패를 들고 연회장에 난입했다. 경비병이 번쾌를 제지했지만 헛수고였다. 경비병들은 워낙 장사였던 번쾌의 완력에 밀려 맥도 못 추고 나동그라졌다. 다른 사람도 아닌 항우가 주최하는 연회에 우락부락한 거구의 호걸이, 그것도 완전무장을 하고 제지하는 경비병을 밀쳐내며 난입하는 것은 용납하기 어려운 무례였다. 심한 결례 정도가 아니라 그 자리에서 끌어내 처형해도 모자랄 난폭하기 그지없는 행위였다. 그런데 이때 번쾌의 기세가 얼마나 험악하고 강했던지 그 항우조차도 화를 내기는커녕 그저 황망해할 따름이었다.

연회장에 갑작스레 난입한 장사가 누구냐고 묻는 항우의 질문에 장량은 번쾌를 유방 휘하의 충직하고 용맹스러운 장수라고 소개해 주었다. 항우는 번쾌의 우람한 풍모와 호걸다운 기백, 유방에 대한 충성심과 의협심이 마음에 들었는지 번쾌를 장사라고 칭찬하며 자리에 앉힌 다음 큰 항아리에 술을 가득 담아 주었다. 번쾌는 그 많은 술을 받자마자 그 자리에서 들이켰다. 여기서 '두주불사斗酒不辭'라는 고사성어가 유래했다. 항우는 그 모습에 깊은 인상을 받았는지 말술을 들이켠 번쾌를 대단한 장사라고 칭찬하며 돼지 다리를 안주로 주었다. 번쾌는 방패 위에 돼지 다리를 놓고는 차고 있던 칼을 뽑아 고기를 썰어 먹었다. 고기를 다 먹은 번쾌는 항우를 노려보며 면전에서 대놓고 큰소리를 쳤다.

"패공은 관중에 먼저 들어온 뒤 함양을 평정했으면서도 군사를 패상霸上(장안의 동쪽 지역)에 주둔시키고 숙영을 하며 대왕을 기다렸사옵니다. 대왕께서는 오늘에 이르러 소인배의 말만 듣고 패공을 멀리하시옵니다. 소신은 이 때문에 천하가 분열되고 백성들이 대왕을 의심하지 않을까 걱정될 따름이옵니다!"[19]

한마디로 '간이 배 밖으로 나온' 언행이었다. 그런데 내심 뜨끔했던 것인지, 아니면 어이없을 정도로 우직하면서도 대담하기 그지없는 번쾌의 풍모가 마음에 들었던 것인지 모르지만, 항우는 그를 장량 옆에 앉히고 술과 고기를 주며 연회를 즐기도록 달랬다. 항백의

초한전쟁

칼춤에 이어 번쾌까지 연회장에 난입하면서 유방을 제거하려던 범증의 계략은 완전히 틀어져 버렸다.

연회 자리에 도저히 앉아 있을 수 없었던 유방은 화장실에 가는 척하면서 번쾌와 함께 슬며시 자리를 떴다. 그런데 유방은 항우의 기세와 연회 분위기에 주눅이 들었는지 하직 인사도 제대로 하지 않고 연회장을 빠져나가면 일이 잘못되는 게 아니냐며 도망가기를 주저했다. 보다 못한 번쾌가 유방을 다그쳤다.

"큰일을 하려면 작은 체면에 연연해서는 안 되고, 큰 예의를 차리려면 작은 겸양에 얽매이지 말아야 하옵니다. 저놈들이 우리를 마치 어육魚肉처럼 도마 위에 올려놓고 칼질하려 벼르고 있는 터에 대체 무슨 말씀을 하시오이까!"[20]

유방은 번쾌의 호위를 받으며 황급히 본진으로 도주했다. 그리고 본진에 도착한 즉시 배신자 조무상을 처형했다.

한편 장량은 유방이 만취해서 몸을 가누지 못해 어쩔 수 없이 숙소로 모셨으니, 자신이 유방 대신 사과한다며 항우와 범증에게 준비한 선물을 전달했다. 술기운이 오를 대로 오른 항우는 유방에게 사과뿐만 아니라 선물로 귀중한 백옥白玉까지 받고는 몹시 흡족해했다. 하지만 항우 때문에 유방을 제거할 기회를 놓친 범증은 탄식하며 유방에게 선물 받은 옥두玉斗*를 부수었다.

---

* 옥으로 만든 술그릇으로 예부터 중국에서 귀중품으로 통했다.

"저런 철모르는 어린아이와 어찌 큰일을 도모한단 말이냐. 항왕項王의 천하는 유방에게 빼앗기고 말겠구나. 우리는 모두 유방에게 포로로 잡히고 말리라……."[21]

여기서 주목할 부분은 번쾌의 풍모이다. 백정 출신인 번쾌는 항우도 인정할 정도로 호방하고 의협심 넘치는 모습을 보였다. 이러한 행보 덕에 번쾌는 어디에서나 험상궂고 우락부락한 호걸의 모습으로 묘사된다. 그런데 관중과 홍문에서 번쾌가 보여준 모습은 그가 그저 용맹하기만 했던 것은 아님을 말해준다. 관중 입성 후 번쾌는 장량과 함께 유방에게 재물과 궁녀들에게 손을 대지 말라 충언한 데 이어 홍문연에서는 시의적절하게 연회장에 난입해 항우의 시선을 끌었고, 도망을 주저하는 유방에게 직언을 함으로써 유방이 무사히 살아서 돌아가는 데 지대한 기여를 했다. 그러므로 번쾌는 일신의 무용이 뛰어났을 뿐만 아니라 사려 깊고 두뇌 회전도 빨랐던 인물로 보는 것이 타당하다.

잔혹 행위로 관중의 민심을 잃은 항우

관중에 입성한 항우는 유방과 정반대의 행보를 보여주었다. 항우는 함양에 입성하기 전에 이미 잔혹하기 짝이 없는 행위를 저질렀는데, 바로 신안대학살이다.

항우는 거록대전 이후 항복한 장한과 사마흔, 동예에게 관직을 내리며 우대했다. 하지만 이들이 데리고 온 20만 진나라 군사들에 대한 태도는 달랐다. 초나라를 비롯한 육국의 군사들은 항복한 진나라 군사들을 죄인이나 노예처럼 대하며 모욕하고 괴롭혔다. 과거 진나라가 육국 백성을 토목공사에 동원해 가혹하게 부려먹고 학대했던 데 대한 일종의 보복이었다. 진나라 군사들 사이에는 항우에게 항복한 뒤 부하들은 돌보지 않고 자신들의 안위만을 챙긴 장한, 사마흔, 동예에 대한 원망, 그리고 항우와 초나라에 대한 불만과 적개심이 퍼져갔다.

이러한 목소리는 항우의 귀에까지 들어갔다. 항우가 영포와 포장군을 불러 대책을 묻자, 두 사람은 20만 명에 달하는 진나라 군사들이 만에 하나 반기를 들기라도 하면 위태로운 상황에 부닥칠 수밖에 없다는 의견을 냈다. 문제는 이들이 그 대안으로 장한, 사마흔, 동예 세 사람을 제외한 진나라 군사들을 모조리 죽일 것을 제안했다는 점이었다. 항우는 영포와 포장군의 제안을 받아들였다.

기원전 206년 11월 영포는 항우의 명령을 받아 신안新安(오늘날 허난성 뤄양시 신안현 일대)의 항복한 진나라군의 숙영지에 야습을 감행했다. 한밤중에 갑자기, 그것도 어쨌든 아군이었던 영포의 기습을 받은 진나라 군사들은 우왕좌왕하며 제대로 된 대처를 하지 못했다. 20만 명이나 되는 진나라 군사들은 영포가 지휘한 초나라 군사들에게 생매장당했다.*

중국에서는 '신안의 갱新安之坑'이라고 불리는 신안대학살은 항우가 자행했던 여러 잔혹 행위 중에서도 손에 꼽히는 끔찍한 사건이

---

* 『초한지』, 일본의 유명 소설가 시바 료타로司馬遼太郎(1932~1996)의 『항우와 유방』 등 초한전쟁을 다룬 문학작품은 항우와 영포가 거대한 구덩이에 진나라 군사들을 밀어 넣은 뒤 흙을 덮어 생매장했다고 묘사하는 경우가 많다.

다. 이미 당대에 항우의 악명이 중국 전역으로 퍼져 나갔을 정도였다. 인권에 대한 인식 수준이 현대와는 비교하기 어려울 정도로 낮았고 전쟁포로에 대한 학대도 비일비재했던 고대사회였지만, 한두 사람도 아니고 20만 명에 달하는 수많은 인명, 그것도 항복한 군사들을 생매장한다는 건 그 시절에도 용납할 수 없던 잔인무도하기 그지없는 행위였다. 게다가 이들은 애초에 진시황릉 공사에 동원되었던 백성과 죄수였다. 즉, 옛 육국 출신자들도 적지 않게 섞여 있었다. 설령 육국 출신이 아닌 진나라 본토 출신이었다고 하더라도, 이들은 강제로 징발되었거나 그저 죗값을 치르기 위해 노역하다 군대에 소집된 이들이었다. 진나라의 법령이 백성들의 대대적인 반감을 살 정도로 엄격함을 넘어 강압적일 정도였음을 고려하면, 죄수 중에는 그저 억울하게 관아에 끌려가 죄인으로 낙인찍힌 다음 무자비한 강제 노역에 시달린 이들도 적지 않았을 것이다. 그런 이들을 무려 20만 명이나 생매장한 항우에 대한 소문이 관중을 넘어 중국 전역으로 퍼져 나갔고, 항우는 최악의 폭군이라는 오명을 쓴 채 만백성을 적으로 돌리게 되었다.

항우의 잔혹 행위는 거기서 멈추지 않았다. 홍문연 며칠 뒤에 함양에 입성한 항우는 그 일대를 초토화했다. 이미 항복한 진왕 자영을 살해했을 뿐 아니라 아방궁의 재화와 보물을 약탈하고 후궁들과 궁녀들을 납치한 뒤 궁궐을 불태웠다. 궁궐뿐만 아니라 함양 시가지도 항우 군사들에게 파괴되었다. 유방 덕분에 목숨을 구함은 물론 진나라의 강압적이고 복잡했던 법령으로부터 해방되었던 관중 백성들은 항우에게 재산은 물론 목숨까지 빼앗기고 말았다.

항우의 무자비한 행태가 관중 백성 모두를 적으로 돌리는 결과를 초래했음은 지극히 당연한 일이었다. 「항우본기」에는 항우가 불태운 아방궁이 석 달 동안이나 타올랐다고 기록되었다. 항우가 여러 달에 걸쳐 불태웠던 것은 아방궁뿐만이 아니었다. 아방궁의 주인이야 역사의 뒤안길로 사라졌다지만, 그가 불태웠던 관중 땅은 수많은 백성이 살아가던 삶의 터전이었다. 보호해야 마땅할 백성들의 삶터를 항우는 불태워 버렸고, 항우의 인망 역시 관중과 함께 불타 없어졌다. 거록에서 보여준 초인적인 무용과 군사적 재능으로 육국 제후들의 복종을 얻어낸 항우는, 신안대학살에 이어 관중에서 온갖 만행을 저지르며 중국에서 가장 중요한 땅이었던 관중을 자신의 근거지로 만들 기회를 스스로 차버리고 말았다.

2

스무 개로 갈라진 대륙

자영을 살해하고 함양을 장악한 항우는 기원전 206년 1월 분봉分封을 시행했다. 우선 회왕을 의제義帝로 승격해 멸망한 진나라의 황실을 대신할 새 황제로 옹립했다. 본인은 제후들의 우두머리인 패왕霸王에 올랐다. 항우의 영지는 초나라의 영역 중에서도 중원과 가깝고 인구가 많으며 경제가 발달했던 북부 일대였다. 항우는 자신의 영지에 '서초西楚'라는 이름을 붙였다. 항우의 별명인 '서초패왕'은 바로 그가 서초를 다스린 패왕이었던 데서 유래한다.

　반면 의제의 직할지는 초나라의 영역 안에 있던 침郴(오늘날 후난湖南성 천저우郴州시) 일대였다. 황제의 도읍치고는 너무 남쪽으로 치우쳐 있었다. 중국은커녕 초나라의 중심지로 보기도 어려운 지역이었다. 이는 항우가 의제를 실권이 없는 허수아비 황제로 만들기 위해 깔아둔 포석이라고 볼 수 있다.

이외의 영토에는 본래 육국을 다스렸던 왕실의 구성원이나 진나라와의 전쟁에서 공을 많이 세운 장수들을 봉했다. 위왕 위표, 한왕韓王 한성, 연왕 한광 등 기존의 육국 왕들도 분봉의 대상이 되었지만, 기본적으로 조나라 구원전과 항우의 관중 입성 과정에서 전공을 세운 인물을 중심으로 분봉이 이루어졌다.

서초패왕과 18제후

육국	왕호	인물	설명
초楚	서초패왕西楚霸王	항우	진나라를 완전히 멸망시킨 뒤, 육국 연합의 실질적인 수장으로서 의제를 옹립하고 18제후 분봉을 주도.
	구강왕九江王	영포	항량과 제휴했던 택 출신의 초나라 군벌로, 항량 사후 항우 휘하에서 활약.
	형산왕衡山王	오예吳芮	본래 진나라의 지방관으로, 진승·오광의 난이 일어나자 영포를 사위로 삼고 거병한 인물.
	임강왕臨江王	공오共敖	의제의 주국柱國을 지냈던 인물로, 훗날 항우가 의제를 살해할 때 항우에게 협력.
진秦	옹왕雍王	장한	육국 연합과 싸우다 거록대전에서 패배한 뒤 항우에게 항복한 진나라 장수.
	새왕塞王	사마흔	장한의 부장.
	적왕翟王	동예	장한의 부장.

진 秦	한왕 漢王	유방	본래 회왕의 약조에 의해 관중왕에 봉해질 명분을 얻었으나, 항우의 견제를 받아 한왕에 봉해짐.
위 魏	서위왕 西魏王	위표	육국 연합의 구성원으로 장한에게 멸망한 위나라를 재건.
	은왕 殷王	사마앙	조나라의 장수로, 유방보다 먼저 관중에 입성하려다 유방의 저지로 실패.
한 韓	한왕 韓王	한성	진승·오광의 난이 일어난 뒤 한韓나라를 재건.
	하남왕 河南王	신양 申陽	진나라 지방관 출신으로 진승·오광의 난이 일어나자 장이 휘하에 들어갔다가 초나라로 귀순.
조 趙	대왕 代王	조헐	육국 연합의 구성원인 조왕 조헐.
	상산왕 常山王	장이	조나라 승상.
제 齊	교동왕 膠東王	전불	제나라를 부활시킨 제왕 전담의 아들로, 전영에 의해 제왕으로 옹립됨.
	제왕 齊王	전도	전불의 측근으로 거록 구원에 참여했으며, 전영과 대립한 인물.
	제북왕 濟北王	전안	전국시대 제나라 마지막 왕 전건의 손자로, 거록 구원에 참여.
연 燕	요동왕 遼東王	한광	육국 연합의 구성원인 연왕 한광.
	연왕 燕王	장도 臧荼	연나라의 장수로 거록 구원에 참여.

항우의 결정적 실수

열여덟의 제후를 봉하는 과정에서 항우가 가장 신경 썼던 사람은 유방이었다. 유방은 독자적인 군사행동을 통해 관중왕에 오를 명분을 확보했고, 항우에 비할 바는 아니었지만 다른 제후들과는 격이 다를 정도의 강력한 군사력과 정치적 영향력을 기른 인물이었다. 항우는 이처럼 자신에게 위협이 될 만한 유방을 그대로 관중왕에 앉힐 수 없었다. 게다가 항우에겐 정치적 정통성이 없었던 데다 엄연히 상관이자 황제인 의제도 있었다. 송의 암살 이후 실권을 잃은 의제가 실권을 되찾기 위해 유방과 연합하여 항우를 견제할 소지 역시 다분했다.

이에 따라 항우는 유방을 관중왕이 아닌 한왕漢王으로 봉해 한중漢中과 파촉巴蜀 일대를 다스리게 하였다. 오늘날 쓰촨성 동부의 충칭重慶 일대에 해당하는 '파'와 쓰촨성 서부의 청두成都 일대를 가리키는 '촉'을 합쳐 부르는 파촉은 북동쪽의 다바大巴산맥, 북서쪽의 민산岷山산맥, 남쪽의 헝돤橫斷산맥으로 둘러싸인 광대한 분지다. 이들 산맥은 최고봉의 해발이 각각 3105미터, 5588미터, 7556미터에 이를 정도로 험준해 파촉을 중국의 다른 지역과 가르는 천연 장애물 역할을 했다. 산지가 너무나 험준해 파촉 일대의 사람들은 외부와 교류하기 위해 깎아지른 듯한 절벽에 선반처럼 낸 길인 잔도棧道를 이용해야 할 정도였다. 시선詩仙이라 불리는 당나라의 시인 이백李白(701년~762년)은 「촉도난蜀道難」*이라는 시에서 파촉 지역을 하늘 오르기보다 어려운, 날아다니는 새나 넘어갈 수 있을 정도로 험준한 지형으로 묘사했다.

---

* 촉으로 가는 길은 험난하다는 뜻이다.

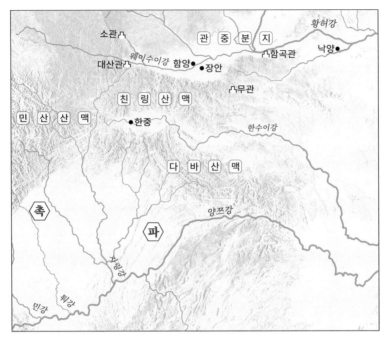

파촉과 한중의 위치와 지형

噫吁戲危乎高哉	오호라! 위태롭구나, 높을시고.
蜀道之難難於上靑天	촉으로 가는 길은 푸른 하늘 오르기보다 어렵도다.
蠶叢及魚鳧	잠총蠶叢과 어부魚鳧*가
開國何茫然	아득히 오래전 나라를 세웠도다.
爾來四萬八千歲	그 뒤 4만 8000년이 지나도록
不與秦塞通人煙	진나라 변경과도 왕래가 없었다.

---

* 잠총과 어부는 파촉 지역에 나라를 처음 세웠다는 전설 속 인물이다.

西當太白有鳥道	서쪽 태백산太白山에야 새가 넘나드는 길 있어
可以橫絶峨眉巓	아미산 꼭대기로 넘어갈 수 있었네!

─「촉도난」 중

한편 파촉 북동쪽에 위치한 한중은 관중과 인접한, 넓게 보면 관중에 포함되는 지역이었다. 한중은 기원전 312년 진나라가 관중과 파촉, 그리고 한중 인근에서 발원하는 양쯔강의 지류인 한수이漢水강 유역에 중국 남부 지역을 잇기 위해 설치한 한중군漢中郡에 근원한다. 요즘으로 치면 한중은 교통의 요지 혹은 군사적 거점으로서의 위성도시였던 셈이다. 이러한 위성도시가 대개 대도시권에 포함되듯이, 한중 역시 당시에 관중의 일부로 여겨지기도 했다. 오늘날에도 한중은 옛 파촉에 해당하는 쓰촨성이 아닌 관중분지가 속한 산시陝西성의 행정구역이다. 하지만 한중 역시 파촉보다 나을 뿐이지 결코 교통이 편리한 지역이 아니었다. 한중과 관중 사이에는 동서로 500킬로미터, 남북으로 100킬로미터에 걸친, 최대 해발 3771미터에 달하는 친링산맥이 가로놓여 있었다. 친링산맥 역시 다바산맥, 민산산맥 못지않게 험준하므로 잔도나 험한 고갯길을 이용해 관중 등 인접 지역과 교류해야 했다.

사실 항우는 본래 유방에게 파촉만 영지로 수여할 생각이었다. 하지만 장량이 항백을 부추겨 유방의 영지에 한중이 포함되도록 했다. 항우 입장에서도 넓은 의미에서 관중에 속하는 한중을 유방에게 내준다면 옛 회왕의 약조에 대한 명분을 지킬 수 있었다. 그리하여 유방의 영지에 한중이 포함되고 한중의 남정南鄭(오늘날 산시성 한중시 난정南鄭구)이 그 도읍이 되면서, 유방은 파촉왕이 아닌 한왕으로 봉해졌다. 향후 중국을 400년 이상 지배하며 통일 중국의 토대를 쌓은 한漢 왕조는 여기서 시작되었다. 유방은 이토록 험난한 파촉과 한중 땅에서, 훗날 관중을 얻고 동쪽으로 진출해 항우와 대등하게 맞서 싸울 수 있는 힘을 기르게 된다.

어찌 되었든 그건 훗날의 일이고, 한중과 파촉은 유방과는 아무런 연고도 없는 지역이었다. 열여덟의 제후 가운데 연고가 전혀 없는 지역에 봉해진 인물은 유방이 유일했다.[22] 아무리 유방이 뛰어난 수완가였다 하더라도 연고도 없는 오지에서 항우를 위협할 수 있을 만한 세력으로 재기하기란 매우 어려운 일이었다.

한편 항우는 관중을 옹雍, 새塞, 적翟의 셋으로 분할해 각각 장한, 사마흔, 동예의 세 제후로 하여금 다스리게 했다. 관중이 옛 진나라의 중심지였던 까닭에 이 세 사람은 삼진왕三秦王이라고 불렸다. 항우는 진나라 출신의 삼진왕 분봉을 통해 옛 진나라 땅을 안정적으로 다스리는 한편, 유방이 재기하거나 북상하지 못하도록 감시하고 견제하려고 했다. 이외의 옛 육국 영토 또한 여럿으로 분할해 옛 육국의 왕이나 공신들을 봉했다. 우선 초나라는 서초 밖의 땅이 구강, 형산, 임강으로 분할되었다. 제나라는 교동, 제, 제북으로, 조나라는 대와 상산으로, 위나라는 서위와 은으로, 연나라는 요동과 연으로 나뉘었다.

그런데 항우의 분봉은 적지 않은 문제를 안고 있었다. 우선 제후국이 너무 많았다. 전국시대에 중국이 '전국칠웅'이라 불렸던 일곱 개의 유력 제후국으로 분열되어 혼란스러웠던 것을 고려하면, 서초 외에 열여덟 개의 제후국을 두는 건 지나친 처사였다. 항우의 서초와 의제의 직할지까지 치면 사실상 스무 나라나 마찬가지였고, 심지어 제후국들의 영토가 항우의 직할지인 서초보다 훨씬 넓었다. 게다가 군현제와 같은 중앙집권화를 가속화하거나 항우가 제후들을 효과적으로 통제할 수 있는 제도적 장치도 부족했다. 역사지리학적인 관점에서 보자면 항우의 18제후 분봉은 전국시대 이상으로 중국 땅을 분열시킬 소지가 큰, 일종의 퇴행적 조처였다.

항우가 강력한 군사력을 통해 거록대전 이후 육국의 지도자로 부상해 분봉을 주도했지만 항우는 어디까지나 군사 지도자였을 뿐 제후들에게 충성을 받아낼 만한 정치적 명분은 없었다. 황제는 의제였고 항우는 제후들의 대표자인 패왕일 뿐이었다. 지나치게 많은 제후국은 결국 항우의 체제를 무너뜨릴 시한폭탄이나 다름없었다. 게다가 너무 많은 제후를 봉함으로써 군사력도 분산되었고, 이로 인해 자신의 영토를 제대로 장악하지 못해 내분에 시달리는 제후국도 많았다.[23]

항우에게 충성을 바칠 직속 부하나 가신, 또는 항우의 친족 출신 제후도 없었다. 항우의 18제후 체제는 봉건제에 기초하고 있었는데, 이러한 체제가 안정적으로 지속하려면 항우가 확실하게 신뢰할 수 있는 혈족이나 대대로 항우에게 충성을 바쳐온 가신 등을 요지의 제후로 앉혔어야 했다. 옛 주나라도 그랬고 무제 때까지의 한나라 또한 그랬다. 그리고 일본의 에도막부江戶幕府를 창시한 도쿠가와 이에야스德川家康(1543~1616)도 친족이나 대대로 충성을 바쳐온 가신들을 요지의 다이묘大名*로 삼고 항복하거나 귀순한 다이묘는 가급적 권력의 중심에서 배제했는데, 모두 같은 맥락에서 이해할 수 있

---

* 중세 일본에서 지방 영주를 지칭했던 말이다.

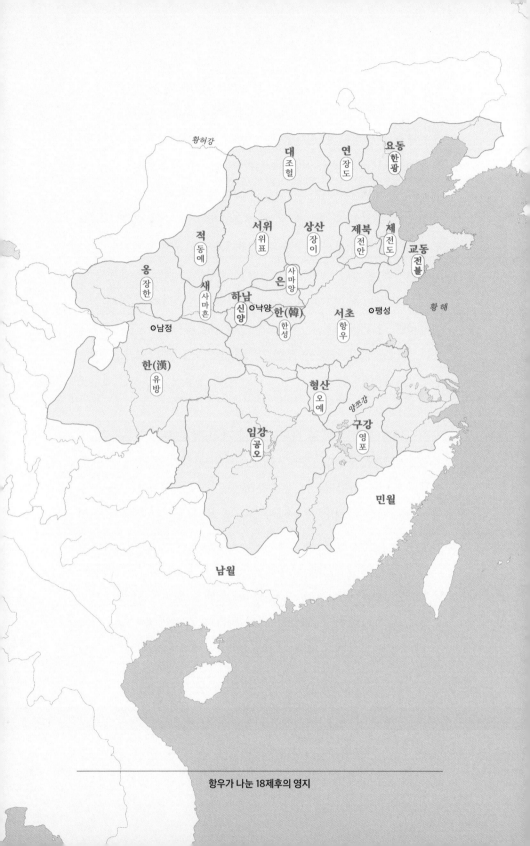

황허강

대
조헐

연
장도

요동
한광

적
동예

서위
위표

상산
장이

제북
전안

제
전도

교동
전불

옹
장한

새
사마흔

은
사마앙

하남
신양

한(韓)
한성

서초
항우

○팽성

황해

○낙양

○남정

한(漢)
유방

형산
오예

양쯔강

구강
영포

임강
공오

민월

남월

항우가 나눈 18제후의 영지

다. 그런데 항우는 자신과 관계가 깊지 않은 인물들을 제후로 봉함으로써, 체제를 안정시키고 유사시 다른 제후들을 견제하는 데 도움을 줄 수 있는 장치를 만들지 못했다. 게다가 외부의 인물들은 제후로 봉했으면서 정작 함께 정변을 일으킨, 자신을 지지하고 수많은 전투에서 공을 세운 부하들을 분봉에서 제외해 부하들의 불만을 사는 결과도 낳았다.

그렇다고 제후를 임명하는 데 있어 일관성이나 지정학적, 군사지리학적 통찰을 찾아볼 수 있는 것도 아니었다. 물론 기존 육국의 왕들을 제후로 봉한 것을 보면 아무런 생각이 없었다고 볼 수는 없다. 하지만 육국 내부의 사정 및 육국 간의 지리적 관계를 충분히 고려했다고 보기는 어렵다. 이를테면 제나라는, 전영이 동아전투 직후 전가를 몰아내고 전불을 제왕으로 옹립한 사례에서 살펴볼 수 있듯이 내홍을 겪고 있었다. 그런데 제나라의 실력자 전영은 분봉에서 배제하고 전영과 대립했던 전도 등을 제후로 봉함으로써 제나라에 분열의 씨앗을 심고 말았다. 옛 위나라 땅에 세운 은의 왕좌에 조나라 장수 출신이었던 사마앙을 앉히고 옛 조나라 땅에 세운 상산의 왕으로 위나라 출신의 장이를 세운 것 또한 일관성 있는 처사라 보기 어렵다. 심지어 장이와 문경지교였던 진여는 분봉에서 배제했는데, 이로 인해 둘의 사이가 결국 틀어졌고 이 일이 훗날 초한전쟁의 향방에 적지 않은 영향을 미치게 된다. 게다가 초나라 일대에서 강력한 세력을 형성했을 뿐만 아니라 진나라와의 전쟁에서 많은 활약을 했던 팽월도 분봉에서 배제되었다. 이때부터 항우에게 불만을 품게 된 팽월은 훗날 유방 편에 서서 서초의 후방을 끊임없이 교란하고, 이로 인해 항우의 전쟁 수행에 심각한 차질이 생긴다.

항우의 삼진왕 분봉 역시 부적절한 처사였다. 장한, 사마흔, 동예는 본래 진나라의 장수였으므로 관중의 지형이나 기후, 풍습, 교통 등 겉으로 드러나는 지리적 사정에는 익숙했다. 하지만 그렇다고 이들에게 삼진三秦을 통치할 정당성이 있는 것은 아니었다. 이 세 사람은 항우에게 항복해 진나라가 멸망하는 데 결정적인 원인을 제공했다. 게다가 장한, 사마흔, 동예는 항복한 뒤 항우에게 우대받아 제후로 봉해진 반면, 그들이 인솔했던 20만 부하들은 신안에서 항우에게 생매장당했다. 세 사람의 의도가 어떠했든 그들은 결과적으로 동포와 부하들을 참살한 항우에게 한자리 얻어낸 배신자나 다름없었다. 즉, 장한, 사마흔, 동예는 삼진三秦 출신으로 그 지역을 잘 알고 있었지만 왕으로서 삼진三秦을 다스리는 데는 부적절한 점을 다분히 갖고 있었다.

어찌 되었든 진나라 멸망 이후 항우의 분봉으로 인해 중국 대륙은 새로운 국면으로 접어들었다. 분봉으로부터 3개월이 지난 기원전 206년 4월, 제후들은 왕으로서 자신의 영지를 다스리기 시작했다. 그리고 항우의 일관되지 못한 분봉으로 인해 제후국 내부에서 분열이 일어나고 제후국 간에 갈등이 불거지면서, 중국 대륙은 항우와 유방이 격돌하는 초한전쟁의 국면으로 접어들기 시작했다.

비단옷을 입고 고향으로 돌아가는 원숭이

중국의 실질적인 지도자로 부상한 항우는 관중에 도읍해야 했다. 앞서 살펴보았듯이 관중은 고대 중국의 중심지였다. 초나라의 지도

자라면 모를까, 여러 제후를 거느리는 패왕이라면 당연히 중국의 중심지를 근거지로 삼아야 했다. 특히 관중은 낙양 등 다른 고대 중국의 중심지보다도 항우의 도읍으로 적합했다. 개방된 평야였던 낙양 등과 달리 분지인 관중은 방어에 매우 유리했기 때문이다. 항우조차 함곡관을 뚫지 못하고 우회해서 관중에 입성해야만 했을 정도로 말이다. 게다가 관중 북쪽의 소관 너머는 말馬의 산지로 이름난 지역이었기 때문에 관중을 지배한다면 군사력 강화에 필수적인 군마도 충분히 확보할 수 있었다. 비록 항우가 서초패왕에 올랐다고는 하나 당시는 여전히 난세였지 안정기가 아니었기 때문에 항우가 방어에 유리한 관중을 근거지로 삼아야 할 당위성은 두말할 필요도 없었다.

그런데 항우는 관중이 아닌 서초를 자신의 직할지로, 팽성을 도읍으로 삼았다. 서초와 팽성은 패왕의 근거지로 삼기에는 지리적으로 전혀 적합하지 않은 지역이었다. 우선 서초는 당시 중국의 중심부가 아닌 남동쪽에 위치해 있었다. 심지어 그 일대는 당시 중국인들에게 오랑캐의 땅으로까지 여겨지던 지역이었다. 물론 용맹한 군사들을 배출해 항우가 거록대전을 승리로 이끌고 중국의 주도권을 잡는 데 기반이 되어준 지역이라는 것에는 의심의 여지가 없다. 하지만 항우는 이제 초나라의 장군이 아니라 열여덟 개나 되는 제후국을 통제해야 하는 중국 전체의 지도자가 아니었던가. 서초는 그런 패왕의 자리에 오른 항우가 수많은 제후국의 동향을 파악하고 제후국 간 이해관계와 갈등을 조정하기에는 너무 동쪽에 치우쳐 있었다. 게다가 서초는 인구 규모와 농업 생산력, 경제력 등이 관중 등지에 비해 크게 뒤떨어졌다. 서초는 눈앞의 전투에서 승리를 가져다줄

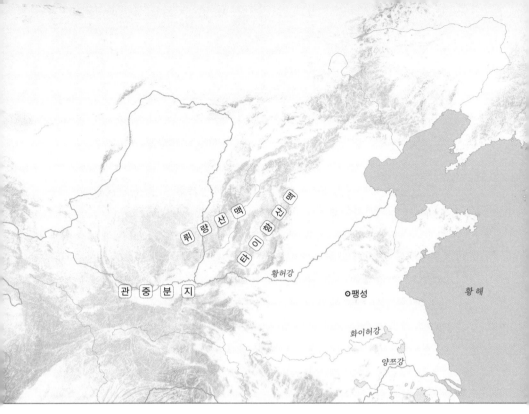

관중과 팽성의 위치 팽성은 위치상으로도 중국의 남동쪽에 치우친 데다 탁 트인 평지에 위치해 방어에도 적합하지 못했다.

용사들을 키워주는 땅이었을지는 모르나, 천하를 다스리는 데 기반이 되는 많은 인구와 넉넉한 경제력을 제공해 주는 땅은 결코 아니었던 것이다.

　팽성 역시 난세의 도읍으로는 매우 부적합했다. 팽성은 화이허 淮河강과 황허강 사이에 형성된 황화이黃淮평원에 위치한 도시였다. 중국 동부의 평야지대에서는 중앙에 해당하는 지점이기도 하다. 그러다 보니 팽성은 고대부터 중국 북부인 황허강 유역과 중국 남부의 양쯔강 유역을 잇는 교통의 요지였다. 또한 예로부터 각지의 상인들이 몰려들어 상업이 발달한 장소였고, 춘추전국시대에는 초나라, 위나라, 제나라 등이 팽성을 놓고 각축전을 벌이기도 했다. 이러한 점에서 팽성은 상업 도시로서는 적합했을지 몰라도 도읍으로서는 부족함이 적지 않았다. 탁 트인 평야지대의 상업 도시는 달리 말하면 외적의 침입을 방어하기에 적합하지 않은 지역이라 할 수 있다. 동서고금을 막론하고 도읍은 방어에 유리한 곳에 세워졌다. 도읍이 함락되면 나라를 유지하기가 힘들기 때문이다. 그러므로 이제 막 분봉을 끝낸 초나라로서는 더더욱 방어에 유리한 곳에 도읍을 정해야 했다. 그러나 항우는 그렇게 하지 않았다.

어느 부하가 항우에게 간언했다.

"관중은 사방이 산과 강으로 가로막힌 데다 땅도 기름진 곳입니다. 천하를 제패할 군왕의 도읍이 될 만하옵니다."[24]

지정학적으로 보았을 때 지극히 당연한 조언이었지만 항우는 받아들이지 않았다. 관중은 초나라와 문화적으로 이질적인 지역이었을뿐더러 이미 초토화되어 버린 까닭에 항우는 다른 곳을 도읍으로 택하고 싶었다.

"부귀를 얻고도 고향에 돌아가지 않음은 비단옷을 입고 밤길을 다니는 일錦衣夜行과 같노라. 누가 알아준단 말인가."[25]

항우는 이렇게 금의환향錦衣還鄕을 내세우며 기어이 팽성을 도읍으로 삼았다. 전투에서는 타의 추종을 불허했던 맹장 항우였지만,

지리를 보는 안목은 보통 사람만도 못한 셈이었다. 중국 전역을 다스릴 생각보다 금의환향할 생각이 앞섰던 항우는 그렇게 패왕답지 못한 결정을 내리고 말았다.

항우의 팽성 천도는 당대에도 크게 비판받았다. 중국의 실질적인 지배자로 떠오른 항우가, 누가 봐도 중국 전역을 지배하고 통제하기에 적합하지 않은 팽성에 도읍을 정하고 그곳으로 내려간다는 건 이해하기 힘든 처사였기 때문이다. 사마천은 항우가 관중을 버린 일을 의제 살해와 더불어 항우가 천하를 잃고 패망할 수밖에 없었던 중요한 원인이라고 언급했다. 초나라의 관리였던 한생韓生*이라는 인물은 관중을 버리고 팽성으로 내려간 항우의 처사를 어리석다며 비웃었다.

"초나라 사람은 관을 쓴 원숭이와 다를 바 없다楚人沐猴而冠**고 들었는데 과연 그렇구나."[26]

'초나라 사람'이란 당연히 항우를 일컫는 말이다. 즉, 항우의 지리적 안목은 일개 하급 관리에게조차 비웃음을 사는 수준이었다. 항우는 자신을 비꼰 한생을 가마솥에 삶아서 죽이는 팽형烹刑에 처했다. 역이기의 질타에 자신의 품행을 바로잡고 장량과 번쾌의 조언을 받아들여 관중에서 모범적으로 처신했던 유방과는 판이한 모습이

---

* 실제 인명이 아니라 '한씨 서생'이나 '한씨 관리' 정도의 의미다.
** '沐猴(목후)'는 원숭이라는 뜻이다. 흔히 '목욕할 목沐' 자 때문에 '초나라 사람은 목욕하고 갓 쓴 원숭이와 같구나'라는 식으로 번역되는 경우도 적지 않으나, 엄밀히 말해 틀린 번역이다.

초한전쟁

었다. 비단옷을 입고 고향으로 내려가려는 마음에 들떠 중국의 중심지를 스스로 차버린 항우의 형편없는 지리적 안목은 머지않아 항우의 발목을 제대로 잡는 약점이 되고 만다.

3

거듭되는 항우의 자충수

신안대학살을 저지른 것도 모자라 관중을 초토화하고 팽성으로 내려간 항우는 또다시 돌이킬 수 없는 자충수를 두고 말았다. 바로 의제 살해였다.

분봉 당시 의제는 사실상 항우에게 실권을 빼앗긴 상태였다. 초나라가 육국의 맹주국이 된 직접적인 계기도 거록대전에서 보여준 항우의 초인적인 무용과 강력한 군사력이었지 의제의 지도력이나 정치적 수완은 아니었다. 그런데 항우에게 실권을 빼앗겼다고 하나 초나라 왕실의 정통성은 여전히 의제에게 있었다. 실력이나 실권이 어찌 되었든 항우는 엄연히 의제 휘하의 장수일 뿐이었다. 항량이 회왕을 옹립한 뒤에야 비로소 초나라가 온전하게 부활할 수 있었던 이유도, 항우가 분봉에서 스스로 황제 자리에 오르지 못하고 회왕을 의제로 추대했던 까닭도 바로 정통성 때문이었다. 춘추전국시대 초나라 왕실의 혈통을 이어받은 의제는 초나라 왕으로서, 그리고 황제로서 여전히 확고한 정통성을 갖고 있었다. 반면 항우는 막강한 군사력과 권력을 차지하기는 했지만 의제를 멋대로 폐하고 그 자리를 차지할 정도의 정치적 명분까지 갖지는 못했다.

따라서 항우는 표면상으로라도 의제를 존중하면서 자신의 실력을 키워가야 했다. 혈통이 곧 정통성이던 고대사회였기 때문이다. 정통성을 가진 황실을 멋대로 교체하거나 황제를 살해하는 일은 정치적으로 막대한 위험이 따랐다. 항우가 눈부신 능력과 업적으로 패왕의 자리에까지 올랐다고는 하나, 고대사회에서 의제가 가졌던 혈통이라는 정통성을 완전히 극복할 수는 없는 것이었다. 춘추전국시대에 주 왕실이 실권을 잃었음에도 수백 년 동안이나 존속되었다는 사실, 후한말 조조가 실권을 잃은 헌제를 황제 직위에 그대로 두고 위왕魏王으로서 권력을 휘둘렀던 사실 등이 이를 잘 보여준다. 결코 실력이나 권세만으로 왕실의 정통성을 함부로 찬탈할 수는 없었다. 역적으로 몰려 수많은 적을 만들고 내부의 분열을 초래해 감당하기 어려운 정치적 위기에 빠질 것이 뻔했기 때문이다. 설령 제위를 찬탈할 환경이 조성되더라도 대개 '선양禪讓'이라 하여 형식적으로라도 이전의 황제에게 제위를 이어받는 식으로 찬탈했지, 기존의 황제를 살해하거나 숨이 붙어 있는 황실을 무력으로 파괴하고 새 왕조를 세우는, 스스로 정통성을 갉아먹는 일은 피했다. 하다못해 조조의 아들 조비가 헌제를 폐위하고 위나라 황제에 오를 때도 헌제를 죽이지는 않았다.

그런데 항우는 옹립된 지 얼마 되지도 않는 의제를 살해하는 치명적인 실책을 범했다. 항우는 기원전 205년 10월 영포와 임강왕 공오를 시켜 의제를 살해했다. 영포와 공오에게 쫓기며 세력을 잃고 고립된 의제는, 침 땅에서 포로가 되는 수모를 겪기 전에 강물에 뛰어들어 자결했다. 의제의 시신은 지역 주민들의 손에 의해 수습되었다. 주민들은 의제의 장례를 치러주었다.

항우가 의제 살해를 통해 얻은 이익은 없다. 의제를 살려두고 함양 등지에 왕궁을 마련한 뒤 그의 이름을 빌려 실권을 휘둘렀다면, 항우는 의제의 정통성에 기대 제후들을 효과적으로 조종할 수 있었을지도 모른다. 그런데 자신이 만들어둔 체제가 채 공고해지기도 전에 별다른 이유 없이 서둘러 의제를 살해함으로써, 강력한 정치적 명분을 제공해 줄 주체를 스스로 제거해 버렸다. 당연히 의제 살해 후 항우는 황제 자리에 오르지 못했다. 심지어 이 일로 인해 유방은 항우를 의제를 암살한 역적으로 매도하며 제후들을 포섭하고 군사를 모을 수 있었다. 즉, 의제 암살은 항우의 정치적 정당성을 치명적으로 실추시켰을 뿐만 아니라, 항우의 강력한 경쟁자였던 유방이 세력을 확장하고 항우에게 반기를 들 구실까지 제공한 셈이었다. 게다가 이때 항우가 의제를 죽여 초나라의 왕통을 끊어준 덕에 훗날 초한전쟁에서 승리한 유방이 아무런 눈치도 보지 않고 제위에 올라 한나라를 건국할 수 있었다.

항우의 의제 살해 사건은 1700년이 지나 조선에서 다시 화두에 오른다. 김종직金宗直(1431~1492) 사후 그가 생전에 쓴 「조의제문弔義帝文」이 발견된 것이다. 「조의제문」은 세조가 단종으로부터 왕위를 찬탈한 일, 계유정난을 항우의 의제 암살에 빗대 비판한 글이었다. 이 일은 훈구파勳舊派*가 사림파士林派**를 대거 숙청한 무오사화

戊午士禍의 계기 중 하나가 되었고 김종직은 부관참시를 당했다. 하지만 사림파는 연산군-명종 대에 여러 차례의 사화士禍를 겪으면서 막심한 타격을 입었음에도 불구하고, 선조 대에 이르러 결국 조선의 지배 세력으로 자리 잡는 데 성공했다. 의제를 살해해 자신의 정통성을 스스로 파괴해 버린 항우의 실책이 1700년의 시간과 공간을 뛰어넘어 조선의 역사에까지 영향을 준 셈이다.

항우가 멋대로 살해한 인물은 의제뿐만이 아니었다. 항우는 엄연히 자신이 제후로 봉한 한왕韓王 한성을 한韓나라로 가지 못하게 막더니 팽성으로 끌고 가 억류했다. 항우는 한성을 한왕韓王에서 열후列侯***로 강등한 뒤 자신의 부하였던 정창鄭昌(?~?)을 한왕韓王 자리에 앉혔다. 억류당한 한성은 결국 기원전 206년 7월 항우에게 살해당했다.

한성이 한왕韓王에 봉해졌으나 영지에 가보지도 못하고 숙청당한 까닭은 유방과의 관계 때문이었다. 관중에 인접한 한韓나라의 왕이었던 한성은 거록대전에 참여하지는 않았지만 유방이 관중에 입성하는 과정에서 그를 도왔다. 게다가 한성은 장량을 유방 휘하에 파견해 주기까지 했다. 다시 말해 한성은 유방의 관중 평정에 결정적

---

* 조선 초기에 태종, 세조, 중종 등의 집권을 도왔던 공신 세력을 말한다. 세조의 반정에 결정적인 공을 세운 한명회韓明澮(1415~1487), 정인지鄭麟趾(1396~1478) 등이 훈구파를 대표하는 인물이다.
** 훈구파와 달리 유학 공부에 힘썼던 사대부를 말한다. 김종직, 조광조趙光祖 (1482~1520) 등이 바로 사림파 사대부를 대표하는 인물이다.
*** 고대 중국에서 공公 바로 아래 등급의 제후를 일컫는 말이다. 열후는 넓은 봉지를 지배하는 높은 신분의 제후였으나, 공보다도 높은 왕인 한성을 열후로 강등했다는 사실은 그의 실각을 의미한다.

인 도움을 준 조력자이자 은인이었던 셈이다. 이 때문에 항우는 한성을 위험인물로 간주하며 적대시했다.

문제는 한성이 엄연히 항우에 의해 봉해진 한왕韓王이었고, 그 이전에 한韓나라 왕실의 후예로서 진승·오광의 난 이후 한韓나라를 재건한 장본인이었다는 점이다. 자신이 봉한 왕을 살해하다니, 이는 항우 스스로 자신의 체제를 부정하는 셈이었다. 정당성을 갖춘 한성을 멋대로 숙청하고 한왕韓王이 될 명분이 부족했던 정창을 그 후임으로 삼은 항우의 처사는 한韓나라의 민심을 수습하고 효과적으로 다스리는 데 도움이 될 부분이 전혀 없었다.

항우의 한성 숙청에 따른 부작용은 그 즉시 나타났다. 한성의 부하였던 장량은 한성이 숙청당하자 한韓나라를 떠나 유방에게 합류했다. 이전까지는 객장 신분으로 유방을 도왔던 장량이 한성 숙청을 계기로 유방의 직속 부하가 된 것이다. 유방의 부하가 된 장량은, 파촉과 한중에 유배되다시피 한 유방이 재기한 뒤 북상해 관중을 장악하는 데 큰 도움을 주었다. 게다가 장량은 이어지는 초한전쟁에서 유방이 항우를 상대로 승리를 거두는 데 결정적인 기여를 하게 된다. 이러한 점에서 항우는 한성을 숙청함으로써 유방의 힘을 꺾기는커녕 유방에게 날개를 달아준 셈이었다.

제나라에서 시작된 18제후 체제의 균열

항우가 만든 18제후 체제는 출범 직후부터 균열이 가기 시작했다. 그 시작점은 초나라 북쪽에 인접한 제나라였다.

전영은 동아 탈환 직후 진나라 군대를 추격하자는 항량의 제안을 거부하고 제나라로 돌아가 전가를 폐위한 뒤 전불을 왕위에 앉혔다. 이때부터 전영과 항우의 사이가 틀어지기 시작했다. 게다가 거록대전 이후 항우에게 협력한 전도, 전안과 달리, 전영은 거록대전과 관중 입성 과정에서 항우에게 협력하지도 않았다. 이 때문에 전영은 분봉에서 배제되었다.

하지만 제나라의 부활 과정과 내부 사정을 고려하면, 전영은 분봉에서 배제될 만한 인물이 아니었다. 전영은 전담과 더불어 제나라를 부활시킨 공신이었고, 전담 사후 제나라군 잔존 세력을 수습하고 항량과 함께 장한에게 맞서 제나라를 위기에서 구한 인물이었기 때문이다. 즉, 항우와 사이가 나빴다거나 거록대전에서 활약하지 않았다는 이유만으로 무시할 인물이 아니었다. 게다가 동아에서 장한을 격파한 뒤 전가를 축출하고 전불을 왕으로 옹립한 데서 알 수 있듯이, 전영은 제나라에서 영향력이 대단한 야심가였다. 자신이 분봉에서 배제된 것을 순순히 받아들일 인물이 결코 아니었다.

항우가 제나라를 삼분해 제왕에 전도를, 제복왕에 전안을, 교동왕에 전불을 봉한 직후였던 기원전 206년 5월, 전영은 자신과 마찬가지로 분봉에서 배제되어 항우에 대한 심한 불만을 품고 있던 진여를 포섭해 반란을 일으켰다. 군사를 일으킨 전영은 우선 제왕 전도를 격파했다. 전영은 제의 영토를 장악했고 왕위에서 쫓겨난 전도는 초나라로 도주했다. 전도를 추방하고 제왕이 된 전영은 6월에 교동왕 전불을, 7월에는 제북왕 전안을 살해하고 그들의 영토를 흡수했다. 제나라는 셋으로 분단된 탓에 실세였던 전영의 반란에 적절히 대처하지 못하고 결국 패배했다. 전영은 전도, 전불, 전안을 제거하고 제나라 전역을 통일했다. 항우가 18제후를 분봉한 지 6개월, 18제후가 각자의 영지에 도착한 지 고작 3개월 만에 제나라는 항우의 영향력에서 벗어났다. 일관성 없는 과도한 분봉의 부작용이 불과 몇 달 만에 터져버린 것이다.

게다가 전영은 초나라 후방에 세력을 갖고 있던 팽월까지 자기편으로 만드는 데 성공했다. 초나라의 강력한 군벌이자 오랜 도적질을 통해 현지의 지리에 익숙했던 팽월은 전영, 진여 등과 마찬가지로 분봉에서 배제되어 항우에게 강한 불만을 품고 있었다. 자신과 처지가 비슷했던 초나라의 세력가 영포와 오예는 제후가 되고 자신만 배제되었기 때문에 팽월의 항우에 대한 불만은 특히 컸다. 이러한 팽월을 포섭함으로써 전영은 서초의 후방을 견제할 장치까지 마련했다. 팽월이 서초의 후방을 견제한다면 서초는 제나라 공략에 전력을 기울이기 어려워질 터였다.

전영이 반란에 성공해 항우가 세운 세 제후국을 평정하고 통일 제나라로 독립시킴으로써 항우가 세운 질서에 심각한 균열이 발생했다. 이를 그냥 두었다가는 다른 제후국 역시 반기를 들고 항우의 통제에서 벗어날 판이었다. 게다가 제나라는 항우의 근거지인 서초 바로 북쪽에 인접해 있었다. 항우는 서초의 천하를 제대로 세우기도 전에 눈앞에서 자신을 위협하는 강적을 만들고 만 것이다. 항우는 즉각 제나라 정벌을 준비했다.

이와 더불어 연나라에서도 항우의 분봉에 거역하는 일이 일어났다. 제나라에서 반란이 일어난 틈을 타 연왕 장도臧荼(?~기원전 202)가 요동왕 한광을 제거하고 요동 땅을 흡수한 것이다. 연나라와 서초는 제나라, 조나라를 사이에 두고 떨어져 있었기 때문에 항우는

18제후 체제를 어그러뜨리는 장도의 행태를 좌시할 수밖에 없었다.

제나라가 만든 균열로 인해 가장 이득을 본 사람은 바로 항우에게 가장 눈엣가시 같은 존재, 한왕漢王 유방이었다. 과거 유방은 항우가 조나라를 구하고 장한의 항복을 받아내는 동안 초나라 서쪽에서 세력을 길러 끝내 관중왕이 될 명분까지 확보한 바 있다. 이 때문에 항우는 유방을 한漢나라 땅으로 유배 보내고 삼진왕을 통해 유방을 견제하게 함으로써 유방의 재기를 막으려 했다. 하지만 눈앞의 제나라에서 반란이 일어나는 바람에 계획이 틀어지고 말았다. 안 그래도 서초와 팽성이 중국의 남동쪽에 치우쳐 있어 유방을 견제하기 어려웠는데, 전력까지 서쪽의 한漢나라가 아닌 북쪽의 제나라에 집중되게 된 것이다. 팽성에 있던 항우가 제나라의 반란 진압에 전념하는 사이 남서쪽의 유방은 유배지 파촉을 벗어나 관중으로 세력을 넓히기 시작했다.

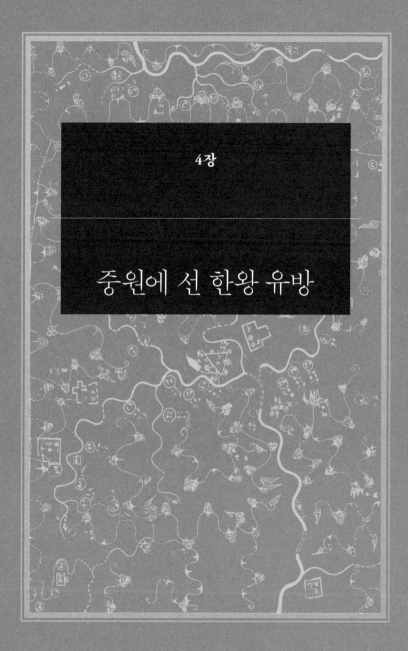

4장

중원에 선 한왕 유방

유방의 도미노는 관중과 한韓을
쓰러뜨리며 중국의 동쪽으로
이어지고, 서서히 통일 한漢나라라는
웅장한 그림이 그려진다.

1

험지를 딛고 일어서다

기원전 206년 4월 한왕 유방은 신하들과 함께 남정에 입성했다. 따르는 군사는 3만 명에 불과했다. 관중 입성 당시 20만 대군을 거느렸던 데 비하면 매우 적은 수였는데, 이는 항우가 유방을 견제하기 위해 휘하 병력을 3만으로 제한했기 때문이었다. 그래도 유방의 명성이 널리 알려진 탓에 유방을 따르겠다는 이들이 수만 명에 달했다. 그런데 유방이 남중에 도착하니 휘하 병력의 규모가 눈에 띄게 줄어 있었다. 병사들은 물론 장수나 관리 중에서도 험난한 외지에서의 생활을 견디지 못하고 탈주하는 자들이 속출했기 때문이었다. 유방의 근거지가 중국 동부의 패현이었던 만큼, 서쪽 끝의 한중과 파촉은 유방 세력과는 아무런 연고도 없는 지역이었다. 소하, 하후영, 조참, 주발 등 처음부터 유방을 따랐던 부하들도 패현 출신이었고, 유방 휘하의 군사들 역시 패현 출신이 많았다. 초 회왕 휘하에서 흡수한 병력과 인재 중에도 파촉이나 한중 출신은 거의 없었다. 상황이 이렇다 보니 졸지에 가족과 생이별한 군사와 장수가 적지 않았다. 남아 있는 군사들도 고향을 그리는 노래를 부르면서 연고 없는 땅에 갇힌 신세를 한탄할 정도였다.

재기의 땅 파촉과 한중

하지만 항우의 의도와 달리 한중과 파촉은 유방을 재기 불능 상태로 가두어두지 못했다. 유방은 장량의 조언에 따라 남정에서 북쪽으로 20~30킬로미터 떨어진 지점에 놓인, 관중으로 이어지는 잔도 포사도褒斜道를 불태웠다. 포사도는 한중과 관중을 잇는 대표적인 교통로였는데, 유방은 이를 통해 부하들의 탈주를 막고 항우와 삼진왕에게 자신이 한중과 파촉을 벗어날 야망이 없음을 표명했다. 한성을 따라 팽성에 있던 장량도 항우에게 잔도를 불태운 유방은 관중을 넘볼 야심이 없는 위인이라는 이야기를 전하며 항우를 안심시켰다. 오늘날로 치면 주요 고속도로와 고속철도 노선을 제거한 셈이었다. 절벽에 구멍을 뚫어 만드는 잔도는 한번 불태우면 다시 세우기 매우 어려웠다.

한중과 파촉은 오지였기 때문에 오히려 항우와 삼진왕의 감시와 견제를 피할 수 있는 이점이 있었다. 만약 항우가 애초의 계획대로 유방에게 파촉 땅만 주었더라면 유방은 이러한 이점을 활용해 항우의 감시와 견제를 피하는 것 이상의 시도는 하기 어려웠을지도 모른

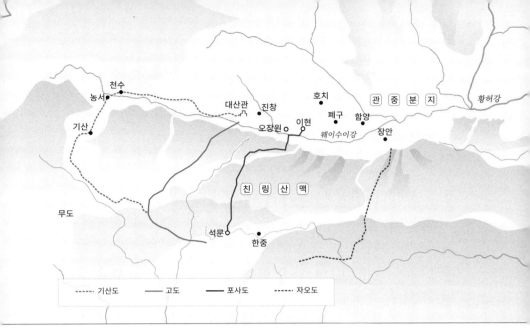

진나라가 전국시대에 친링산맥에 건설한 주요 잔도

잔도	특징
포사도 褒斜道	친링산맥 남단의 포곡褒谷과 북단의 사곡斜谷을 잇는 잔도. 한중과 진창陳倉(오늘날 산시陝西성 바오지寶鷄시)을 연결하는, 진나라가 친링산맥에 설치한 잔도 중 가장 대표적인 노선이다. 웨이수이강, 한수이강과도 연결될뿐더러 관중과 파촉 간 수로와 이어짐으로써 전국시대 이래 교통로로서의 중요성이 매우 컸다.
자오도 子午道	한중과 장안을 잇는 잔도. 유방이 남정에 입성할 당시 이용했던 노선으로 추측된다. 포사도와 더불어 한중과 관중을 잇는 주요 노선으로 여러 차례에 걸쳐 개수한 흔적이 있다. 훗날 제갈량의 북벌에서 위연이 자오도를 따라 장안을 기습하는 계책을 제안하나 제갈량에게 기각당한다.
고도 故道	한중과 관중의 서부를 잇는 잔도. 관중의 서쪽 관문인 대산관을 거쳐 진창으로 이어진다.
기산도 祁山道	기산祁山(오늘날 간쑤성 리禮현 동쪽)과 농서隴西(오늘날 간쑤성 딩시定西시 룽시隴西현), 한중을 거쳐 관중으로 이어지는 일종의 우회로. 다른 잔도에 비해 비교적 평탄한 편이었으나 우회로였기 때문에 상대적으로 접근성이 떨어졌다.

다. 하지만 회왕의 약조와 항백의 설득 때문에 항우는 유방에게 한중 땅을 더해 주었고, 그 땅은 결국 유방이 유배지에서 벗어나 관중으로 진출하는 데 있어 지리적 발판이 되어주었다.

앞서 살펴보았듯이 한중은 관중과 파촉, 그리고 한수이강 유역의 중국 남부 지역을 잇는 교통의 요지였다. 진나라는 한중의 고갯길과 잔도를 통해 파촉의 물자를 관중으로 운반했다. 친링산맥에 포사도뿐만 아니라 고도故道, 자오도子午道 등의 여러 잔도를 건설해 관중과 한중 사이에 교류가 이루어질 수 있도록 했다. 진나라는 이들 잔도를 통해 한중은 물론 파촉에까지 군현을 세워 자국의 영토로 삼을 수 있었다. 즉, 한중은 형식상 관중에 포함되는 지역이었던 게 아니라 실제로 관중과 이어지는 지역이었다. 유방은 포사도를 불태움으로써 관중과의 연결 고리를 없애고 스스로 고립되었음을 대외적으로 표명하면서도 고도, 자오도 등의 다른 잔도는 불태우지 않고 남겨두었다.[27] 항우와 삼진왕의 경계를 느슨하게 만들면서 관중으로 진출할 수 있는 길을 남겨둔 것이다.

파촉 역시 오지였으나 도저히 세력을 키울 수 없는 곳은 아니었다. 앞서 설명했듯 파촉은 험준하기 그지없는 산맥에 둘러싸인 광대한 분지다. 분지盆地는 산지에 둘러싸인 항아리盆처럼 생긴 지형을 말한다. 이 말은 분지 주변에는 산지가 형성되어 있지만 그 중심부에는 항아리의 평평한 바닥과도 같은 평지가 펼쳐져 있음을 의미한다. 관중과 달리 파촉이 중국 남서부에 치우쳐 있는 데다 주변의 산맥이 워낙 거대하고 험준해 중국의 중심지로 발돋움하지 못한 것은 사실이다. 하지만 파촉 가운데의 넓고 기름진 평지는 농사를 짓기에 유리했다. 오늘날 쓰촨四川성이 다채롭고 맛있는 요리로 유명한 까닭도 이와 무관하지 않다. 이러한 자연조건 덕택에 파촉에도 고대부터 문명이 발달했으며, 전국시대 후기엔 파촉은 이미 관중에 식량과 물자를 공급하던 곡창지대가 되어 있었다. 진나라가 한중군을 세우고 잔도를 건설한 이유도 바로 파촉과 관중을 연결하는 보급로가 필요했기 때문이었다. 즉, 파촉은 중국의 중심지와는 거리가 있었지만 군량과 물자를 공급할 후방 병참기지로서는 손색없는 땅이었다.

유방이 유배지 한중과 파촉을 재기의 땅으로 만들 수 있었던 배경에 소하가 있었다. 아무리 한중과 파촉이 유방에게 힘을 실어줄 수 있는 잠재력을 가진 땅이었다 하더라도, 아무 연고도 없는 유방으로서는 이 지역의 지리를 제때 파악해 활용하기란 쉬운 일이 아니었다.* 그래서 소하는 유방이 처음 관중에 입성했을 때 입수한 진나라의 공문서와 지도, 행정 자료 등을 면밀히 분석했고, 이로 인해 연고가 전혀 없는 한중과 파촉은 물론 관중 일대의 지형, 교통망, 산업과 산물, 민심 등을 이른 시일 안에 정확하게 파악할 수 있었다. 소하의 이러한 노력 덕분에 유방은 남정에 도착한 직후 영지를 빠르게 장악할 수 있었다. 관중 등 인접한 지역과의 교통로에 대한 정보

---

* 봉건사회에서는 군주나 거대 제후가 봉신의 힘을 약화하기 위해 승진을 명목으로 봉신을 연고가 없는 곳으로 보내는 경우가 적지 않았다. 예를 들어 중세 일본의 도요토미 히데요시豊臣秀吉(1537~1598)는 정권을 잡은 뒤 경쟁자 도쿠가와 이에야스를 견제하기 위해 그의 영지를 근거지였던 미카와三河(오늘날 일본 아이치愛知현 동부)에서 오늘날 도쿄 일대인 에도江戶로 옮겼다. 표면상 영지를 넓힌 승진이었지만, 실제로는 연고 없는 땅으로 보내 도쿠가와 이에야스의 힘을 빼려는 심산이었다. 도요토미 히데요시 사후 도쿠가와 이에야스는 에도를 근거로 에도막부를 수립했지만, 아무런 연고가 없던 데다 옛 영주에 대한 충성심이 강했던 에도 백성들의 반발을 사는 바람에 처음에는 에도를 다스리는 데 많은 어려움을 겪었다.

까지도 파악한 유방은 다양한 경로로 첩자를 보내 인접 지역은 물론 중국 전역의 동태를 살필 수 있었다. 그리고 소하의 지휘하에 한중과 파촉은 유방이 관중을 되찾고 항우와의 싸움을 이어가는 데 있어 버팀목이 되어줄 보급기지로 탈바꿈해 갔다. 소하는 유방이 삼진三秦 정벌에 나서는 동안 후방에 남아 근거지를 지키면서 전방의 군대에 군량과 물자를 착실하게 보급해 주었다.

유배지에서 얻은 천하제일의 명장

유방이 남정에 도착할 무렵 한 사람이 유방의 영지로 들어왔다. 항우 밑에서 집극랑執戟郎을* 지내던 사내였는데, 다름 아닌 한신이었다. 몰락한 집안의 자제였던 한신은, 병법을 통달할 정도로 공부했다고는 하나 돈을 벌 궁리는 하지 않고 남루한 행색으로 밥을 빌어먹는 한심한 행실만 이어갔다. 그러면서도 마치 큰 뜻을 품은 양 보검을 차고 다녔다. 심지어 홀어머니가 돌아가시자 없는 살림까지 처분해 명당자리에 묘소를 잡았다. 그러다 보니 주변 사람들은 한신을 무시하고 싫어했다. 한번은 큰길을 걷던 중 웬 사내가 그를 가로막고 시비를 건 적이 있었다.

"허우대 멀쩡하고 칼이나 좀 차고 다닌다고 한들 네놈이 겁쟁이임

---

* 창의 일종인 '극戟'을 '잡고執' 있는 사내라는 뜻으로 고관을 경호, 보좌하던 말단 무관직이다.

을 내 모를 줄 아느냐? 정녕 죽음이 두렵지 않다면 그 칼을 뽑아 날 찌르고, 죽음이 두렵다면 내 가랑이 사이를 기어서 지나가거라."[28]

한신은 그 사내의 가랑이 사이를 기어서 지나갔다. 여기서 과하지욕胯下之辱, 즉 '가랑이 밑胯下을 기는 치욕'이라는 뜻의 고사성어가 생겨났다. 이 일로 인해 가뜩이나 나빴던 한신의 평판은 완전히 바닥까지 추락했다. 심지어 한신의 식견과 재능을 알아보고 의형제를 맺었던 고향 마을의 정장조차도 눈치 없이 밥만 축내는 한신의 행실에 기가 질려 결국 관계를 끊고 그를 자신의 집에서 쫓아낼 정도였다.

진승·오광의 난이 일어나자 한신도 항량의 군대에 들어갈 기회를 잡았다. 하지만 한신은 집극랑이라는 미관말직에 머무른 채 항우에게 멸시당했고, 결국 한중으로 떠나는 유방을 따라 도망치듯 항우의 곁을 떠났다. 그런데 한신은 유방 휘하에 들어온 뒤에도 말단직을 전전하다 군령을 어겨 동료들과 함께 참수당하는 처지에까지 몰렸다. 그런데 이때부터 한신의 운명이 극적으로 변한다. 한신은 자신이 참수당할 차례가 되자, 유방이 자신과 같은 영걸을 죽여 천하를 얻을 기회를 스스로 차버리려 한다며 소리를 질렀다. 마침 그 자리에 있던 하후영의 주목을 받은 한신은 그의 천거로 치속도위治粟都尉가 되었다. 치속治粟이란 군량粟을 관리한다治는 뜻이고, 도위는 오늘날의 영관장교에 해당하는 신분이 높은 무관직이었다. 요즘으로 치면 보급부대 지휘관이나 군수참모 정도의 직책이다. 비렁뱅이 출신의 한신에게는 파격적인 승진이었다.

그런데 한신은 치속도위 '따위'로 썩기는 싫다며 탈영해 버렸다.

그 사실을 알게 된 소하가 한신을 붙잡기 위해 쫓아갔다. 소하는 유방이 건달이었던 시절부터 그의 재능과 가능성을 알아보고 그를 물심양면으로 도운 인물이다. 즉, 잠재력과 가능성을 알아보는 눈이 탁월했다는 것이다. 그런 소하가 이번엔 한신의 진면모를 알아봤다. 소하는 결국 한신을 붙잡는 데 성공했다. 그런 뒤 유방에게 천하를 도모하려면 반드시 한신을 대장군으로 삼으라고 제안했다. 인재난이 심한 상황에서 다른 사람도 아닌 소하가 그렇게까지 말하자 유방은 한신을 바로 불러 대장군에 임명하겠다고 했다. 그런데도 소하는 유방을 나무랐다.

> "대왕은 오만무례하시옵니다. 대장군을 임명하시는 일을 이처럼 어린아이 부르듯 하시니 그가 떠나려 하는 것이옵니다. 한신을 진심으로 얻고 싶으시다면 대왕께서는 길일을 택해 목욕재계한 뒤 단을 만들어 대장군을 임명하는 예를 갖추시옵소서.[29]

한신의 대장군 임명은 말 그대로 파격 중의 파격이었다. 아무리 유방이 어려운 상황에 처했다고는 하나 그의 휘하에는 번쾌, 조참, 주발, 하후영 등 일찍부터 유방을 따르며 전투에서 수많은 공을 세워온 역전의 용사들이 많았다. 그들을 제치고 별다른 공적도 명성도 없던 한신을 그것도 길일에 성대한 예식까지 거행하며 대장군이라는 최고위 무관에 임명한 유방의 처사에 부하들은 경악했다. 일관성 없는 분봉으로 전영, 팽월 등의 불만을 산 항우가 분봉 직후 곤란을 겪었던 것처럼 자칫 내분을 불러올 수도 있는 인사였다. 유방조차 한신이 정말로 소하가 말한 정도의 대단한 인재인지 아직 확신할 수 없었다. 유방은 한신에게 대장군으로서 어떤 작전과 계책을 구상하고 있는지 물었다. 이에 한신은 유방이 천하를 얻기 위해 타도해야 할 상대는 항우라고 언급하면서, 유방은 항우와 비교하면 용맹함, 사나움, 인자함, 강인함 등 개인의 자질이 부족하다고 지적했다. 유방도 한신의 말에 동의했다. 그러면서 한신은 유방과 여러 장수, 신하 앞에서 유방이 항우를 쳐부수고 천하를 거머쥘 대전략을 제시했다.

"소신은 과거 항왕을 섬긴 몸이기에 그자가 어떤 자인가를 소상히 고할 수 있사옵니다. 항왕은 한번 화를 내며 큰소리로 호통을 치면 1000명의 사람들이 땅에 엎드리옵니다. 하지만 유능한 장수를 믿지 못해 일을 제대로 맡기지 못하고 인색하게 대하니, 이는 그저 필부의 용맹에 지나지 않사옵니다. 항왕은 남을 공경하고 자애롭게 대하며 말투도 따뜻하고 자애롭사옵니다. 아픈 자가 있으면 눈물을 흘리며 음식을 나누어 줄 줄도 아옵니다. 하지만 공을 세운 부하에게 영지를 나누어 주고 작위를 수여할 일이 닥치면 관인官印이 닳아 없어질 때까지 차마 이를 내주지 못하옵니다. 즉, 항왕의 인자함은 아녀자의 인자함에 지나지 않사옵니다. 항왕은 제후를 거느리는 천하의 패자霸者임에도 관중 대신 팽성을 도읍으로 삼았사옵니다. 의제의 약조를 거스르고 자신과의 친분을 기준으로 제후를 봉하니 제후들의 불평을 사고 있사옵니다. … 항왕이 지나는 곳마다 살인과 파괴가 끊이질 않으니 천하에 원망이 가득하고 백성 또한 그저 위세에 짓눌려 있을 뿐 마음속으로는 항왕을 따르지 않사옵니다. … 이제 대왕께옵서는 능히 그 반대되는 길로 가실 수 있사옵니다. 천하의 용맹한 호걸과 장수를 알아주신다면 그 어떤 적인들 치지 못하겠나이까. 공신들에게 천하의 성읍을 내리신다면 복종하지 않을 자가 어디 있겠나이까. 동쪽으로 돌아가려는 군사들의 마음*을 헤아려 의로운 군사를 일으킨다면 이기지 못할 적이 어디 있겠나이까. … 항왕이 항복한 진나라 군사 20만여 명을 속여 산 채로 파묻었을 때 유독 장한, 사마흔, 동예만 그 자리를 벗어났사옵니다. 진나라 백성들은 이 세 사람에 대해 골수에 사무치는 원한을 품고 있사옵니다. 지금 초나라가 강대해 위세로 세 사람을 왕자리에 앉히기는 했지만 관중 백성은 아무도 그들을 따르지 않사옵니다. 대왕께서는 무관에 입관하시었을 때 백성들에게 민폐를 끼친 바가 조금도 없었을 뿐만 아니라 진나라의 가혹한 법령을 없애고 약법삼장까지 정하셨으니 진나라 백성들 가운데 대왕께서 관중의 임금 자리에 오르기를 바라지 않는 자가 없을 정도이옵니다. 제후들의 약조에 따르면 대왕께서 응당 관중왕에 오르셔야 하옵고 관중 백성들 모두 그 사실을 알고 있나이다. 관중의 백성치고 대왕께서 관중왕에 오르지 못하고 한중에 들어오신 것을 안타까워하지 않는 자가 없사옵니다. 이제 대왕께서 군사를 일으키시어 동쪽으로 향한다면 삼진三秦 땅은 격문을 돌리기만 해도 평정하실 수 있나이다."[30]

대장군 한신의 탁월한 군사적 식견에 유방뿐만 아니라 그를 시

---

* 유방의 군사들 대부분이 한중과 파촉이 아닌 중국 동부 출신이었기 때문에 고향을 그리는 마음이 간절했음을 뜻하는 표현이다.

기하던 다른 장수들마저 탄복했다. 한중과 파촉의 지리를 신속하게 파악해 관중 진출의 지리적 발판을 구축한 유방은, 항우에게도 뒤지지 않는 중국 최고의 명장까지 얻게 되었다.

유배지에서 얻은 명장은 한신만이 아니었다. 유방의 고향 선배였던 왕릉도 한중의 유방에게 합류했다. 왕릉은 진승·오광의 난이 일어난 무렵 고향을 떠나 남양南陽(오늘날 허난성 난양南陽시 일대)에서 제법 큰 세력을 이루고 있었다. 진나라와 육국의 싸움에 휘말리지 않고 독자적으로 행동하던 왕릉이었지만, 고향 후배였던 유방이 한왕에 봉해지자 부하들을 이끌고 한나라에 합류한 것이다. 왕릉은 건달 출신이었지만 유방이 형님으로 모실 정도로 배포가 큰 데다 우직하고 효심까지 깊은 믿음직한 인물이었다. 왕릉은 그의 부하들까지 데려옴으로써 군사를 모으고 있던 유방에게 적지 않은 도움을 주었다. 왕릉 역시 초한전쟁에서 많은 공을 세우고 훗날 우승상까지 승진하게 된다.

2

유방의 삼진三秦 정벌

우리는 오늘날 멀리 여행이나 출장을 갈 때 고속도로나 고속철도를 이용해서 빠르고 편안하게 이동하고 있다. 그런데 중대한 사건 사고나 천재지변 등으로 인해 고속도로와 고속철도를 이용할 수 없는 상황이 닥쳤다고 치자. 그렇다면 아쉬운 대로 일반국도를 이용하거나, 속도가 느리더라도 일반 열차를 타면 될 일이다. 유방의 관중 진출은 바로 이런 식으로 이루어졌다.

명수잔도 암도진창

기원전 206년 8월 유방의 한나라군은 관중을 향해 진군하기 시작했다. 포사도를 불태웠는데 무슨 수로 한중을 넘어갈 수 있었을까? 당연히 포사도를 다시 세우지는 않았다. 포사도를 불태워 항우와 삼진왕을 속인 유방은 불태우지 않고 남겨두었던 고도, 자오도 등의 나머지 잔도를 통해 삼진三秦 중 가장 남쪽에 있어 한중과 인접한 데다 세력도 가장 강했던 옹나라로 진격했다. 유방이 남정에 도착한 지 불과 4개월여 만에 시작된 관중 정벌이었다. 한중을 벗어난 유방의 첫 상대는 바로 진나라 최후의 명장이었던 옹왕 장한이었다.

한신은 장한을 좀 더 확실하게 속이려고 일부러 불태워 없앤 포사도를 수리하는 시늉을 했다. 장한을 비롯한 삼진왕으로 하여금, 유방은 포사도 외에 다른 잔도나 고갯길을 파악하지 못하고 있으며 만일 유방이 한중을 벗어난다면 반드시 포사도를 통과할 것이라는 믿음을 심어주기 위해서였다. 한신의 책략은 성공했다. 장한은 만에 하나 일어날지도 모를 유방의 삼진三秦 침공을 방비하기 위해 포사도 방면에 병력을 집중했다.

유방은 한신의 조언에 따라 병력을 분할해 각기 다른 경로로 옹나라에 침공했다. 유방이 지휘하는 본대는 한중 북서부에서 관중의 서쪽 관문 대산관으로 이어지는 잔도인 고도를 따라 진격했다. 번쾌는 별동대를 이끌고 고도에서 북동쪽으로 난 기산도를 통해 천수天水(오늘날 간쑤甘肅성 톈수이天水시) 방면으로 진격했고, 천수 남쪽에 인접한 농서에서 옹나라군을 격파했다. 이는 일종의 양동작전이었을 뿐만 아니라, 유방의 본대와 맞붙을 장한군 본대로의 증원과 보급을 차단하기 위한 조치였다.

장한은 명장이었지만 예측하지 못한 방향에서 이루어진 한나라군의 기습에 제대로 대처하지 못했다. 포사도가 아닌 고도를 통해 침공해 오리라고는 생각지 못했던 장한은 유방의 본대가 대산관을 통과하는 것을 허용하고 말았다. 게다가 기산도를 통한 번쾌의 기습이 장한군은 물론 삼진三秦 전체를 제대로 흔들어놓았다. 유방의 본대는 진창에서 장한군을 격파했고, 이어 호치好畤(오늘날 산시陝西성 첸乾현)와 함양 인근의 폐구廢丘(오늘날 산시陝西성 싱핑興平시)에서도 장한군을 상대로 승리를 거두었다. 사마천은 포사도를 수리하는 척하면서 고도를 통해 진창을 공략한 한신의 작전을 '명수잔도 암도진창明修棧道暗渡陳倉'*이라고 기록했다.

명장 장한은 폐구에서 굳건히 한나라 군대의 공격을 버텨냈지만 전세를 역전시킬 수는 없었다. 애초에 장한에겐 단독으로 유방을 막을 수 있는 힘이 없었다. 유방을 격퇴하기 위해서는 유방의 움직임을 면밀하게 감시해 정보를 수집했어야 함은 물론이고 삼진三秦이 유기적으로 연합했어야 했다. 하지만 그러지 못했다. 장한은 한신의 작전에 속아 넘어가 한나라군의 움직임을 제대로 파악하지 못했고, 신안대학살로 인해 믿을 수 있는 부하를 모두 잃은 탓에 대다수가 신병으로 이루어진 군대를 인솔하며 싸워야 했다. 게다가 기산도까지 활용한 한나라군의 양동작전에 휘말린 장한에겐 동예, 사마흔과 연합작전을 펼칠 기회조차 주어지지 않았다. 장한은 이후 폐구성에서 몇 달 동안이나 버티는 데 성공했지만 거기까지였다. 유방은 일부 병력을 폐구에 남겨 장한이 성 밖으로 나오지 못하도록 봉쇄한 뒤 함양을 비롯한 각지에 병력을 보내 옹나라 전역을 장악했다.

---

* '겉으로는明 잔도棧道를 수리修하는 척하면서 남모르게暗 진창陳倉을 넘었다渡'라는 뜻이다.

장한과 더불어 항우로부터 유방 견제 임무를 받은 새왕 사마흔과 적왕 동예는 정작 유방이 옹나라를 침공했을 때 아무런 도움도 주지 못했다. 관영이 지휘하는 한나라의 별동대가 자오도를 통해 넘어와 새나라의 도읍 약양櫟陽(오늘날 산시陝西성 시안시 옌량閻良구)을 점령하자 사마흔은 유방에게 항복했다. 사마흔이 항복하자 적왕 동예도 유방과 싸울 생각을 버리고 항복했다. 한나라군이 한중을 넘은 기원전 206년 8월 바로 그달에 일어난 일이었다. 그다음 달인 9월에 유방은 장한이 있는 폐구를 제외한 관중 전 지역을 장악했다. 새나라는 위남군渭南郡과 하상군河上郡으로 분할되어 한나라에 편입되었고 적나라는 상군上郡이 되었다.

　　관중 탈환은 유방, 한신, 번쾌, 관영 등의 뛰어난 군사적 재능에 힘입은 바가 컸다. 그렇지만 그렇다고 단순히 장수들의 탁월한 무용과 지휘 통솔이 유방에게 승리를 가져다주었다고 해석할 수는 없다. 교통의 지리, 길의 지리에 대한 안목 차이 역시 유방과 삼진왕의 운명에 많은 영향을 주었다. 유방은 소하, 한신, 장량의 도움을 받아 포사도, 고도, 기산도, 자오도 등 여러 잔도의 위치와 경로를 확실히 파악했고 이를 통해 삼진三秦, 즉 관중을 신속하게 제압할 수 있었다. 반면 삼진왕은 관중으로 이어지는 잔도를 소홀히 여길 정도로 지리에 대한 이해가 부족했기 때문에 유방의 침공에 속수무책으로 무너진 것이다. 그러므로 지리에 대한 이해 또한 효율적이고 신속한 삼진三秦 점령의 결정적인 요인이었다고 할 수 있다.

의도치 않게 유방을 도운 전영

유방이 관중을 수복하는 동안 항우는 무엇을 하고 있었을까? 포사도를 불태운 유방의 속임수에 넘어가 유방에 대한 경계를 완전히 풀고 그저 가만히 있었을까? 그렇지는 않다. 항우는 처음부터 유방을 여러 제후 중 가장 위험한 존재로 여겼다. 그랬기 때문에 유방을 오지로 보내놓고도 마음을 못 놓고 삼진왕으로 하여금 그를 감시케 한 것이다. 그런데도 항우는 유방의 관중 탈환과 세력 확장을 저지하지 못했다. 서초가 남동쪽에 치우쳐 있던 탓에 시의적절하게 정보를 수집할 수 없었던 데다 그로 인해 제때 지원군을 보내지 못했다는 데서도 그 이유를 찾을 수 있겠지만, 결정적인 원인은 제나라에서 일어난 전영의 반란으로 인해 중국 동부에서도 항우가 세운 질서가 무너졌다는 데서 찾을 필요가 있다.

야심가였던 전영은 항우에게서 독립해 제왕이 되는 데 만족하지 않았다. 그럴 수도 없었다. 독립을 했다 해도 패왕 항우의 힘이 여전히 막강해 제나라의 힘만으로는 당해낼 수 없었으므로, 가만히 있다가는 항우에게 무너질 게 뻔했기 때문이다. 전영이 팽월에게 장군의 인수印綬를 내리고 항우를 후방에서 괴롭히도록 했던 것도 바로 이런 이유에서였다.

전영이 포섭한 인물은 팽월만이 아니었다. 전영은 자신과 마찬가지로 분봉에서 제외되어 항우에게 불만을 품고 있던 진여도 포섭했다. 사실 진여는 거록대전 당시부터 장이와 사이가 틀어져 있었다. 장이는 거록성 밖에서 수만 명의 군사를 거느리고도 거록 구원에 소극적인 모습을 보였던 진여를 원망하며 비난했고, 진여는 진여

대로 장이가 현실을 고려하지 않고 자신에게 모든 탓을 돌린다고 생각하며 반감을 키워갔다. 그런 와중에 항우가 장이만 상산왕으로 봉하고 자신을 분봉에서 배제하자, 가뜩이나 삐걱대던 장이와 진여의 사이는 완전히 파탄 나고 말았다. 전국시대부터 중국 전역에서 회자되던 두 사람의 문경지교는 땅을 둘러싼 이해관계 앞에서 돌이킬 수 없는 견원지간으로 변질되고 말았다.

전영이 제나라를 차지하자 진여는 전영에게 군사를 빌려 조나라로 진격했다. 전영은 군사를 지원함으로써 자신을 도와주기로 한 진여에게 보답도 하고, 나아가 진여를 자신의 든든한 지원군으로 만들 심산이었다. 기원전 205년 10월 진여는 상산왕 장이를 습격해 격파한 뒤 그의 영지를 점령하고 병력을 흡수했다. 쫓겨난 장이는 유방에게 가 항복했다. 같은 해 12월 진여는 대왕 조헐을 모셔 와 조왕으로 옹립하고 자신은 조헐에게 대왕으로 봉해졌다. 진여는 나아가 아직 기반이 취약한 조나라를 안정시킨다는 명목 아래 조나라의 상국이 되어 조헐을 보좌했고 자기 영지인 대나라 땅의 통치는 대나라 상국 하열夏說(?~?)에게 위임했다. 이로써 제나라에 이어 조나라까지 항우의 지배를 벗어났다. 항우의 분봉이 시행된 기원전 206년 그해에 옛 육국 가운데 진, 한韓, 제, 조 네 나라, 18제후의 영지로 치면 절반이 넘는 열한 개의 나라가 항우의 지배를 벗어난 셈이었다. 항우가 만든 18제후 체제는 사실상 와해된 것이나 다름없었다.

상황이 이렇다 보니 항우도 유방 견제에 집중할 형편이 아니었다. 당장 눈앞의 제나라부터 정벌하지 않으면 제나라에서 시작된 불길이 서초에까지 옮겨붙을 판이었기 때문이다. 기원전 206년 8~9월에는 전영에게 매수된 팽월이 서초의 후방에서 유격전까지 벌였기 때문에 항우에게는 삼진三秦을 공략하는 유방을 저지할 여유가 더더욱 없었다. 항우는 우선 한왕韓王 정창에게 유방을 견제하도록 하고, 소공簫公 각角(?~?)*으로 하여금 팽월을 토벌케 했다. 그런 다음 본인은 제나라 정벌을 준비했다.

그런데 서초 내부에서 또다시 항우의 심기를 건드리는 일이 일어났다. 항우는 제나라 정벌을 위해 서초뿐만 아니라 구강왕 영포의 군대까지 동원하려 했다. 구강은 서초의 남서쪽에 인접해 있어서 자칫하면 항우에게 직접적인 위협이 될 수 있는 지역이었다. 그렇기에 항우는 자신의 최측근이라 할 만했던 영포를 구강왕에 봉했다. 그런데 영포는 질병을 핑계로 항우의 제나라 토벌에 참여하지 않고 휘하의 군사 수천 명만 항우에게 보냈다. 항우는 강력한 군사력을 보유하기는 했지만, 다른 제후국의 영지는 물론이고 사실상 서초의 연장이라고 볼 수 있던 구강 땅 조차도 완전히 장악하지 못한 것이다. 결국 항우는 기원전 205년 12월, 서초군과 영포가 보낸 소수의 지원군을 이끌고 제나라 원정을 개시했다.

이처럼 중국 동부의 질서가 무너지다 보니 유방은 항우에게 방해받지 않고 관중을 신속하게 평정할 수 있었다. 관중 평정으로 유방은 벽지로 쫓겨난 유배자 신세에서 항우와 맞설 수 있는 강력한 지도자로 거듭났다. 팽성에 있던 항우는 서쪽으로 멀리 떨어진 곳에서 유방이 무슨 일을 벌이고 있는지 제대로 파악하지 못했고 삼진왕과 효율적으로 소통하지도, 그들을 적절히 지원하지도 못했다. 게

---

* '소공'은 작위, '각'은 이름이며 성姓은 알려지지 않았다.

초한전쟁

다가 마침 전영의 반란이 일어나는 바람에 유방의 삼진三秦 정벌을 사실상 방치할 수밖에 없는 상황에까지 내몰렸다.

항우는 전투에서는 그 누구도 당해낼 수 없는 역사상 최강의 용장이었지만, 땅을 분배하거나 하나로 묶어 다스리는 역량은 유방에 비해 크게 부족했다. 결국 항우가 만든 18제후 체제는 1년도 버티지 못하고 무너지고 말았다. 항우는 유방을 가두어두려고 오지로 보냈으나 유방은 그 땅에서 재기하는 데 성공했을뿐더러 항우가 코앞까지 다가온 적을 상대하는 사이에 관중을 온전한 자기 땅으로 만들고야 말았다.

관중 땅에서 시작된 유방의 도미노 게임

도미노이론이라는 게 있다. 냉전 시대 등장한 이 이론은, 하나의 패를 쓰러뜨리면 이어진 패들이 줄줄이 쓰러지는 도미노처럼 어떤 한 나라가 공산화되면 인접국들이 줄줄이 공산화되는 현상을 설명하는 이론이다. 미국이 한국전쟁이나 베트남전쟁에 참전한 중요한 동기가 바로 이것이었다. 한반도와 베트남은 물론 그 인접국들이 줄줄이 공산화되는 사태를 방지하고자 한 것이다. 비록 냉전 체제는 종식되었지만, 오늘날에도 도미노이론은 민주화운동이나 경제위기 등의 지리적 확산을 설명하는 데 사용되고 있다.

유방의 관중 탈환은 중국 땅에서 도미노 현상을 일으켰다. 유방은 관중을 넘어 동쪽으로 인접한 삼진三晉*으로까지 세력을 넓혀갔다. 황허강 유역의 평야지대인 중원을 포함하는 삼진三晉은 관중보다는 방어에 불리했지만, 관중과 더불어 고대 중국의 중심지였을 뿐만 아니라 초한전쟁 당시에는 한漢나라와 서초의 사이에 해당하는 지역이었다. 즉, 유방이나 항우가 이 지역을 장악한다면 상대를 효과적으로 견제하고 압박할 수 있었다. 항우가 한왕韓王 한성을 제거하고 자신의 측근이었던 정창을 그 자리에 앉힌 까닭도 이와 무관하지 않다. 친유방 성향이 강했던 한성이 한漢나라 편에 서면 상황이 항우에게 불리하게 전개될 게 뻔했기 때문이다. 이러한 점에서 관중은 항우에게 맞서게 될 유방의 지리적 근거지였을 뿐만 아니라, 삼진三晉으로 나아가는 데 있어 발판이 되어준 도미노의 패와 같은 지역이었다고 할 수 있다.

사마흔과 동예가 항복하고 유방이 관중을 평정한 기원전 206년 9월, 유방은 군사를 동쪽으로 돌려 한韓 공략을 개시했다. 마침 이 무렵 한성이 항우에게 숙청되어 갈 곳은 물론 한韓 부흥이라는 목표까지 잃은 장량이 휘하에 들어왔다. 객장이 아닌 완전한 유방의 부하가 된 장량은 유방에게 옛 한韓 왕실의 후손인 한신韓信(?~기원전 196)**을 소개했고, 유방은 한 왕실의 후손인 그를 태위太尉로 임

---

* 삼진三晉이란 전국시대 위, 한韓, 조 세 나라를 일컫는 말로, 그 명칭은 이 세 나라가 춘추시대에 가장 판도가 컸던 제후국 진晉이 분열되어 형성된 데 기원한다. 항우가 진나라를 멸망시킨 뒤 세운 옹, 새, 적의 삼진三秦과 우리말 독음은 같지만, 한자는 물론 가리키는 지역도 서로 다르다. 삼진三晉은 관중 동쪽에 인접한 황허강 유역의 광대한 평야지대로, 황허문명의 발상지이자 중국 최초의 왕조 상나라의 근거지였다. 인구부양력이 높았을 뿐만 아니라 교통도 편리했기 때문에 장안과 더불어 이 일대에 고대 중국 왕조의 도읍이 들어섰다. 비록 전국시대에 들어와 분열하기는 했지만 진晉나라가 춘추시대 최강국으로 자리매김할 수 있었던 까닭도 이 같은 지리적 배경이 있었기 때문이다. 초한전쟁기 옛 위나라가 나뉘어 만들어진 서위와 은, 옛 한韓나라 땅에 세워진 한韓과 하남, 그리고 옛 조나라 영토에 자리한 상산이 삼진三晉에 해당되는 지역이다.

초한전쟁

명해 한왕韓王 정창을 정벌하는 임무를 맡겼다. 태위 한신은 정창을 격파한 뒤 포로로 잡았고, 기원전 205년 10월 유방은 태위 한신을 새로운 한왕韓王으로 봉했다. 정창이 패배하고 태위 한신이 유방에게 한왕韓王으로 봉해지자 같은 달 하남왕 신양도 유방에게 항복했다. 유방은 하남을 한漢나라의 군으로 편입했다. 이로써 유방은 중국의 중앙부를 완전히 장악하는 데 성공했다.

관중에 이어 한韓까지 손에 넣은 유방은 새로 얻은 땅을 완전한 한漢나라의 영토로 만들기 위한 노력을 이어갔다. 한왕 신은 그의 정치적 영향력을 고려해 제후로 봉했지만, 이외의 지역은 항우와 달리 한漢나라 직할 군현으로 재편했다. 이때부터 이미 유방이 군국제의 밑그림을 그리고 있던 것이다. 이와 더불어 각지의 요새를 수리하고 보강하며 항우와의 전쟁을 준비했다. 귀순하는 군벌이나 장수를 받아들였고 특히 부하들을 이끌고 귀순하는 자들을 우대함으로써 군사력 증강을 꾀했다. 또한 누명을 쓰거나 가난을 못 이겨 죄를 저지른 죄수들을 대대적으로 사면하고 옛 진나라 황실의 사유지를 백성들에게 나누어 주어 농사를 짓게 했다. 유방은 각지를 순회하며 백성을 위로하고 그들의 불만과 고초를 들어주었다. 진나라의 가혹한 지배에서 벗어나자마자 항우에 의해 초토화된 탓에 관중의

** 한왕韓王 한신은 다다익선, 과하지욕, 토사구팽 등의 고사성어로 잘 알려진 명장 한신과 이름자는 물론 사망 연도까지 같지만 엄연히 다른 사람이다. 일반적으로 한왕韓王 한신보다는 명장 한신이 지명도가 훨씬 높기 때문에, 서적이나 매체 등에서 두 사람을 구분하기 위해 한왕韓王 한신을 '한왕韓王 신'이라고 표기하는 경우가 많다. 본서에서도 이를 고려하여 명장 한신은 '한신'으로, 한왕韓王 한신은 '한왕韓王 신' 또는 '태위 한신'이라고 표기했다. 여담으로 한왕 신 역시 군사적 재능이 상당했던 인물로, 초한전쟁기에 적지 않은 공을 세웠다.

백성들은 극심한 생활고에 시달리고 있었다. 유방의 귀환을 바라는 백성도 적지 않았다. 그런 상황에서 유방의 관중 수복과 그 이후 이어진 민생행보는 백성들의 대대적인 지지를 받았다.

기원전 205년 2월 유방은 진나라의 사직단을 없애고 한漢나라의 사직단을 새로 세웠다. 사직단이란 고대 중국 신화에 등장하는 토지의 신 '사社'와 곡식의 신 '직稷'에게 제사를 지내는 제단을 말한다. 토지와 곡식은 국가의 가장 중요한 자원이었기 때문에 중국 문화권에서 사직단은 역대 임금의 위패를 모신 종묘와 더불어 왕조의 정통성을 상징하는 장소였다. 사극에서 '종묘사직'이라는 용어를 흔히 들을 수 있는 까닭도 바로 이 때문이다. 사직단을 세웠다는 사실은 유방이 단순한 세력가나 군벌의 수준을 넘어 사실상 새로운 왕조를 창건했음을 의미한다. 초 회왕이 내려준 관중왕이나 항우에 의해 봉해진 한왕漢王이 아닌 스스로 사직을 세운 한왕漢王이 됨으로써 다른 제후들을 주도할 수 있는 격이 다른 위치에 오른 것이다. '한漢'이라는 나라의 이름은 유방이 항우에 의해 한중漢中의 왕, 즉 한왕漢王에 봉해진 데서 유래하지만, 통일 중국의 영토적 기반을 세운 한漢나라의 실질적인 출발은 바로 관중 땅에서 이루어졌다.

관중에 이어 한韓까지 차지한 유방의 앞을 가로막을 세력은 없었다. 항우는 제나라 정벌에 전념하느라 당장 유방을 어떻게 할 수 있는 형편이 아니었고, 유방을 견제할 임무를 맡았던 정창은 유방에게 패배한 뒤 한왕韓王 자리를 빼앗겼다. 게다가 소공 각은 팽월의 유격전에 휘말려 참패하고 말았다. 조나라도 항우의 손아귀를 벗어났고, 서위왕 위표, 은왕 사마앙, 형산왕 오예, 임강왕 공오 등도 유방을 저지할 역량을 갖추지 못했다. 사직단을 세워 명실상부한 한漢

나라의 창업주로 거듭난 유방의 다음 목표는 삼진三晉의 남은 지역, 그리고 서초였다. 관중에서 시작된 유방의 도미노는 한韓을 쓰러뜨리고 중국의 동쪽으로 이어졌고, 유방은 통일 한漢나라라는 웅장한 그림을 그릴 준비를 하고 있었다.

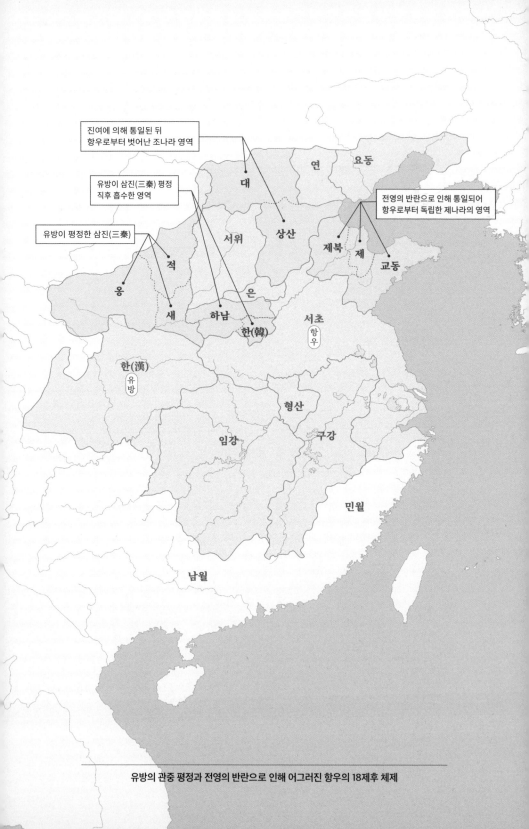

진여에 의해 통일된 뒤
항우로부터 벗어난 조나라 영역

유방이 삼진(三秦) 평정
직후 흡수한 영역

유방이 평정한 삼진(三秦)

전영의 반란으로 인해 통일되어
항우로부터 독립한 제나라의 영역

연

요동

대

상산

서위

제북

제

교동

적

옹

새

하남

은

한(韓)

서초
항우

한(漢)
유방

형산

임강

구강

민월

남월

유방의 관중 평정과 전영의 반란으로 인해 어그러진 항우의 18제후 체제

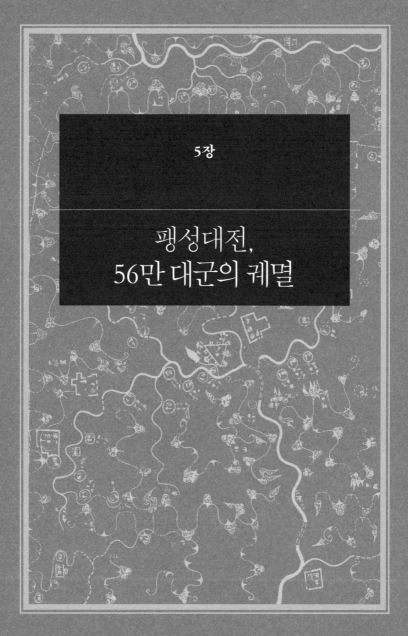

5장

팽성대전,
56만 대군의 궤멸

자만이 56만 대군의 궤멸을 불러오고,

초한의 판도가 또다시 크게 뒤바뀌며

전쟁은 더한층 복잡하고

긴박한 양상으로 접어든다.

1

뻗어가는 한,
고립되어 가는 서초

관중을 평정하고 한나라의 사직단을 세운 뒤 삼진三晉까지 진출한 유방의 앞을 가로막을 자는 없을 것처럼 보였다. 기원전 205년 봄 유방은 삼진三晉을 발판 삼아 대군을 이끌고 항우의 근거지인 팽성으로 진격했다. 항우는 제나라 토벌을 위해 팽성을 비워둔 상태였기 때문에 팽성은 무주공산이나 다름없었다.

하지만 유방이 간과한 사실도 적지만은 않았다. 유방이 어렵잖게 평정했던 삼진三秦과 달리 서초는 항우의 확고한 지배하에 있던 지역이었다. 항우가 삼진三秦에서는 백성을 약탈하고 학살과 방화, 약탈을 저질렀던 폭군이었을지 몰라도, 서초에서는 백성들의 지지를 받는 영웅이자 군왕이었다. 게다가 항우의 초인적인 군사적 재능과 강대한 군사력 역시 변함없었다. 즉, 서초의 정벌에는 삼진三秦 평정에 소요된 것보다 훨씬 많은 시간과 병력, 물자가 투입될 필요가 있었다. 치밀하고 정교한 계획의 필요성은 두말할 나위 없었다. 하지만 유방의 팽성 침공은 그러한 치밀한 계획에 따라 이루어지지 않았다. 결국 승승장구하던 유방은 팽성에서 가족까지 내버리며 구사일생으로 탈출할 정도로 참패했고, 팽성대전으로 인해 초한의 판도가 또다시 크게 뒤바뀌며 전쟁은 더한층 복잡하고 긴박한 양상으로 접어들기 시작했다.

삼진三秦으로 뻗어가는 한漢나라의 깃발

관중에 이어 한韓나라까지 평정한 유방은 파죽지세로 세력을 확대해 갔다. 기원전 205년 3월 유방은 위나라를 공격해 서위왕 위표의 항복을 받고 은왕 사마앙을 포로로 잡은 뒤 위표를 위왕에 앉혔다. 이로써 한韓나라에 이어 위나라까지 한漢나라의 세력 범위 아래 들어갔다. 은나라는 한漢나라의 하내군河內郡으로 편입되었다.

　여기서 한 가지 주목할 사실이 있다. 유방은 관중과 삼진三秦으로 세력을 확장하는 과정에서 한왕 신, 위왕 위표 등 옛 육국 왕실의 후손을 제후로 앉히기는 했지만, 은나라를 하내군으로, 새나라를 위남군과 하상군으로 나누어 한漢나라로 편입하는 등 함락한 제후국의 땅을 한漢나라의 영토로 귀속시키는 경우가 많았다. 진나라를 무너뜨린 뒤 열여덟의 제후에게 영지를 내린 항우와는 꽤 다른 모양새였다. 유방은 이처럼 육국 왕실 출신의 제후를 세움으로써 옛 육국의 백성들을 달래고 그 세력을 포섭하는 한편 한漢나라의 직할지를 확보함으로써 서초와의 전쟁을 위한 지리적 기반을 다졌다. 유방이 세운 제후들은 유방에게 복종했지만 어디까지나 동맹자였고, 직할 군현은 유방이 확실하게 지배할 수 있는 땅이었다.

이 무렵 신성新城(오늘날 허난성 뤄양시 이촨伊川현)의 관리인 동공董公(?~?)이 유방에게 항우가 의제를 살해했다는 사실을 고했다. 유방은 당시의 예법에 따라 왼쪽 어깨를 드러내고 사흘간 통곡을 한 뒤 제후들에게 사자를 보내 의제의 복수를 행한다는 명목으로 항우 토벌의 뜻을 전했다.

"천하가 함께 의제를 옹립하고 북면北面*하였노라. 그런데 항우가 멋대로 의제를 강남으로 쫓아내더니 이젠 대역무도한 일까지 저질렀도다. 과인이 발상發喪하니 여러 제후 모두 하얀 상복을 입어라. 관중의 전 병력과 더불어 삼하三河(하동, 하내, 하남)의 군사까지 일으켜 장강(양쯔강)과 한수(한수이강)를 따라 남쪽으로 내려가겠노라. 과인은 그대들이 과인을 따라 의제를 시해한 초나라 망나니를 토벌하기를 바라노라."[31]

'천지인天地人'이라는 말이 있다. 천시와 지리, 인화를 뜻한다. 유방은 진승·오광의 난과 진나라의 몰락이라는 때를 만나 택중 건달에서 유력한 군사 지도자로 거듭났다. 그리고 관중 땅을 얻으며 명실상부한 한왕으로 발돋움했고, 삼진三晉의 상당 부분까지 얻어 서초

---

* 중국 문화권에서 임금은 남쪽을 향해 앉기 때문에 임금을 알현하는 신하는 당연히 북쪽을 바라보게 된다. 북면北面이란 이처럼 북쪽을 바라보며 임금을 섬기는 일을 뜻하는 말이다.

토벌의 지리적 기반을 확보했다. 그리고 이제, 초 의제의 복수라는 명분까지 얻게 된 것이다.

제나라 땅에 고착된 서초패왕 항우

한편 항우는 기원전 205년 1월 제나라에 대대적인 공세를 취했다. 전영은 성양城陽(오늘날 산둥성 칭다오靑島시 청양城陽구)*에서 항우와 결전을 벌였지만 패했다. 전영이 비록 제나라의 부활을 주도했고 항우에 의해 삼분된 제나라를 통일한 난세의 영웅이었다고는 하나 항우에 비할 수 있는 인물은 아니었다. 제나라의 국력과 군사력 또한 서초에 비할 바가 못 되었다. 게다가 서초를 확실하게 장악했던 항우와 달리 전영이 쿠데타를 일으켜 막 통일한 제나라는 내부 결속력마저 약했다. 여기에 더불어 제나라가 서초의 침공을 방어하기에 적합한 지리적 여건을 갖고 있던 것도 아니었다. 제나라와 서초 북부는 화베이華北평야로 연결되었고, 해발 1533미터의 타이산泰山산이 있었지만 대규모 산맥으로 이어지지 않았기 때문에 항우의 진격을 가로막을 장벽이 되기에는 부족했다. 그 외에는 평야나 해발 600미터 이하의 비교적 낮은 산지와 구릉지대였다. 성양 동쪽에 해발 1133미터에 달하는 노산嶗山(오늘날 라오산嶗山산)이 있었지만 항우의 진격로 반대 방향에 위치했기 때문에 이 역시 항우의 공세를 저

---

* 2장에서 언급한 항량 휘하의 유방과 항우가 공격했던 성양과는 이름은 같지만 다른 지역이다.

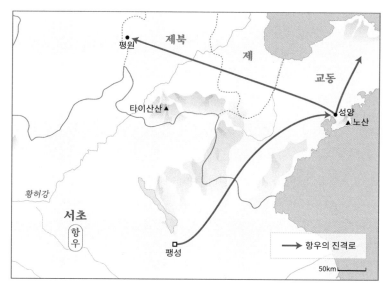

항우의 전영 토벌

지하는 장애물이 될 수 없었다.

항우에게 참패한 전영은 타이산산 북서쪽에 있는 평원平原(오늘날 산둥성 더저우德州시 핑위안平原현)으로 도주해 훗날을 기약했다. 하지만 전영의 운명은 거기까지였다. 전영은 동아전투 직후에 전가를 몰아낸 데 이어 18제후 분봉 직후에도 반란을 일으켜 제왕에 오른 인물이었다. 이렇게 두 차례나 쿠데타를 일으킨 전영에게는 그만큼 적이 많을 수밖에 없었다. 항우에게 참패하고 세력을 크게 잃은 전영은 같은 달 평원에서 백성들에게 살해당했다. 전영이 죽자 항우는 기원전 205년 2월 옛 제왕 전가를 다시 제왕에 앉혔다. 이로써 북쪽의 위협은 제거된 셈이었다. 그렇다면 항우는 비로소 서쪽으로 진격해 유방을 견제할 수 있었을까? 정상적인 상황이었다면 아마 그렇게 되었을 것이다. 그런데 실제 이야기는 다르게 흘러갔다.

뛰어난 군사적 재능을 발휘해 불과 2개월여 만에 제나라의 반란을 진압한 항우였지만, 도를 넘은 그의 잔혹함이 발목을 잡고 말았다. 항우는 성양에 이어 평원으로 진격하는 과정에서도 파괴와 학살을 반복했다. 서초군의 진격로상에 위치한 민가와 마을은 초토화되었고, 항우는 항복한 제나라 군사들을 신안에서 그랬던 것처럼 생매장했다. 저항하거나 도주하는 제나라 백성들은 서초 군사들이 휘두르는 창검의 제물로 전락했고, 노약자와 부녀자는 납치되어 서초로 끌려갔다. 전영의 목을 바쳤는데도 선정을 베풀기는커녕 화풀이하듯 제나라 땅을 초토화하고 백성들을 학살하자 전영의 옛 부하들과 제나라 백성들이 힘을 합쳐 항우에게 저항하기 시작했다. 가만히 있다 항우에게 학살당하나 저항하다 죽으나 매한가지였기 때문이다. 아니, 차라리 저항을 하는 쪽이 실낱같은 희망이라도 존재했다. 저항하지 않는다면 그저 앉아서 항우에게 죽임을 당하거나 끌려가 유린당할 뿐이었다.

항우가 공들여 평정한 지 고작 한 달 만에 제나라에서 또 반란이 일어났다. 기원전 205년 3월 전영의 동생 전횡田橫(?~기원전 202)이 성양에서 군사를 일으킨 다음 제왕 전가를 내쫓고 전영의 아들 전광田廣(?~기원전 204)을 새로운 제왕으로 옹립했다. 항우는 서초로 도주해 온 전가를 제왕으로서의 책무를 다하지 못했다며 처형했다. 그런 다음 또다시 제나라 토벌을 개시했다. 하지만 항우의 잔혹함과 만행을 겪어본 제나라 군사들과 백성들이 죽을힘을 다해 저항하는 바람에 항우는 전영을 토벌했을 때와 달리 이번에는 제나라를 쉽사리 평정하지 못하고 고전을 이어가야 했다.

유방이 관중에 이어 삼진三晉까지 상당 부분 장악함으로써 항우는 지리적으로 점차 고립되어 갔다. 이때 항우는 어떻게 처신해야 했을까? 당연히 유방과 맞서기 위해 자기편을 하나라도 더 만들고 유방을 견제할 수 있는 땅을 한 뼘이라도 더 확보하기 위해 노력해야 했다. 게다가 제나라는 유방을 견제하고 나아가 정벌하는 데 꼭 필요한 요지였다. 제나라는 서초와 북쪽으로 인접할 뿐만 아니라 삼진三晉의 북부인 위나라, 조나라와도 인접했다. 그리고 제나라에서 조나라를 거쳐 북쪽으로 조금만 더 가면 연나라였다. 즉, 제나라는 서초와 중국 각지를 이어주는 지역이었다. 유방이 관중을 장악함으로써 파촉과 한중을 벗어나 중국의 패권을 노릴 수 있었던 것처럼, 항우로서는 유방을 견제하고 중국을 완전히 평정하려면 제나라부터 장악할 필요가 있었다.

전영의 반란이야 항우로서는 어쩔 수 없는 일이었을지도 모른다. 이미 동아 구원 직후 쿠데타를 일으킨 난세의 야심가였으니 말이다. 문제는 그 이후였다. 만약 전영의 반란을 진압한 뒤, 유방이 관중에서 그랬던 것처럼 제나라에서 선정을 베풀었다면 항우도 제나라를 완전히 장악할 수 있었을지도 모른다. 그랬다면 제나라는 항우에게 든든한 동맹국이자 서초 북부를 지키는 방패, 그리고 유방의 세력 확장을 저지하는 칼이 되어주었을 것이다. 하지만 항우는 제나라 땅에서 학살과 약탈을 저지르며 또 자충수를 두었고, 끝내 제나라 백성을 적으로 돌리고 전횡이라는 또 다른 강적까지 만들고 말았다. 그렇게 항우가 전횡을 토벌하느라 제나라에 고착된 사이, 유방의 대군은 서초를 향해 다가오고 있었다.

2

자만이 불러온 파국

기원전 205년 봄 유방은 서초 침공을 개시했다. 멋대로 의제를 시해한 대역죄인 항우를 벌하고 천하를 바로잡겠다는 명분이었다. 관중은 물론 삼진三晉의 절반 이상을 장악한 데다 군사를 일으킬 확실한 명분까지 갖춘 유방은 여러 제후를 어렵지 않게 규합할 수 있었다.

무주공산 팽성에 무혈입성한 제후 연합군

이 무렵 일어난 진여의 한나라 합류는 당시 중국 동부의 상황을 잘 보여준다. 유방이 항우 토벌을 선언하고 얼마 안 있어 조나라의 실세 역할을 하던 대왕 진여가 조나라 또한 항우 토벌에 합류하겠다는 의사를 전해 왔다. 삼진三晉 전역이 유방의 영향력 아래에 들어가는 순간이었다. 관중에서 삼진三晉에 이르는 중국 중서부의 분위기는 이미 항우가 아닌 유방 쪽으로 기울어 있었다. 여담으로 진여는 조나라를 한나라에 합류시키는 조건으로 장이의 목을 요구했다. 진여와 조나라뿐만 아니라 장이 또한 필요했던 유방은 장이와 용모가 닮은 자의 목을 벤 뒤 적당히 썩혀 알아보기 힘들게 만들어 진여에게 보냈다. 현대적 관점에서 봤을 때 비인간적이고 잔혹한 처사였지만, 그것과는 별개로 이 일화를 통해 유방의 정치적 처세술이 얼마나 뛰어났는지 엿볼 수 있다.

이렇게 해서 유방은 한왕韓王 신, 새왕 사마흔, 적왕 동예 등 다섯 제후*와 함께 무려 56만 대군을 일으켰다. 유방의 56만 대군은 연승을 거듭하며 동쪽으로 진격했다. 제나라의 반란으로 인해 항우와 서초의 주력군이 제나라에 고착되어 있던 데다 유방에 의해 위나라 상국 자리를 얻은 팽월까지 전영에게 협력해 서초의 후방을 교란했기 때문에, 서초를 지키고 있던 소수의 군사는 한나라의 대군을 도저히 당해낼 수 없었다. 연승이라기보다는 사실상 무주공산이었던 팽성을 향한 행군이었다. 기원전 205년 4월 유방은 별다른 전투 없이 팽성을 점령했다.

유방은 팽성으로 진격하는 과정에서 진평陳平(?~기원전 178)이라

---

* 이 다섯 제후가 정확히 누구였는지에 대해서는 학설이 분분하다. 예컨대 옹, 새, 적, 하남, 은이었다고 간주하는 연구자가 있는가 하면, 새, 적, 은, 위, 한韓이었다는 견해, 한韓, 서위, 조, 대, 제였다는 견해도 있다. 게다가 일본 아이치코난단기대학愛知江南短期大學의 시바타 노보루柴田昇 교수는 팽성대전 당시 한韓의 군대가 한漢나라의 동맹군으로 참여했음은 확실하지만 한왕韓王 신의 전투 참여 여부는 불분명하다는 견해를 내놓기도 했다.

는 또 다른 인재를 얻었다. 진평은 본래 위나라를 부활시킨 위구를 섬겼으나 위구가 장한에게 패하고 자결하자 항우의 막하에 들어간 인물이었다. 그는 삼진三秦 함락 당시 항우에게 반기를 들고 유방에 게 귀순하려던 은왕 사마앙을 제지한 공로로 도위로 승진한 뒤 항 우에게 거액의 상금까지 하사받은 서초의 공신이었다. 하지만 기원 전 205년 봄에 은왕 사마앙이 유방의 공격을 받은 다음 항복하자, 진평은 항우에게 책이 잡혀 숙청당하리라는 판단하에 항우에게 받 았던 상금과 재물을 모두 반납하고 혈혈단신으로 도주해 유방의 막 하로 들어왔다.

진평은 인간관계를 이용해 모략을 꾸미는 일에는 따라올 자가 없 는 수완가였을 뿐만 아니라 용모가 매우 수려했다. 그래서였는지 유 방은 진평을 만나자마자 크게 흡족해하며 그를 호군護軍이라는 장 수들을 감독하는 고위 무관으로 임명했다. 그러자 주발, 관영 등의 장수들이 심하게 반발했다. 유방이 거병했을 때부터 종군했을뿐더 러 수많은 전투에서 목숨 걸고 공을 세워온 선임자인 자신들도 있 는데 웬 '굴러온 돌'이, 요즘 말로 치면 낙하산을 타고 내려와 높은 자리를 꿰찬 셈이었기 때문이다. 그냥 굴러온 돌도 아니고 항우 밑 에서 꽤 높은 자리에 있다가 일이 틀어지니 유방 편으로 전향한 자 였다. 그렇다 보니 그에 대한 음해와 질시는 더욱 심했다. 심지어 진 평이 젊은 시절 고향에서 형수와 간통을 했다는 소문까지 들먹이 며* 그를 호군 자리에서 끌어내리려는 자도 있었다.

진평은 팽성대전 직전에야 유방에게 합류했기 때문에 팽성대전 에서는 별다른 공을 세우지 못했고, 그 뒤에도 진평의 충성심과 인 성을 비난하는 참소가 이어졌다. 나중에는 유방마저도 진평에 대한 의심을 품어 그가 위구와 항우를 떠나 자기 밑으로 온 연유를 추궁했다. 그러자 진평은 위구는 자신의 계책을 따르지 않아 패망했고 항우의 곁을 떠나올 때는 항우에게 받았던 많은 재물을 반납하고 빈손으로 떠났다며** 진심을 다해 항변했다. 진평의 진심을 이해한 유방은 자신의 무례를 사과하고 많은 재물을 하사하는 한편 장수들을 감독하는 일을 이어가게 했다. 이후 진평은 항우 진영의 결속을 깨뜨리고 내분을 유도하는 등 장량, 역이기 등과 더불어 한나라의 책사로 대활약하게 된다.

승리에 취해버린 한왕 유방

우리나라 10대, 20대 사이에 대전 격투 게임이 크게 유행한 적이 있다. 1990년대부터 2000년대 초 인기를 끌었던 〈스트리트 파이터〉〈더 킹 오브 파이터즈〉〈아랑전설〉〈버추어 파이터〉〈철권〉 같은 게임 이름을 들으면 감회에 젖는 독자분도 계실 테고, 지금도 이러한

---

* 진평은 유방, 한신 등과 마찬가지로 가난한 집안에서 태어났지만 형의 도움을 받아 학업에 전념할 수 있었다. 그런데 진평의 형수가 일하지 않고 책만 읽는 진평을 미워해 진평의 형에게 쫓겨났다고 알려져 있다. 그런 한편으로 진평의 형이 농사일하는 동안 형수가 건장한 미남이었던 진평과 몰래 정을 통했다는 소문도 당대에 퍼져 있었다.

** 이와 관련해 재미있는 일화가 있다. 진평이 빈손으로 항우를 떠난 뒤 배를 타고 강을 건너고 있었다. 뱃사공은 외모가 수려하고 풍채가 좋아 품격이 느껴지는 진평이 혼자서 배를 타자, 많은 재물을 숨긴 채 도주하는 고위 관리나 장수라 착각하고 기회를 보아 그를 살해하고 소지품을 빼앗으려는 꿍꿍이를 세웠다. 이를 눈치챈 진평이 웃통을 벗어 던지고 사공과 더불어 노를 젓자, 진평이 무일푼임을 깨달은 뱃사공이 못된 꾀를 버리고 진평을 살려 보냈다고 한다.

게임을 즐기고 있는 독자분도 계실 것이다. 대전 격투 게임을 즐겨본 경험이 있는 독자분이라면 한 대도 맞지 않고 멋지게 상대 캐릭터를 쓰러뜨릴 때 나오는 'PERFECT'라는 메시지가 가져다주는 짜릿함도 생생하게 기억하시리라 믿는다.

그런데 병법에서는 대전 격투 게임의 퍼펙트 승리와 같은 압승을 오히려 경계하거나 꺼리는 경우가 많다. 압승 자체가 잘못이라기보다는 압승이 우리의 마음에 심는 교만이나 나태함을 경계하자는 취지다. 당장 항량부터 연승에 취했다가 장한에게 참패하고 목숨까지 잃지 않았던가. 일본 전국시대에 활동했던 전설적인 무장 다케다 신겐武田信玄(1521~1573)은 5할의 신승辛勝은 투지를 낳고 7할의 낙승樂勝은 게으름을 낳으며 10할의 완승完勝은 교만을 낳기 때문에 완승을 특히 경계하라고 말하기도 했다.

팽성에 무혈 입성한 유방은 병법에서 패배보다도 더 나쁘게 여기는 자만에 빠져버렸다. 관중에서 보여준 모범적이기 그지없는 모습은 온데간데없었다. 유방과 그의 부하들은 승리에 취해 밤낮없이 미녀를 끼고 술판을 벌였고 심지어 약탈까지 자행했다. 유방을 따라 군사를 일으킨 제후들과 그들의 부하들도 마찬가지였다. 문제가 심각한 수준을 넘어 파멸을 불러오고도 남을 위험하기 짝이 없는 일탈이었다. 전쟁의 위험이 없는 태평성대라 하더라도 장수와 군사들이 훈련과 경계를 소홀히 하고 술판을 벌이며 일탈을 일삼으면 엄한 벌을 내려야 마땅하다. 그런데 유방과 제후 연합군은 전시에, 그것도 적진 한복판에서 그러한 행각을 일삼았다. 더 큰 문제는 유방과 제후 연합군은 팽성에 입성했을 뿐 서초를 완전히 장악하지도 못했고, 항우와 서초의 정예군 또한 제나라 전선에 묶여 있기는 했지만 건재했다는 사실이었다.

56만 제후 연합군은 팽성을 점령할 때까지 서초군과 전투다운 전투를 하지 않았다. 앞서 말했듯 항우를 비롯한 서초의 정예군이 제나라 토벌에 투입되었기 때문이었다. 즉, 서초군을 격멸한 끝에 팽성을 점령한 것이 아니라 그들의 진격로에 제대로 된 적군이 없었기 때문에 어부지리로 팽성에 입성한 상황이었다. 전횡이 저항을 계속하며 항우의 발목을 잡고 있었다고는 하나, 근거지를 빼앗긴 항우가 유방을 그냥 내버려 둘 리 없었다. 항우는 단지 전횡에게 발목을 잡혔을 뿐 전횡과의 전투로 인해 군사력에 치명타를 입은 것이 아니었다. 그런데 유방은 당대 최강의 군사 지도자였던 항우를 상대로 기본적인 전력 분석도 제대로 하지 않았던 것이다.

서초군과 맞서 싸울 유방의 56만 대군의 내부적인 한계 또한 적지 않았다. 유방이 팽성에 입성한 기원전 205년 4월은 관중과 삼진三秦 일대를 장악한 지 불과 3개월도 지나지 않은 시점이었다. 진여, 사마앙 등은 시류에 따라 유방에게 합류하기는 했지만 아직 신뢰하기는 어려운 자들이었다. 심지어 사마흔과 동예는 원래 유방의 적이었다. 그런 데다 서초 정벌군의 거대한 규모 역시 중대한 약점을 내포하고 있었다. 이들은 오랫동안 유방과 호흡을 맞춰온 직속 부대가 아닌 단기간에 급조된 연합군이었다. 아무리 의제를 살해한 대역죄인 항우를 벌한다는 명분이 확실했다 한들, 이처럼 거대한 연합군을 효과적으로 통제하려면 지휘 체계를 확립하고 충분한 훈련을 거쳤어야 했다. 그런데 유방이 그러한 준비를 제대로 했으리라고 보기는 어렵다. 신뢰와 결속력을 충분히 갖추지 못한 대군은 오히려 전쟁의 걸림돌이 되기 마련이다. 팽성 입성 후 군기를 흐트러뜨리며 술판만 벌였던 것을 보면 제후 연합군은 수만 많았을 뿐 결속력이 약했을뿐더러 기강까지 해이했다는 것을 알 수 있다.

팽성의 지리적 여건을 살펴보면 문제는 더욱 심각했다. 유방에게 서초와 팽성은 적지였다. 비록 유방이 팽성에서 멀지 않은 패현 풍읍 출신이라고는 하나, 항우나 그의 부하들만큼 팽성과 서초의 지리에 익숙할 순 없었다. 사마흔이나 사마앙, 동예 같은 이들은 말할 것도 없다. 그리고 앞서 살펴보았듯이 팽성은 방어하기에는 적합하지 않은 지역이다. 그랬기에 유방도 빠른 속도로 팽성에 입성할 수 있었던 것이다. 이는 반대로 항우가 역습을 가해 왔을 때 그만큼 방어하기 힘들다는 뜻이기도 했다. 관중 땅에는 무적의 항우조차도 우회하게 만든 함곡관 같은 요새가 있었지만 팽성은 그렇지 못했다.

무엇보다 팽성은 초나라 사람들의 땅이었다. 유방을 진나라의 폭정과 항우의 만행으로부터 백성을 구원한 영웅으로 떠받드는 관중과는 사정이 달랐다. 역적 항우를 친다는 명분은 관중과 삼진三秦에서나 통했지, 서초의 땅에서 항우는 나라를 부활시킨 영웅이었다. 즉, 초나라 사람들에게 유방의 56만 대군은 천신만고 끝에 부활한 자신들의 소중한 조국을 침략한 이민족 군대였던 것이다. 팽성에 입성한 유방과 제후 연합군이 술판을 벌이며 일탈을 일삼는 가운데, 유방과 한나라에 대한 서초 백성들의 적개심은 더한층 커져만 갔다.

3만 대 56만

다른 장소도 아니고 자신의 근거지이자 도읍인 팽성이 함락된 마당에 항우도 가만히 있을 수 없었다. 항우는 용저에게 제나라 방면의 군사 지휘권을 맡긴 뒤, 기원전 205년 4월 최정예 서초군 3만 명을 추려 성양을 떠나 팽성 탈환을 개시했다.

항우가 거느린 3만 병력은 유방의 56만 대군에 비하면 턱없이 작은 규모였다. 하지만 그들은 거록대전에서 용맹함을 입증한 강병 서초군 중에서도 특히 강맹하고 전투에 능한 자들이었다. 게다가 그들은 항량이 거병할 당시부터 항우와 동고동락했던 용사들이었다. 항우는, 항복을 해도 생매장할 정도로 적에게는 극악무도한 인물이었지만 자신을 따르는 군사들에게는 한없이 다정해 그들과 생사고락을 함께하는 면모를 갖고 있던 인물이었다. 그러다 보니 서초의 정예 군사들은 자기들을 아끼는 데다 가는 곳마다 연승을 거두는 항우를 진심으로 존경하며 따랐다.

그뿐만이 아니었다. 팽성과 초나라의 영역성은 항우의 군사들에게 끝 모를 투지와 용맹함을 더해주었다. 초나라의 백성인 그들에게 서초와 팽성은 고향이고 삶터였다. 유방이 지휘하는 제후 연합군이 팽성을 점령했다는 사실은 곧 자신들의 터전을 빼앗겼음을 의미했다. 더욱이 그들의 터전을 빼앗은 이들은 다름 아닌 중원의 화하족이었다. 앞서 살펴보았듯이 이때까지도 황허강 일대를 지리적 기반으로 하는 화하족은 초나라를 오랑캐 나라로 여겼다. 그랬기 때문에 초나라가 춘추전국시대에 손꼽히는 강국이었음에도 초나라 백성들은 중원의 다른 민족으로부터 야만인 취급을 받으며 멸시당했다. 항량과 항우 덕분에 그러한 설움을 딛고 간신히 초나라의 천하를 여는가 싶었는데, 어느새 화하족에게 또다시 조국을 빼앗길 위기에 놓인 것이다. 항우에 대한 충성심에 고향에 대한 애착심, 화하

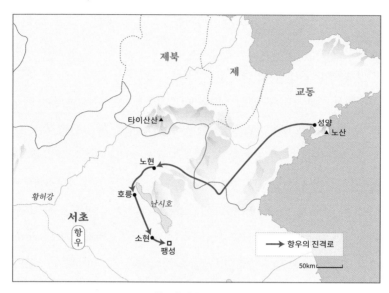

항우의 팽성 급습 경로

족에 대한 적개심이 더해지면서 서초의 3만 군사는 당할 자가 없는 무적의 군대로 거듭났다.

항우는 3만 정예군을 이끌고 팽성으로 향했다. 성양에서 출발해 노현魯縣(오늘날 산둥성 취푸曲阜시)*과 호릉胡陵(오늘날 산둥성 지닝시 위타이魚台현)을 지나 소현蕭縣(오늘날 안후이성 쑤저우시 샤오蕭현)을 거쳐 팽성으로 이어지는, 난시南西호를 서쪽으로 우회하는 경로였다. 난시호의 서쪽은 구릉과 산지가 분포한 난시호 동쪽과 달리 개활지로 되어 있어서 말을 달려 기습하기에 아주 좋았다. 항우는 서초의 지리에 누구보다 밝았기 때문에 이처럼 적절한 경로로 신속하

---

* 공자의 고향인 노나라가 바로 이곳이다.

게 기동해 기습할 수 있었다.

기원전 205년 4월 하순께의 어느 날 항우가 소현에서 야습을 감행하자 지휘 체계도 없고 기강도 해이해질 대로 해이해져 있던 제후 연합군은 이렇다 할 대처도 하지 못하고 남동쪽으로 일방적으로 밀려나기 시작했다. 항우는 기세를 몰아 군사를 남동쪽으로 돌려 팽성에 주둔하고 있던 제후 연합군을 공격했다. 항우와 서초군의 전투력은 거록대전으로도 알 수 있듯이 당대 최강이었다. 삼림이 우거진 험준한 산악지대와 늪지대가 펼쳐진 초나라의 택에서 강인하게 길러진 서초 군사들은 명장 장한이 지휘하는 진나라 군대를 상대로 실전 경험까지 쌓아 이미 중국에서 가장 용감하고 전투에 능한 최정예 군사로 거듭나 있었다. 이제껏 유방의 한나라군이 싸워온 삼진三秦이나 한왕韓王 정창의 군대와는 격이 다를 수밖에 없었다.

당대 최강의 지휘관이 지휘하는 최정예 부대가, 그것도 자신들의 근거지인 팽성에 맹공을 가했으니 기강이 해이해져 경계를 소홀히 하고 술판만 벌이던 제후 연합군이 풍비박산됨은 어찌 보면 당연한 일이었다. 56만 제후 연합군은 소현에서 기습을 당한 뒤에도 서초군의 공습에 유기적으로 대응하지 못하고 무너져 갔다. 숫자만 많았을 뿐 부대 간 연계가 매우 부족했던 제후 연합군은 서초군의 기습에 쉽사리 대오가 깨지며 사분오열했다. 우왕좌왕하며 도주하던 제후 연합군 병사들은 서초 군사들의 창칼에 희생되거나 서로 부딪히고 밟혀 목숨을 잃었다.

제후 연합군의 패잔병들은 팽성을 흐르는 사수泗水(오늘날 시허泗河강)와 곡수穀水(오늘날 지안허澗河강)* 때문에 더 큰 혼란에 빠졌다. 눈이 돌아가 사나운 기세로 제후 연합군을 사냥하는 서초군에게 쫓기던 수십만 명의 패잔병들은 사수와 곡수 앞에서 말 그대로 독 안에 든 쥐 꼴이 되고 말았다. 등 뒤에서 시퍼렇게 날이 선 칼과 날카로운 창을 든 서초 군사들이 도륙할 기세로 달려오고 있는데 눈앞에는 강물이 흐르고 있는 것이다. 이런 상황에서 평정심을 유지하고 냉정하게 살길을 찾아갈 이가 과연 몇이나 되겠는가. 서초군의 추격에 겁에 질릴 대로 질려, 그리고 수없이 많은 패잔병이 이룬 인파에 떠밀려 사수와 곡수에 빠져 죽은 이들이 무려 10만 명에 달했다.

항우의 천재적인 군사적 재능과 서초 정예군의 강맹함, 그리고 유방과 제후들의 자만과 기강의 문란 외에 제후 연합군의 몰락에 크게 한몫한 것이 바로 팽성 일대의 지형이었다. 앞서 말했듯 소현 쪽으로는 개활지가 열려 말을 달리기에 적합했다. 이에 항우는 3만 군사를 기병 위주로 편성했을 가능성이 크다. 개활지에서 기병은 최상의 기동력과 공격력을 발휘할 수 있기 때문이다.** 그렇게 항우는 기습에 성공해 제후 연합군을 소현에서부터 팽성 방면으로 밀어붙일 수 있었다.

팽성 주변의 구릉지와 저산성산지는 함곡관처럼 항우와 서초군의 침공을 철통같이 방어하기에는 확연히 부족했지만, 항우의 기습을 받아 와해되며 패주하기 시작한 제후 연합군 군사들을 무사히 탈출하지 못하도록 붙잡아 두는 데는 충분했다. 차라리 험준한 산악지대였다면 죽기 살기로 산속으로 들어가 적을 따돌리고 몸을 숨길 수 있었을지 모른다. 하지만 팽성 주변 애매한 규모의 구릉과 산

* 사수와 곡수는 화이허강 북쪽의 지류로, 고대 중국에서는 팽성을 비롯한 화이허강 유역과 중원을 잇는 중요한 수운 교통로였다. 사수와 곡수는 팽성이 고대부터 중국 동부의 교통 요지로 자리매김하도록 하는 데 적지 않은 이바지를 했다.

　　　　　　　　　　　　　　　　　　　　　　　　초한전쟁

은 효과적인 도주와 퇴각만 방해할 뿐이었다. 「항우본기」에는 이때 한나라의 패잔병이 곡수와 사수에서 몰살당하는 한편으로 남쪽의 산을 향해 패퇴했다고 기록되었다.[32] 이는 패주하던 제후 연합군 군사들이 팽성의 구릉과 산지, 하천 등으로 인해 일종의 체증을 빚으며 참살당하거나 궤멸했음을 시사한다.

항우는 남쪽으로 흩어져 달아나는 제후 연합군 패잔병을 계속해서 추격해 영벽靈壁(오늘날 안후이성 쑤저우宿州시 링비靈壁현) 동쪽의 수수睢水(오늘날 수이허睢河강)***까지 몰아붙였다. 팽성과 영벽 사이에는 소규모의 구릉과 넓은 개활지가 펼쳐져 있었다. 즉, 항우의 부대가 패잔병을 사냥하기에 더없이 좋은 여건이었다. 기병이 지형에 구애받지 않고 말을 달리며 패주하는 적병을 사냥하듯이 몰아세우거나 참살할 수 있기 때문이다. 하다못해 구릉이나 수풀이라도 있다면 몸이라도 숨길 수 있다. 어찌어찌 몸만 숨길 수 있다면

** 물론 항우가 이때 인솔했던 부대가 기병 위주였다고 단정 지을 수는 없다. 『사기』 『한서』 『자치통감』 등의 사료를 보더라도 항우가 정예병 3만 명으로 유방의 56만 대군을 격파했다고만 기록되어 있지, 항우의 부대가 구체적으로 어떤 병과兵科로 구성되었는지는 나와 있지 않다. 하지만 팽성대전을 다룬 여러 사료를 검토해 보면 항우가 기병을 이용한 장거리 기습을 감행했을 개연성이 높다. 그 까닭은 다음과 같다. 첫째, 본문에서도 언급했듯이 항우의 팽성 기습 경로는 기병 기동에 매우 적합한 지형이었다. 둘째, 유방의 팽성 입성과 팽성대전의 발발 시점이 모두 기원전 205년 4월인데, 유방이 팽성 입성 후 매일 술판을 벌이기까지 했음을 고려하면 항우의 팽성 기습이 매우 빠른 속도로 이루어졌음을 추측할 수 있다. 셋째, 아무리 항우가 뛰어났다 한들 보병 위주의 부대로 병력이 스무 배가량 되는 한나라 군대를 궤멸시킨다는 것은 현실적으로 불가능에 가까운 일이다. 넷째, 팽성대전 직후에 서초는 대규모의 기병으로 한나라를 공격했고 이 때문에 유방은 기병 전술에 능한 관영을 책임자로 삼아 기병 양성에 주력했다. 즉, 항우는 팽성대전 당시에 이미 대규모의 기병을 보유하고 있었다는 것이다. 이로 미루어 보건대 항우의 팽성 기습은 정예 기병 부대로 이루어졌을 것으로 사료된다.
*** 수수 또한 화이허강의 지류로, 팽성이 교통의 요지로 자리매김하는 데 큰 영향을 준 고대 중국의 수운 교통로이다.

분위기가 잠잠해졌을 때 기회를 봐서 고향으로 돌아가거나 패잔병들이 수습되기를 기다릴 수 있었을지도 모른다. 후삼국시대에 공산 전투에서 참패한 태조 왕건도 오늘날 대구광역시 주변에 펼쳐진 산 속에 몸을 숨겨 고려로 돌아가지 않았던가. 그런데 탁 트인 영벽 일대는 패주하는 제후 연합군 병사들에게 몸을 숨길 곳이 없는 지옥과도 같은 장소였다.

항우는 서초의 정예군을 지휘하며 영벽의 개활지에서 지휘 체계가 무너져 오합지졸로 전락한 수많은 제후 연합군 패잔병을 사냥하듯이 몰아붙였다. 팽성에서 남쪽으로 탈출하면서 사수와 곡수, 그리고 구릉지로 인해 빚어진 체증 때문에 가뜩이나 진이 빠질 대로 빠졌을 제후 연합군 병사들은 영벽의 개활지대에서 더더욱 비참한 사냥감 신세로 전락했다. 수많은 제후 연합군 병사들이 서초 군사들의 창칼에 죽어나갔다. 요행히 살아남은 패잔병들에게는 수수라는 또 다른 장애물이 기다리고 있었다. 고향을 짓밟은 침략자들을 살려서 보내지 않겠다는 노기등등한 서초 군사들과 수수의 강물 사이에 낀 패잔병들에게는 속절없이 죽을 운명만이 기다리고 있었다. 무려 10만 명의 제후 연합군 병사들이 수수에 빠져 죽는 바람에 수수는 흐르지 못할 지경까지 이르고 말았다.

유방은 그래도 운이 좋았다. 서초군에 포위되기까지 했던 유방은 때마침 불어온 돌풍으로 잠시 서초군의 진형이 흐트러진 덕에 간신히 포위망에서 빠져나올 수 있었다. 팽성에서 참패한 유방은 호위대조차 제대로 거느리지 못한 채 도주했다. 그나마 하후영이 모는 마차를 탈 수 있었던 점이 다행이라면 다행일 정도였다. 하후영은 마침 전장에 낙오되어 있던 유방의 장남이자 훗날 한나라 제2대 황제

팽성대전 당시 서초군의 제후 연합군 추격 경로

혜제로 즉위하는 유영劉盈(기원전 210~기원전 188, 재위 기원전 195~
기원전 188)과 장녀 노원공주魯元公主(?~기원전 187)를 마차에 태워
도주했다. 그런데 이 과정에서 유방이 보인 행각이 말 그대로 가관
이었다. 서초군이 추격해 오자 유방은 두 아들딸 때문에 마차가 무
거워져 도주하는 데 방해가 된다며 그들을 마차 밖으로 밀어내려
했다. 기가 막힌 하후영이 급히 마차를 세우고 유영과 노원공주를
태웠지만, 유방은 그 같은 패륜적인 행각을 거듭했다. 심지어는 칼
을 빼 들고 하후영을 위협하기까지 했다.

"이놈의 자식아! 도망가기도 바쁜 마당에 애새끼들 챙기다가 이 어
르신까지 초나라 잡놈들에게 잡히게 생겼다. 잘못하다가는 붙잡혀

서 목이 날아가게 생겼는데 이 무슨 지랄이고 발광이냐! 계속 이러면 네놈을 베어버리겠다."*

보다 못한 하후영이 유방을 향해 일갈했다.

"상황이 매우 급하다고는 하나 재촉한다고 더 빨리 달릴 수도 없거늘, 어찌하여 자식까지 버리려 하나이까![33]

마부 출신으로 기마술과 마차 모는 일에 달인이었던 데다 위급한 상황에서도 침착함을 잃지 않았던 하후영 덕분에 유방과 그의 두 자녀는 목숨을 건질 수 있었다. 하지만 유방의 아버지 유태공과 정실부인 여치는 결국 항우에게 포로로 잡히고 말았다.

지리적 발판을 잃은 유방

계속해서 세력을 키워가며 승승장구하던 유방에게 팽성대전은 치명적인 재앙으로 다가왔다. 유방 자신은 무사히 전장을 벗어날 수 있었지만 56만 제후 연합군은 제대로 싸워보지도 못하고 말 그대로 궤멸하고 말았다. 제후 연합군에 한漢나라 외에도 한韓나라, 위나라,

---

* 『사기』『한서』『자치통감』 등에 이때 유방이 두 자녀를 마차 밖으로 쫓아내려다 하후영의 만류로 그러지 못했다고 기록되어 있으며,『한서』와『자치통감』에는 심지어 유방이 자신을 만류하는 하후영을 칼로 베려 했다는 기록까지 나와 있다. 이 대목은 이러한 기록을, 욕설을 잘하고 입이 거칠었던 유방의 면모를 살려 대화체 형식으로 재해석한 것이다.

초한전쟁

조나라 등의 군대가 포함되어 있었겠지만, 아무래도 그 주력은 한漢나라군이었을 가능성이 크다. 무엇보다 사수와 곡수, 그리고 수수에 빠져 죽은 군사만 각각 10만 명에 달했다는 『사기』『한서』『자치통감』 등의 기록은 팽성대전에서 한漢나라가 감당하기 어려울 정도로 막심한 병력 손실을 입었음을 말해준다. 병력을 충원하고 부대를 재정비해 전투를 이어가는 것 자체가 불가능했을 정도로 심각한 손실이었을 것이다.

게다가 다른 사람도 아니고 유방의 아버지 유태공과 정실부인 여치가 항우에게 사로잡히고 말았다. 유방은 약점까지 제대로 잡힌 셈이었다. 그나마 주요 장수들을 잃지 않아 다행이었다. 옛 은왕 사마앙이 목숨을 잃기는 했지만 번쾌, 한신, 관영, 조참, 하후영, 왕릉 등 한나라의 주요 장수들은 팽성대전에서의 참패에도 불구하고 목숨을 구했다. 팽성대전으로 인해 유방이 입은 깊은 상처는 군사적 측면에만 국한되지 않았다. 팽성대전에서 유방이 참패함으로써 여러 제후가 한漢나라와의 동맹에서 이탈하고 서초 편으로 전향했다. 우선 애초부터 항우의 측근이었던 새왕 사마흔과 적왕 동예가 팽성대전을 계기로 서초에 항복했다. 새나라와 적나라야 그 영토가 이미 한漢나라의 군현이 되었기 때문에 이들의 항복은 그나마 상대적으로 타격이 덜했다. 하지만 팽성대전 직후인 기원전 205년 4월에 대왕 진여가 한漢나라로부터 등을 돌렸다. 진여는 대나라를 다스리는 제후였을 뿐 아니라 조나라의 실세였기 때문에 그의 전향은 한漢나라가 조나라 영역 전체에 대한 영향력을 상실했음을 의미했다. 게다가 5월에는 위왕 위표까지도 노모의 병환을 핑계로 한漢나라와의 동맹을 파기하고 서초 측으로 전향했다.

이는 삼진三晉을 발판 삼아 동쪽으로 나아가려던 유방의 전략을 크게 어그러뜨렸다. 그나마 한왕韓王 신이 팽성대전 이후에도 유방의 곁을 지켰다. 항우가 한성을 멋대로 살해함으로써 한韓과 서초 사이에 돌이킬 수 없을 정도로 골이 파인 데다, 한왕 신이 장량의 추천으로 한왕韓王에 오른 인물인 만큼 항우에게 전향하기는 어려웠으리라. 팽성대전에서의 참패로 인해 유방은 삼진三晉 중부와 북부를 상실한 채 한韓나라만을 간신히 장악할 수 있었다.

위나라가 서초 측으로 넘어가고 조나라 역시 한漢나라와의 동맹 관계를 단절함으로써 한漢나라는 서초 공략의 지리적 교두보를 잃었을 뿐만 아니라 삼진三晉 북부를 통한 서초의 위협에 노출되었다. 이처럼 팽성대전을 계기로 유방과 한漢나라는 일거에 수세에 몰렸다. 유방은 의제 시해에 대한 징벌을 명분 삼아 서초를 토벌하고 천하를 쟁취하기는커녕 대규모의 병력을 잃은 채로 동맹 세력의 이탈을 수습하고 동시에 항우의 공격을 막아야 하는 바람 앞의 등불과도 같은 상황에 부닥쳤다.

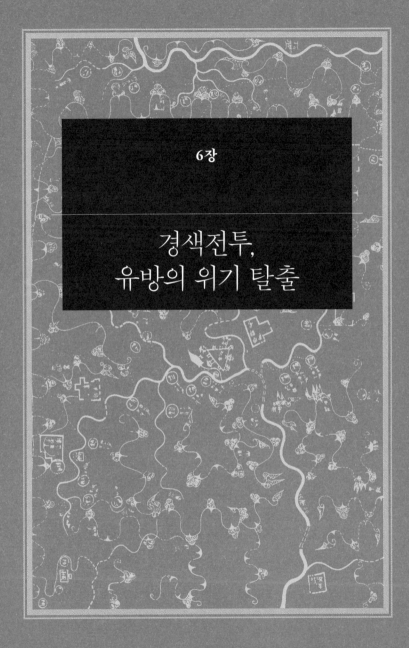

6장

경색전투,
유방의 위기 탈출

항우는 유방의 전력을 궤멸시켜 놓고도
서초 주변의 땅을 통제하지 못해
한나라를 완전히 고사시킬
절호의 기회를 놓치고 만다.

1

형양·성고 전선의 형성

진승·오광의 난으로 건국된 장초는 진나라를 멸하고 장초의 천하를 세우기 위해 중국 전역으로 대규모 원정을 시행했지만, 진나라 최후의 명장 장한의 공세에 연패를 거듭하며 불과 수개월 만에 멸망하고 말았다. 장초에 이어 위나라를 멸망시키고 육국을 상대로 승승장구를 거듭하던 그 장한 또한 거록대전에서 항우에게 참패한 뒤결국 항복했다. 그리고 장한의 항복은 진나라의 멸망으로 이어졌다. 팽성대전 직후 유방이 처한 상황이 바로 이와 같았다. 유방은 팽성에서 넋 놓고 술판이나 벌이다 고작 3만 명에 불과한 서초군에 수십만 명에 달하는 군사를 잃었을 뿐만 아니라 아버지 유태공과 정실부인 여치를 항우에게 빼앗기고 말았다. 그리고 애써 포섭한 삼진三晉의 여러 제후에 대한 영향력마저 잃어버림으로써 지리적으로도 불리한 처지에 놓이게 되었다.

유방이 처한 절체절명의 위기는 항우에게는 절호의 기회였다. 팽성에서 대승을 거둔 기세를 몰아 과거 거록대전에서 그랬듯이 유방을 추격하고 한나라에 계속해서 치명타를 가한다면 분명 유방의 숨통을 끊을 수 있을 터였다. 그렇게 된다면 항우는 자신의 권력을 위협하는 최대의 적을 제거하고 천하의 지배자가 되는 것이었다.

진승·오광의 난을 기회로 군사를 일으켜 진나라 말기의 정치적, 지리적 혼란상 속에서 천하를 도모하는 거대 세력의 지도자로 부상한 유방과 항우는, 팽성대전을 계기로 본격적인 군사적 충돌을 시작했다. 그리고 유방은 형양에서 패잔병을 수습한 뒤 추격해 오는 서초군과 나라의 명운이 걸린 싸움을 준비했다.

형양을 사수하라

팽성에서 구사일생으로 탈출한 유방은 팽성에서 서쪽으로 약 100 킬로미터 떨어진 하읍下邑(오늘날 허난성 샹추시 샤이夏邑현)까지 도주했다. 하읍에는 다행스럽게도 여치의 오빠로 유방의 매제 되는 인물인 여택呂澤(?~기원전 198)이 군대를 주둔시키고 있었다. 여택 덕분에 유방은 도망자 신세에서 벗어나 패전을 수습하고 여유를 찾을 수 있었다. 그리고 유방에 이어 한신, 번쾌, 조참, 관영, 근흡 등의 여러 장수들과 팽성에서 목숨을 부지한 한나라의 패잔병들도 하읍에 몰려들기 시작했다.

하지만 하읍은 오래 머무를 장소가 못 되었다. 팽성과의 거리가

지도의 범례:
- 유방의 퇴각로
- 근흡의 포진관 장악 경로
- 조참, 관영, 근흡의 반란 진압 경로
- 조참의 우영 정벌 경로

50km

팽성대전 이후 유방의 퇴각 및 반란 진압 경로

100킬로미터 정도에 불과한 데다 방어에 도움이 될 만한 지형지물도 없었기 때문에 하읍에 계속 머무르다가는 항우에게 꼬리를 잡힐 위험이 컸다. 하읍에서 군사를 정비한 유방은 일단 옛 영지였던 탕군으로 진영을 옮긴 뒤, 우현虞縣(오늘날 허난성 상추시 위청虞城현)을 거쳐 형양으로 향했다. 그런데 이때 우현과 형양을 잇는 길목에 있는 외황, 옹구 일대에서 왕무王武와 위공魏公 신도申徒가 반란을 일으켰다. 유방은 자칫 반란군과 서초군 사이에서 포위될 위기에 처했다. 하지만 조참, 관영, 근흡 등이 반란을 조기에 진압하고 외황과 옹구를 점령함으로써 유방은 형양으로 무사히 이동할 수 있었다. 팽성대전이 일어난 다음 달이었던 기원전 205년 5월에 일어난 일이다. 유방은 형양과 성고를 서초군의 공세를 방어할 거점으로 삼았다.

조참과 근흡은 왕무와 위공 신도의 반란군을 격파한 뒤 군사를 각각 남쪽과 서쪽으로 돌려 서초군의 진격로를 차단했다. 우선 조참은 곤양昆陽과 섭葉(오늘날 허난성 핑딩산平頂山시 셰葉현 일대)에서 한漢나라의 장수로 있다가 팽성대전을 계기로 서초에 전향한 인물인 우영羽嬰(?~?)을 격파하고 그 일대를 장악했다. 근흡은 형양 북서쪽에 위치한 황허강 유역의 관문 포진관蒲津關으로 진격해 반란군을 진압하고 포진관 서안 일대를 장악했다.

곤양과 섭은 유방이 초 회왕의 탕군장 시절 관중의 남쪽 관문인 무관으로 진격할 때 통과했던 완 근처에 위치한 지역이다. 다시 말해 우영을 비롯한 서초군이 곤양, 섭을 장악했다면 과거 유방이 그랬듯 서초군도 무관 방면으로 우회해 관중을 공략할 수 있었다는 것이다. 포진관 역시 매우 중요한 곳이었다. 과거 사마앙이 조나라 장수였던 시절 포진관을 돌파해 유방보다 빨리 관중에 입성하기 위해 황허강 도하를 시도한 적이 있다. 이러한 사례에서 볼 수 있듯 조참과 근흡이 평정한 지역은 서초군이 관중과 형양을 기습하는 데 활용할 수 있는 요지였다. 이처럼 조참과 근흡은 유방이 형양에 거점을 확고하게 구축하고 관중을 온전히 장악할 수 있도록 관중으로 통하는 관문과도 같은 지역을 확보함으로써 서초와의 전쟁에 있어 중대한 업적을 세웠다. 그리고 이들의 이와 같은 활약은 후술할 경색전투에서의 승리로 이어지게 된다.

유방이 군사를 주둔시킨 형양은 황허강에 인접하며 낙양 및 중국 동부의 평야지대와도 이어지는 중원의 요지였다. 그런데 형양의 서쪽과 남쪽에는 해발 400~500미터 정도의 산지가 분포한 반면 동쪽 지역은 개방되어 있었다. 서초가 한나라의 동쪽에 위치함을 고려하면, 서초군의 형양 공격은 형양 동쪽에서부터 이루어질 수밖에 없었다. 형양의 남쪽이나 서쪽 방면은 거리가 먼 데다 산지까지 분포했고, 북쪽을 통해 공격하려면 황허강을 건너야 했기 때문이다. 여기서 지형만 놓고 본다면 형양까지 과감히 포기하고 성고와 낙양을 최전선으로 삼는 것이 차라리 낫지 않았을까 하는 생각이 들 법도 하다. 대체 왜 유방은 동쪽이 뚫려 있어 방어에 유리하지도 않은 형양을 사수하려 했을까?

형양의 북쪽에는 오창敖倉이라는 진나라의 대규모 곡식 창고가 있었다. 진나라는 전쟁이나 천재지변에 대비해 대규모의 곡식 창고를 설치했다. 황허강 변의 광무산廣武山 기슭에 있는 오창은 황허강의 수로를 이용해 곡식을 운반하기 용이했던 데다 광무산이 도적이나 외적의 침입 및 황허강의 범람을 막아주었기 때문에 곡식 창고가 입지하기에 좋은 조건을 갖추고 있었다. 그리고 비교적 평탄하고 개방된 지형이 펼쳐진 오창 남동쪽에는 황허강의 지류인 변수汴水까지 흘렀다.* 변수 역시 관중으로 이어지는 수로이자 침입자의 접근을 차단하는 천연 장애물이었다. 즉, 오창에 저장된 막대한 양의 곡식은 전쟁을 지속하는 데 필수적이었고, 오창을 확보하려면 형양을 반드시 지켜야만 했던 것이다.

그뿐만이 아니었다. 유방은 이미 일개 제후를 넘어 항우와 중국의 패권을 겨루는 군왕이었다. 팽성대전에서 참패했다고 해서 관중으로 후퇴한 뒤 함곡관이나 무관에만 의존한 채 세력을 유지할 수는 없는 처지였다. 만일 그랬다가는 항우에게 삼진三晉과 중원을 모두 내주고 관중과 파촉에 갇혀 몰락할 날만을 기다리게 될지도 모

---

* '변하汴河'라고도 불리는 변수는 수나라 시대에 이루어진 황허강과 양쯔강을 잇는 대운하의 건설로 인해 유로流路가 바뀌어 오늘날에는 형양 남동쪽을 따라 흐르지는 않는다.

를 일이었다. 그러므로 유방은 더더욱 형양과 성고를 지켜야 했다. 이는 낙양의 위치와도 관계가 깊다. 성고는 낙양의 동쪽에 인접해 있었다. 관중과 더불어 고대 중국의 중심지였던 낙양은 교통이 편리할 뿐 아니라 인구가 많고 경제적으로도 부유했다. 형양을 버리고 성고에 최전선을 형성한다면 낙양이 전화戰禍에 휩싸일 가능성이 컸다. 그리고 만에 하나 낙양이 함락되기라도 한다면 항우에게 함곡관과 무관, 나아가 관중을 공략당할 소지가 컸다. 낙양의 함락이, 힘든 상황 속에서도 유방을 지지하며 유방과 삼진三晉을 이어주던 한韓의 함락으로 이어지리라는 사실은 두말할 필요도 없다. 이 때문에 유방은 낙양을 사수함은 물론 최대한 낙양을 안전하게 보전해야 했다. 그러다 보니 유방에게 형양은 더더욱 놓칠 수 없는 요지 중의 요지가 될 수밖에 없었다.

비 온 뒤 굳는 땅

형양과 성고를 한나라의 최전선으로 정한 유방은 서초군을 격퇴하기 위한 준비에 착수했다. 유방이 형양을 근거지로 삼고 방어 태세를 굳히기 시작할 무렵, 대장군 한신이 한漢나라의 잔존 병력을 이끌고 형양에 합류했다. 한 사람의 장수와 병사가 아쉬웠던 유방에게 한신의 합류는 가뭄 속 단비와 같았다. 적지 않은 군사들이 보충되었을 뿐만 아니라 서초군에 맞서 형양 방어전을 지휘할 대장군 한신까지 무사히 합류했기 때문이다. 한신은 군사를 지휘, 통솔하는 능력에서는 한나라에서 따라올 자가 없는 명장이었다. 기가 죽은 군사들을 격려하고 기세가 오를 대로 오른 서초군과 맞서 싸우는 임무를 맡기기에는 더할 나위 없는 장재將材였다.

유방은 한나라군의 약점을 보완하기 위한 노력도 게을리하지 않았다. 한나라군의 약점이란 바로 기병 전력이었다. 기병의 기동력과 전투력은 보병을 월등히 압도한다. 숙련된 기병대라면 몇 배나 많은 병력의 보병대를 상대할 수 있을 뿐 아니라 우세를 점할 수도 있다. 그랬기에 항우는 평소 정예 기병을 충실히 양성해 두었고, 덕분에 팽성에서 스무 배나 많은 제후 연합군을 완파할 수 있었다. 반면 항우보다 출신도 한미하고 세력을 키운 시기도 늦었던 유방은 정예 기병을 양성할 기회가 부족했을 것이다. 당장에라도 기병대를 조직하지 않으면 유방과 한나라군은 형양에서 또다시 서초의 기병대에게 유린당할 위험이 컸다.

유방은 기병대 창설을 위해 옛 진나라 기병 출신이었던 교위 이필李必(?~?)과 낙갑駱甲(?~?)을 기병 지휘관으로 임명하려 했다. 이필과 낙갑은 오랜 기간 기병을 지휘하며 실전 경험을 쌓은 인물이었기 때문에 부하들도 이 두 사람을 기병 지휘관으로 추천했다. 그러나 두 사람은 자신들이 진나라 출신이라는 이유로 유방의 제안을 고사했다.

"소신은 본래 진나라의 백성이었던 고로 군사들이 신을 믿고 따르지 못할까 걱정스럽사옵니다. 대왕께옵서는 기마술에 능한 장수를 택하신 다음 소신이 그 장수를 보좌하도록 해주시기를 바라나이다."[34]

이에 따라 유방은, 초 회왕 밑에서 탕군장으로 있으면서 세력을 확장하기 시작하던 무렵 영입한 관영에게 중대부中大夫 벼슬을 내려 낭중기병郎中騎兵*의 지휘를 맡겼다. 관영은 이필, 낙갑보다 나이도 적고 비단 장수 출신이라 군 경력도 짧았지만 유방 휘하에 들어온 뒤 삼진三秦 정벌의 선봉에 서는 등 눈에 띄게 많은 무공을 쌓은 장수였다. 게다가 관영은 한나라의 여러 용장 가운데 특히 기마술이 두드러질 정도로 뛰어났다. 유방은 이를 고려해 관영을 기병대 창설 및 지휘 책임자로 발탁하고, 이필을 좌교위左校尉, 낙갑을 우교위右校尉로 삼아 관영을 보좌케 했다.

유방이 팽성에서 참패하자 후방을 지키고 있던 소하도 패배를 수습하고 최전방인 형양·성고 전선의 전력을 증강하기 위한 조치를 취했다. 유방이 형양에서 방어 태세를 갖추었다고는 하나 서초의 추격을 막아내기에는 여전히 부족함이 많았다. 패잔병을 모으고 재정비한다 한들 팽성대전 이전의 병력 규모에는 크게 미치지 못했기 때문이다. 이 때문에 소하는 원래 같았으면 군사로 소집하지 않았을 미성년자와 노약자까지 징발해 형양으로 보내주었다. 폭정으로 볼 소지가 있는 조치였지만, 한나라가 처한 상황이 그만큼 바람 앞의 등불과 같았다. 나라가 위기에 처해 학도병까지 전장으로 내몰린 모양새였다.

---

* 낭중기병이란 진나라 황실의 근위 업무를 맡던 낭중령郎中令 소속의 기병이란 뜻이니, 근대 서양에서 최정예 전력에 해당했던 근위기병사단 정도의 위상으로 이해할 수 있다. 다시 말해서 정예 중의 정예부대였다는 뜻이다.

형양에서 막아낸 서초패왕의 불길

항우는 팽성대전의 승리에 절대 만족할 수 없었다. 만족해서도 안 되었다. 비록 팽성을 되찾고 위나라와 조나라를 한나라로부터 이탈시키며 한나라의 군사력을 크게 약화시켰다고는 하나, 한나라가 여전히 건재했기 때문이다. 한나라는 팽성대전 이후에도 관중과 파촉, 한중, 한韓을 장악하고 있었다. 게다가 한왕은 유방이었다. 파촉에 가두어둔 지 고작 몇 개월 만에 삼진三秦을 탈환하고 삼진三晉으로까지 세력을 넓혀 서초를 위협했던 유방이 아니었던가. 추격을 계속해서 유방을 제거하고 한나라의 군사력을 완전히 무력화해야만 했다. 서초군은 제후 연합군, 그중에서도 한나라군의 패잔병을 쫓아 서쪽으로 진격을 계속했다.

그런데 이때 제나라가 또다시 항우의 발목을 잡았다. 팽성대전 덕택에 한숨 돌리는 데 성공한 전횡은 병력을 수습한 뒤 전영의 아들 전광田廣(?~기원전 204)을 제왕으로 옹립했다. 도를 넘은 잔혹 행위로 전영을 제거하고도 제나라를 온전히 장악하지 못했던 항우는, 팽성대전을 치르느라 제나라 전선을 사실상 방기放棄하면서 결과적으로 제나라의 부활을 허용하고 말았다. 이 같은 상황으로 인해 항우는 팽성대전 이후 유방을 추격하는 데 전력을 다하지 못했을 가능성이 크다. 아무리 항우의 군사적 재능이 출중하고 서초의 군사력이 압도적으로 강했다 한들 후방의 위협을 두고 한나라군 추격에 전력을 쏟을 수는 없었을 것이다. 『사기』『한서』『자치통감』 등의 사료에는 팽성대전 이후 한나라군 추격을 항우가 직접 지휘했는지 아니면 다른 부하 장수에게 맡겼는지에 대한 분명한 언급이 없다. 하지만 후술할 경색전투의 정황을 살펴보면 항우가 팽성대전 이후 한나라군 추격을 직접 지휘하지 않았을 가능성이 크다. 그리고 실제로 항우가 추격에 참여하지 않았다면 그 까닭은 팽성의 안정화, 그리고 전횡과 전광의 제나라 통일과 절대 무관하지 않을 것이다.

서초의 추격 부대는 한나라군이 집결한 형양을 향해 진격했다. 하지만 형양의 한나라군은 팽성대전 당시의 오합지졸이 아니었다. 유방과 한신은 형양에서 군대를 재정비하며 한나라군을 서초군과 맞서 싸울 수 있는 강군으로 탈바꿈시켜 놓았다. 소하가 관중을 잘 다스려준 덕분에 현실적으로 가능한 수준 안에서 병력의 증강과 물자의 보충도 이루어졌다. 게다가 관영과 이필, 낙갑이 지휘하는 한나라의 정예 낭중기병도 서초 기병과의 결전을 벼르고 있었다.

기원전 205년 6월 한나라와 서초는 형양에서 격돌했다. 한나라군의 총사령관은 한신이었고 관영은 낭중기병을 인솔해 서초의 추격 부대를 요격하는 임무를 맡았다. 한신과 관영은 형양 남쪽에 있는 경현京縣과 색정索亭(오늘날 허난성 싱양시 남동부)에서 서초군을 상대로 승리를 거두었다. 이 전투를, 주요 전장이었던 경현과 색정의 앞 글자를 따서 경색전투京索之戰라 부른다. 경색전투로 인해 한나라군의 패주는 형양에서 멈추었고, 서초군은 한나라군을 더 이상 서쪽으로 몰아내지 못했다. 장한에게 연패하며 순식간에 와해된 장초나 거록에서의 참패를 극복하지 못하고 멸망한 진나라와 달리, 유방은 경색전투를 통해 팽성대전의 참패를 극복하고 서초와의 전쟁을 이어갈 힘을 얻을 수 있었다.

만약 이때 항우가 병력을 증원해 형양 방면에 대대적인 공세를 지속적으로 가했다면 초한전쟁의 양상은 달라졌을지도 모른다. 하

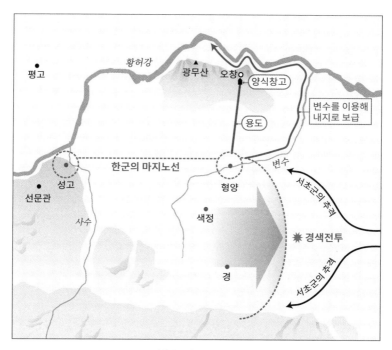

경색전투의 지리적 배경

지만 항우는 그러지 못했다. 제나라 문제도 있었거니와, 이 무렵 구강왕 영포가 유방에게 포섭되는 바람에 항우는 형양 방면에 전력을 집중할 여력이 더욱 없어졌다. 항우는 팽성대전으로 유방의 전력을 궤멸시켜 놓고도 서초 주변의 땅을 통제하지 못해 한나라를 완전히 고사枯死시킬 절호의 기회를 놓치고 말았다. 그러는 동안 유방은 형양을 한나라의 최전방 거점으로 변모시켰다. 유방은 정예군을 형양에 주둔시켜 오창을 보호하고 서초를 견제하도록 했다. 그런 한편으로 오창과 형양을 잇는 용도를 건설해 오창의 군량을 효과적으로 수송할 수 있도록 조치했다. 용도를 통해 형양으로 옮겨진 군량은 현지에서 소비되거나 변수와 황허강의 수로를 따라 관중으로 운반되었다. 이러한 점에서 형양은 초한전쟁이 한과 서초의 국력을 다한 총력전의 양상으로 전환되는 데 그 지리적 배경이 된 장소라고 할 수 있다.

2

풍전등화의 상황에서
유방이 놓은 신의 한 수

경색전투를 통해 유방은 간신히 위기를 수습했지만, 결코 마음을 놓을 수 있는 상황이 아니었다. 팽성대전은 서초의 군사력이 상상 이상으로 막강했음을 확인시켜 주었고, 여기서 한나라가 입은 손실은 결코 하루아침에 회복될 만한 정도가 아니었다. 서초가 형양에 파상 공세를 대대적으로 이어간다면 형양과 오창도 결국 내줄 수밖에 없는 형편이었다. 게다가 앞에서 살펴보았듯이 형양에는 함곡관과 같은 천혜의 요새나 천연 장애물도 없었다. 이러한 상황 속에서 유방은 어떤 결단을 내렸을까?

위기에 몰린 유방의 지리적 뒤통수치기

이야기를 잠시 후삼국시대로 돌려보겠다. 후백제의 견훤이 신라의 도읍인 서라벌을 침공하자 고려 태조 왕건은 신라의 구원 요청을 받아들여 대규모의 구원군을 보냈다. 대구광역시 북쪽에 인접한 경상북도 군위軍威군의 지명이 이때 고려군이 보여준 위풍당당한 진용에 기원한다고 하니 그 규모와 위세가 대단했으리라. 하지만 고려군은 대구 북쪽에 있는 팔공산에 매복해 있던 후백제군의 기습을 받아 전멸했고, 왕건은 신숭겸(?~927)*을 비롯한 여러 장수와 군사들의 희생 덕택에 맨몸으로 간신히 전장을 빠져나와 목숨을 건졌다. 이처럼 왕건의 즉위 초기 고려는 후백제에 군사적으로 수세에 몰려 있는 상황이었다. 그런데 어떻게 왕건은 즉위 초기의 난국을 극복하고 후삼국을 통일할 수 있었을까?

물론 그 이유는 다양한 차원에서 찾아야 하겠지만, 무엇보다 고려가 전세를 뒤집고 후삼국시대를 통일할 수 있었던 배경에 바로 금성錦城(오늘날 전남 나주시 일대)이라는 도시가 있었다. 후삼국시대에 금성은 대중국 무역의 창구 기능을 하던 수운 교통과 교역의 중심지였다. 경제적, 전략적 요지였던 금성에는 해상무역을 통해 세력을 키운 강력한 호족 세력이 뿌리를 내리고 있었다. 게다가 견훤의 거병 초기 근거지였던 무진주(오늘날 광주광역시)와 바로 인접했고, 후백제의 도읍 완산주(오늘날 전북 전주시)와의 거리도 100킬로미터

---

* 팔공산에서 왕건이 후백제군에게 포위되자 왕건의 갑주를 대신 입고 미끼가 되어 시선을 끌다 장렬히 전사했다.

정도에 불과했다. 금성과 완산주 사이를 지나는 노령산맥은 태백산맥이나 소백산맥보다 규모도 작고 덜 험준하다. 게다가 금성은 후백제의 주적이었던 북쪽의 태봉이나 고려와는 반대 방향에 위치한다. 요컨대 후백제가 금성을 장악하지 못하고 외적에게 넘겨준다면 금성은 후백제의 뒤통수를 사정없이 내리칠 수 있는 커다란 위협이 될 소지가 컸다.

태봉의 궁예는 금성의 이 같은 전략적, 지리적 가치에 주목해 909년에서 914년 사이에 왕건이 지휘하는 대규모의 부대를 출병시켜 금성을 태봉의 영토로 삼았다. 왕건은 이때 금성의 호족들과 매우 긴밀한 관계를 맺었다.** 그 때문에 궁예가 축출되고 태봉이 무너진 뒤에도 금성은 고려 영토로 남았다. 그러다 보니 후백제는 태봉이 고려로 교체되고 공산전투에서 고려군이 참패하는 등 후백제에 유리한 상황이 조성되었음에도 고려에 전력을 다해 대대적인 공세를 펼칠 수 없었다. 고려를 침공하는 데 전력을 쏟아부었다가 배후에 있는 금성으로부터 기습을 받아 허를 찔리기라도 하면 후백제는 자칫 존립이 위태로워질 수 있었기 때문이다. 이러한 점에서 금성을 확보해 후백제를 견제한 왕건의 전략은 일종의 '지리적 뒤통수 치기'라고 할 수 있다.

후삼국시대 이야기는 이쯤에서 정리하고 초한전쟁으로 돌아가보자. 왕건이 후백제 배후의 세력을 활용해 후백제를 견제했듯이, 유방도 서초의 배후에 있는 세력을 활용해 서초를 견제했다. 덕분

** 왕건의 두 번째 왕후이자 고려 제2대 왕 혜종의 어머니인 장화왕후가 바로 이때 인연을 맺은 금성 호족의 딸이다.

에 유방은 경색전투에서 서초군을 격퇴하고 형양에 거점을 구축할
수 있었다. 유방이 선택한 서초 배후의 세력은 다름 아닌 한때 항우
의 최측근이었던 구강왕 영포였다.

도적패의 두목 노릇을 하다가 진승·오광의 난을 계기로 거병한
영포는 항량에게 합류하면서 항우와 안면을 텄다. 그 후 각지에서
항우와 더불어 전공을 세우며 항우의 최측근이 된 영포는 항우가
여러 잔혹 행위를 저지를 때 마치 행동 대장처럼 앞장서기까지 한
인물이었다. 일례로 영포는 항우에게 신안에서 진나라 군사들을 생
매장하자는 제안을 했을 뿐만 아니라 신안대학살을 주도하기까지
했다. 게다가 그는 항우의 명령을 받아 의제를 살해한 장본인이었
다. 그런 그였기에 항우에게 구강왕으로 봉해진 것이다.

그런데 대단히 긴밀한 듯 보였던 항우와 영포와의 관계 이면에는
허점이 자리 잡고 있었다. 애초에 영포는 항우의 부하라기보다는 동
맹자에 가까웠다. 아니, 사실 항우가 아닌 항우의 숙부 항량의 동맹
자였다. 이러한 점에서 항우에게 영포는, 처음부터 항량과 항우의
부하였던 범증, 용저, 종리말鍾離眛(?~기원전 201), 계포季布(?~?) 같
은 인물은 말할 것도 없고, 한왕韓王 정창이나 상산왕 장이 등 항우
가 봉한 제후들과도 조금 다른 인물이었다.

게다가 영포는 야심이 대단한 인물이었다. 일개 평민이었던 영포
는 젊은 시절 죄를 지어 그 죄명을 얼굴에 새기는 형벌인 경형黥刑을
받았다. 경형은 명예를 실추시켜 죄인을 사회적으로 매장하는 형벌
이었기 때문에 고대 중국에서는 사형과 궁형宮刑*에 못지않은 극형
으로 여겨졌다. 그런데 점쟁이로부터 형벌을 받은 뒤 왕이 될 관상
을 지녔다는 이야기를 들은 적이 있던 영포는 오히려 자신이 경형을

받았다는 사실을 자랑스럽게 여기며 얼굴의 경黥을 거리낌 없이 드러내놓고 다녔다. 영포가 '경포黥布'라는 이명으로 불리는 까닭은 바로 이 때문이다. 이처럼 왕이 될 거라는 점쟁이의 말을 듣고 얼굴에 흉측하게 새겨진 경마저 자랑스럽게 여길 정도로 야심이 강했던 영포는, 누군가에게 절대적으로 복종하거나 충성을 바칠 수 있는 인물이 아니었다.

이러한 영포를 제후로 봉했으니 둘 사이에 균열이 생기는 건 필연적인 일이었다. 18제후 체제는 기본적으로 봉건 체제였다. 영포는 서초패왕 항우를 모시는 제후이기는 했지만 자신의 영지인 구강에서는 사실상 왕이나 다름없었다. 그리고 애초에 영포는 항량의 동료였지 용저, 종리말 등과 같은 항우의 부하가 아니었다. 게다가 항우는 군사력을 바탕으로 여러 제후의 우두머리 격인 패왕霸王에 오른 인물이었지 황제가 아니었다. 그렇다 보니 영포는 구강왕에 오른 뒤로 항우에게 충성을 바칠 동기가 눈에 띄게 약해졌을 것이다. 아마 영포는 항우와 서초의 사정보다는 자신의 땅인 구강에서 왕 노릇을 제대로 하는 데 더 많은 관심을 가졌으리라. 기원전 204년 12월 항우가 제나라 반란을 진압할 때 영포가 질병을 핑계로 소극적인 지원만 해준 일도 이러한 맥락에서 이해할 수 있다. 다른 나라 일 때문에 손해를 보고 싶지는 않았을 것이다. 그리고 영포는 전투에 능한 데다 만만찮은 군사력까지 가진, 서초 배후에 있는 땅의 제후였기 때문에 항우도 그런 영포를 당장 벌할 수 없었다.

---

* 남성의 생식기를 제거하는 형벌로, 『사기』의 저자 사마천이 한 무제의 노여움을 사는 바람에 이 형벌을 받았다는 이야기가 유명하다.

유방은 이 같은 영포와 항우의 관계, 그리고 구강의 지정학적 가치를 충분히 이해하고 있었다. 팽성대전에서 패퇴한 뒤 패잔병을 수습하던 유방은 우현에서 신하들에게 아래와 같은 질문을 던졌다.

"이 몸을 위해 회남淮南* 땅에 사자로 가서 경포가 군사를 일으켜 서초를 배반케 할 수 있는 이는 없는가? 항왕을 제나라 땅에 몇 달 동안 붙잡아 둘 수 있다면 이 몸은 틀림없이 천하를 거머쥘 수 있으리라."[35]

그러자 외교 업무를 담당하는 알자謁者 벼슬에 있던 수하隨何 (?~?)가 영포를 설득하는 임무에 자원했다. 수하는 수행원 20여 명을 대동하고 구강의 도읍 육현六縣(오늘날 안후이성 루안六安시)으로 향했다. 서초의 배후에서 방패가 되어주던 구강이 흔들리기 시작하는 순간이었다.

육현에 도착한 수하는 박대를 받았다. 영포가 적대하는 세력의 수장인 유방의 사자였으니 당연한 일이었다. 수하는 무려 사흘이나 기다린 끝에 간신히 영포와 대면할 수 있었다. 수하는 항우와 영포 사이의 신뢰 관계에 이미 금이 갔다는 사실을 지적하며 영포를 설득했다.

---

* 당시 영포의 영지였던 구강 땅을 가리키는 말이다. 화이허강淮 남쪽南이라는 뜻의 '회남淮南'이라는 지명은 구강왕이었던 영포를 기원전 203년 유방이 회남왕으로 봉한 데서 생겨났는데, 『사기』를 비롯한 몇몇 사료의 그 이전 역사를 서술하는 대목에서 '회남'이라는 말이 종종 등장한다. 이는 전한기 인물인 사마천이 초한전쟁기의 역사를 기록하면서 영포의 영지를 회남이라고 이른 데 따른 것으로 보인다.

"대왕께선 항왕과 같은 제후 반열임에도 북쪽을 바라보며 신하로서 항왕을 섬기고 계시옵니다. 이는 서초가 강대하므로 나라를 의탁할 만하다고 여기심이 틀림없사옵니다. 항왕은 제나라를 정벌할 때 판축板築**을 짊어지고 군사들의 선봉에 섰사오니, 대왕께옵서도 회남의 무리를 모두 모아 그들을 지휘하며 서초군의 선봉에 서셨어야 하옵니다. 그런데 대왕께옵서는 그저 군사 4000을 보내셨을 따름이옵니다. 항왕를 북면하여 신종臣從하신다는 분께서 어찌 이러실 수 있사옵니까?"[36]

수하는 이처럼 영포와 항우의 관계가 애초부터 명분이나 의리가 아닌 이해관계에 토대하고 있으며, 항우의 제나라 토벌을 즈음해서 두 사람의 관계가 뒤틀리기 시작했음을 예리하게 지적했다. 이어서 수하는 비록 항우가 팽성에서 유방이 이끄는 제후 연합군을 상대로 대승을 거두기는 했지만, 정치적 명분이 한나라에 있음은 물론 전국이 서초가 아닌 한나라에 유리하게 흘러가고 있음을 역설하며 영포를 회유했다.

"대왕께서는 한나라가 약하다고 여기시기 때문에 서초를 배반하지 못하시옵니다. 서초의 군사가 비록 강대하다고는 하오나 맹약을 깨뜨리고 의제를 시해한 서초의 의롭지 못한 이름에 천하는 등을 돌렸사옵니다. 항왕이 싸움에 이겨 스스로를 강하다고 여기며 교만을 떨지만, 한왕께옵서는 여러 제후를 모아 성고와 형양을 새

** 흙으로 담장이나 성벽 등을 쌓을 때 쓰는 연장을 말한다.

로이 방어하면서 파촉과 한중에서 군량을 실어 오고 해자垓子를 깊이 파고 성벽을 쌓은 뒤 군사를 나누어 변방과 성채를 지키게 하고 있사옵니다. 서초에서 또다시 출병하더라도 옛 양梁나라 땅*을 사이에 두고 800~900리나 쳐들어와야 하는 까닭에 싸우려 해도 싸우지 못하고 성을 공략할 수도 없으며 노약자를 시켜 1000리나 떨어진 곳으로 군량을 운반케 해야 할 정도이옵니다. 서초의 군사가 어찌어찌 형양과 성고에 다다른다고 하더라도 한나라가 그곳을 굳게 지키며 움직이지 않는다면 전진해 본들 공격하지 못할 것이요, 물러난다고 하더라도 뾰족한 수를 얻지 못할 것이옵니다. 그런고로 서초의 군사는 믿을 만한 군사가 아니옵니다. 설령 서초가 한나라를 이긴다 한들 제후들은 스스로 두려움을 느껴 서로를 구원하려 할 것이니, 서초의 강대함은 그저 천하의 군사들에게 공격받기 좋을 따름이옵니다. 그러므로 서초의 힘은 한나라에 미치지 못하며, 그 형세는 어렵사리 간파할 수 있사옵니다. 소신은 지금 대왕께옵서 모든 면에서 온전한 한나라의 편에 서는 대신 망조가 보이는 서초의 편에 서 계심이 그저 의아할 뿐이옵니다. … 대왕께옵서 몇 달만 항왕을 붙잡아 두실 수 있다면 한나라의 천하 제패는 한 치 오차도 없이 성사될 것이옵니다. 소신은 대왕께 군사를 이끌고 한나라에 귀부하시길 청하나이다. 그리하오면 한왕께옵서는 반드시 땅을 나누어 대왕을 왕에 봉할 것이옵니다. 대왕은 회남 땅을 반드시 보전하실 것이오며 그 외의 땅을 얻으실 수도 있나이다."[37]

---

* 오늘날의 카이펑 일대를 말하며 옹구, 외황, 진류 등이 여기에 속한다.

수하는 이처럼 항우의 정치적 정당성 결여에 따른 문제점을 지적하는 동시에, 관중과 한중, 파촉을 확고하게 장악한 유방과 막강한 군사력에도 불구하고 서초 이외의 영역을 장악하지 못하고 있는 항우의 상황을 대조하며 눈앞의 전황과 달리 한나라가 서초보다 우위에 있음을 역설했다. 게다가 수하는 영포의 영지를 보장함은 물론 그 이상의 영지도 수여할 수 있다는 말을 통해 영포의 야심과 권력욕을 자극했다. 이러한 수하의 설득은 영포의 마음을 상당 부분 돌려놓는 데 성공했다.

일은 여기서 끝나지 않았다. 그 직후 수하는 영포에게 군사의 출병을 독촉하러 온 항우의 사자와 맞닥뜨렸다. 수하는 때를 놓치지 않고 상석에 앉은 다음 항우의 사자에게 영포는 이미 유방에게 귀부하기로 했다고 말했다. 수하의 말을 곧이곧대로 믿은 항우의 사자가 자리를 떠나자, 일이 더 커지기 전에 사자부터 죽이자는 수하의 꾐에 넘어간 영포는 항우의 사자를 살해하고 말았다. 수하의 대담하고 민첩한 행동도 돋보였지만, 이미 항우와 틈이 적지 않게 벌어져 있던 영포가 수하의 제안에 거의 넘어간 데 따른 결과이기도 했다.

결국 유방은 수하 덕분에 한때 항우가 가장 신뢰했던, 그로 인해 서초의 배후에 인접한 구강의 제후로 봉해진 영포를 포섭하는 데 성공했다. 그리고 영포가 한나라로 귀부한 사건은 초한전쟁의 판도에 중대한 영향을 미쳤다.

항우의 발목을 제대로 잡아버린 영포

영포가 수하에게 설득되어 항우의 사자를 살해하고 서초에 반기를 든 시점은 유방이 형양으로 퇴각한 기원전 205년 5월 무렵이었다. 영포의 반기는 항우에게도 큰 충격으로 다가왔다. 불과 몇 달 전만 하더라도 항우의 명을 받아 의제를 살해하는 데 앞장선 영포가 아니었던가. 이미 말했지만 구강은 서초의 배후에 위치했다. 항우로서는 적에게 돌아가면 안 되는 가장 위험한 지역이었기에 가장 믿을 수 있던 인물인 영포를 제후로 봉한 것이었는데, 그런 영포가 배신하여 서초의 뒤통수를 노리고 있으니 항우로서는 말 그대로 믿는 도끼에 발등을 단단히 찍힌 셈이었다.

항우는 즉시 용저, 항백, 항성項聲(?~?) 등에게 군사를 주어 영포를 토벌케 했다. 영포 토벌은 반년 동안이나 지속되었다. 영포는 항우가 측근으로 삼을 만큼 군사적 재능이 뛰어난 인물이었을 뿐만 아니라 구강 일대의 지리에도 매우 밝았다. 영포 휘하의 군사들도 용감무쌍한 정예병이었다. 하지만 수하의 말처럼 영포는 서초의 토벌군을 몇 달간 붙잡아 둘 정도의 힘은 가졌을지 몰라도, 서초의 군대와 정면으로 맞서 싸워 이길 만한 힘까지는 갖추지 못했다. 용저가 지휘하는 서초군의 공세를 버틸 수 없던 영포는 수하와 소수의 호위병만을 대동한 채 유방에게 향했다. 물론 휘하에 적지 않은 군사들이 있었지만 모두를 데리고 용저의 포위망을 뚫을 수는 없었기 때문에, 어쩔 수 없이 필마단기에 가까운 모양새로 유방에게 귀순하게 되었다. 기원전 204년 12월 영포는 그렇게 유방에게 항복했다.

구사일생으로 서초군의 포위망을 뚫고 유방을 만난 영포는 말문이 막혔다. 유방이 마치 과거 역이기를 처음 만났을 때처럼 겉옷을 풀어 헤친 채 시녀에게 발을 씻기는 모습 그대로 영포를 맞이했기 때문이었다. 무례하기 그지없는 행태에 실망한 영포는 자살할 마음을 품었다. 그런데 곧이어 자신에게 유방과 똑같은 수준의 침소, 의복, 식사, 시종이 제공되자 유방의 대우에 감읍하며 크게 기뻐했다. 유방은 항우는 물론 자신까지도 동격으로 여겼을 영포를 무례한 모습으로 대하며 일단 기를 죽여놓은 다음, 극진한 대우를 함으로써 영포의 마음을 살 수 있었다.

　유방은 영포라는 난세의 영웅을 얻는 데는 성공했지만 구강 땅을 당장 얻지는 못했다. 영포가 구강을 탈출해 유방에게 항복하는 사이에 항백이 영포의 군사들을 모두 흡수하고 구강 땅을 점령했기 때문이었다. 심지어 영포의 처자식은 모두 항백에게 목숨을 잃고 말았다. 수하의 말대로 유방을 위해 서초군을 반년 동안 구강에 붙잡아 두는 데 성공했지만, 영포는 그 대가로 자신의 나라와 군사는 물론 가족마저 모두 잃고 말았다. 유방의 장수가 된 영포는 기원전 203년 7월에야 회남왕에 봉해져 제후의 직위와 세력을 온전히 회복하게 된다.

　팽성대전 직후에 영포의 반란이 일어남으로써 서초의 전력은 분산될 수밖에 없었다. 영포가 서초의 발목을 붙잡는 동안 유방은 팽성대전의 참패를 수습하고 하읍에서 형양 방면으로 무사히 퇴각해 병력을 재정비할 수 있었다. 서초 병력의 상당수가 구강에 투입되면서 형양 방면에 투입된 서초군의 전력이 그만큼 약해진 결과였다. 앞서 언급한 영포의 군사적 재능과 구강의 위치, 그리고 무엇보다 구강 토벌이 반년 가까이 이어졌다는 사실을 고려하면 항우는 작지 않은 규모의 병력을 구강 방면으로 돌렸을 가능성이 매우 크다. 이러한 관점에서 보면 서초군의 서진을 멈추게 한 경색전투에서의 승리는, 한신과 관영의 뛰어난 군사적 재능뿐만 아니라 때마침 일어난 구강왕 영포의 반란이 함께 만든 결과라 할 수 있다.

3

관중으로 돌아가 내실을 다지다

경색전투로 눈앞의 불을 끄는 데 성공한 유방은 조참과 더불어 기원전 205년 6월 관중으로 향했다. 믿음직한 소하가 관중을 잘 다스리고 있었고 그 덕에 경색전투도 성공적으로 치를 수 있었지만, 기나긴 전쟁을 준비해야 했던 유방은 군주로서 패망의 위기에서 간신히 벗어난 한나라를 재정비하고 체제를 한층 공고히 하기 위해 한나라의 심장부인 관중으로 돌아갈 필요가 있었다.

한나라의 도읍이 된 약양

관중에 입성한 유방은 우선 장남 유영을 태자로 책봉했다. 그리고 태자로 하여금 새나라의 도읍이었고 춘추전국시대에 진나라의 도읍이었던 적도 있던 약양을 지키게 했다. 관중에 머물러 있던 제후의 자제와 가족 역시 약양으로 보내 태자를 보좌케 했다. 태자를 책봉한 유방은 대사면령을 내려 억울하게 죄인이 된 백성을 구제했다. 천지, 사방四方, 상제上帝, 산천에 제사를 지내는 일도 잊지 않았다. 유방은 제사를 담당하는 관리인 사관祠官에게 나라의 제사를 기일에 맞게 지내라는 명령을 내렸다. 이어서 관중의 병력을 동원해 변방을 수비하라는 명령도 내렸다.

유방은 이처럼 태자를 책봉하며 한나라의 체제를 한층 공고히 다졌다. 유방이 비록 한왕으로 봉해진 다음 의제의 제사까지 지내 정치적 정당성을 확보했다고는 하나, 한나라에는 아직 여러 군벌이 잔존했다. 유방이 뛰어난 지도력과 능력을 발휘해 한나라를 다스리고 있었지만, 만에 하나라도 유방에게 유고有故라도 닥친다면 한나라도 제나라처럼 후계자 문제로 내홍에 휩싸여 사분오열할 가능성이 있었다. 유방은 장남을 태자로 세우고 제후의 자제들이 태자를 보좌케 함으로써, 유방 개인의 카리스마에 좌지우지되던 한나라를 왕실의 계통이 확립된 국가로 만들었다.

유방의 관중행은 관중을 한나라의 후방 근거지로 거듭나게 했다. 또한 유방은 태자와 제후의 자제들에게 약양을 지키게 함으로써 약양이 관중의 실질적인 수도로 기능하게끔 만들었다. 관중이 비록 고대 중국의 중심지였다고는 하나 한나라의 중심 기능을 효과적으로 수행하게 하려면 수도를 정해서 제대로 통치할 필요가 있었다. 장안의 북동쪽에 인접한 약양은 웨이수이강 변의 관중분지에 위치한 데다 새나라와 진나라의 도읍이었던 만큼, 초한전쟁기 한나

라가 도읍으로 삼기에도 부족함이 없었다. 유방은 약양을 한나라의
실질적 도읍으로 삼음으로써 관중 땅에 대한 지배력을 강화할 수
있었다. 이로써 유방이 형양·성고 전선에 나가 서초군과 대치하고
있을 때도 관중은 태자를 중심으로 한나라의 근거지이자 도읍으로
서의 역할을 흔들림 없이 수행할 수 있게 되었다.

물에 잠긴 폐구성

항우와의 지난한 싸움을 이어가기 위해서 유방이 관중에서 반드시
마무리 지어야 할 일이 있었다. 바로 장한이었다. 옹왕 장한은 유방
이 삼진三秦 정벌을 시작한 기원전 206년 8월에 이미 대부분의 영지
를 잃고 폐구에서 포위되어 성안에 갇힌 신세가 되고 말았다. 하지
만 장한은 1년이 다 되도록 농성을 이어가고 있었다.

폐구성에 갇힌 장한의 전력은 장한이 옹왕 시절 거느렸던 수준
과는 비교할 수 없었다. 유방과 번쾌에게 거듭 패하다 폐구에 고립
된 것이기 때문에, 장한의 군사들은 사실상 패잔병 수준이었다고
보아야 할 것이다. 하지만 장한의 저력은 결코 무시할 수 없었다. 삼
진三秦을 평정하고 삼진三晉까지 진출할 정도로 세력을 키워가는 한
나라를 상대로 장한은 폐구성을 굳건히 지켜냈다. 거록대전과 유방
의 삼진三秦 정벌로 인해 거의 몰락했다고는 하나, 썩어도 준치라고
장한의 군사적 재능은 녹슬지 않았다.

항우와의 기나긴 싸움에 앞서 유방은 반드시 장한을 제거해야만
했다. 폐구성을 지키는 게 패잔병에 불과할지라도, 폐구성은 엄연히

관중의 한가운데 있는 성이었다. 가뜩이나 전방의 사정이 어려워 미성년자와 노약자까지 징발하는 마당에 후방, 그것도 한나라의 심장부라 할 만한 관중 안에 있는 적군을 그대로 내버려 둬서는 안 될 일이었다. 장한이 뛰어난 군사적 재능을 발휘해 관중에서 유격전을 벌이기라도 하면 한나라는 자칫 내부에서 무너질지도 모를 일이었다. 사실 오늘날의 특수부대도 이처럼 적 후방 깊숙이 침투해 사회기반시설이나 군사시설을 파괴하고 요인을 암살하며 사회에 불안을 초래하는 임무를 주로 맡는다. 이러한 특수부대를 규모가 작다고 무시해서는 절대로 안 되는 것처럼, 유방은 항우와의 기나긴 싸움을 이어가기 위해 장한을 반드시 제거해야 했다.

폐구성 함락은 쉬운 일이 아니었다. 장한은 고립된 상황 속에서도 무려 1년 가까이 농성을 이어간 명장이었고, 형양·성고 전선에서 서초군을 상대하기도 버거웠던 유방이었기에 폐구성 공략을 위해 한나라 군대의 주력을 동원할 수도 없었다. 이러한 상황에서 유방이 폐구성 함락을 위해 선택한 것은 바로 수공水攻이었다. 폐구 주변을 흐르는 웨이수이강 지류의 물길을 돌려 폐구성을 물에 잠기게 하는 방책이었다. 장한은 성 안에서 한나라군을 막아낼 힘은 갖고 있었지만 군사들을 이끌고 성 밖으로 나가 수공을 준비하는 한나라군을 쳐부술 힘은 없었다. 애초에 병력이 충분하지 못했고, 성벽 없이는 그 적은 군사들조차 지킬 수 없었다. 폐구성 안에 강물이 밀어닥치자 성안의 군사들은 물론 장한조차도 속수무책으로 당할 수밖에 없었다. 장한의 부하들은 물길에 휩쓸려 죽어갔고, 운이 좋은 자들은 목숨을 부지한 채 한나라 군사들에게 항복했다. 완전히 궁지에 몰린 장한은 결국 스스로 목숨을 끊었다. 유방이 관중으로 일시 귀환한 기원전 205년 6월에 일어난 일이었다.

폐구를 접수한 유방은 성벽을 완전히 허문 다음 폐구라는 지명을 '괴리槐里'로 개칭했다. 이로써 유방은 삼진三秦을 완전히 손에 넣었다. 기원전 205년 7월 유방은 옛 옹나라를 농서군隴西郡, 북지군北地郡, 중지군中地郡으로 재편했다. 이에 따라 항우가 18제후 분봉으로 만든 삼진왕 체제는 완전히 소멸했다. 18제후 체제는 물론 옛 주나라 봉건제의 흔적이 완전히 소멸하고 관중 땅이 온전한 한나라의 군현으로 바뀐 순간이었다.

7장

안읍전투, 위나라의 멸망

초한전쟁의 흐름을 완전히 뒤엎어 놓은,
동아시아 전쟁사에 위대한 전설이 된
북벌의 막이 오른다.

1

북벌의 서막

유방은 경색전투와 영포 포섭을 통해서 팽성대전의 참패를 수습하고 군대와 국가의 기반을 재정비할 수 있었다. 하지만 경색전투의 승리는 어디까지나 유방이 '한숨 돌리는 데' 성공한 정도였지 항우에게 치명타를 가하거나 초한전쟁의 국면을 확 뒤바꾸지는 못했다. 게다가 영포는 구강 땅과 휘하 군사들을 전부 잃어버렸고, 한나라와 서초의 사이에 있는 중원의 요지 조나라와 위나라가 항우 편으로 전향한 상황이었다.

수하가 영포를 설득하면서 했던 말처럼 관중과 한중, 파촉을 장악한 한나라는 서초와의 전쟁을 지속할 힘을 갖추고는 있었다. 하지만 한나라의 군사력은 서초와 전면전을 벌여 승리하기에는 여전히 부족함이 많았다. 항우가 제나라, 구강 등의 혼란을 수습하고 조나라, 위나라 등과 협력해 한나라에 대대적인 공격을 감행한다면 형양·성고 전선도 붕괴될 게 분명했다. 그리고 형양·성고 전선이 무너진다면 한나라는 관중에 이어 한중 등지까지 상실하고 군소 세력으로 전락하거나 멸망할 가능성이 있었다.

한나라가 강대한 군사력을 갖춘 서초를 격파하고 천하를 통일하려면 팽성대전으로 이탈한 위나라와 조나라를 다시 장악하고 연나라, 제나라까지 한나라의 영향력 아래에 둘 필요가 있었다. 위나라와 조나라는 형양·성고 전선은 물론 한나라의 심장부인 관중을 직접 위협할 수 있는 위치에 있었다. 다시 말해 이들 지역을 손에 넣는다면 한나라는 관중을 보호하면서 서초를 압박할 수 있게 되는 것이었다. 나아가 연나라와 제나라까지 장악한다면 한나라는 서초의 북서쪽까지 감싸는 거대한 포위망을 만드는 셈이었다. 그렇게 되면 제아무리 강대한 서초라 하더라도 지리적으로 완전히 고립되어 쇠락할 소지가 매우 컸다.

기원전 205년 8월, 경색전투에서 승리함으로써 한시름 덜게 된 유방은 한신에게 위나라 공략을 명했다. 초한전쟁의 흐름을 완전히 뒤엎어 놓은, 그리고 동아시아 전쟁사에 위대한 전설이 된 한신의 북벌이 그 막을 올리는 순간이었다.

위표의 원한과 야심

위왕 위표의 이탈은 유방에게 특히나 큰 손실이었다. 위나라는 낙양 및 형양·성고 전선과 인접한 데다 관중과도 황허강을 경계로 인접했다. 따라서 위표가 서초 편에 섰다는 사실은 한나라의 심장부와 최전방이 적군의 직접적인 위협에 노출되었음을 의미했다. 다시 말해 서초가 위나라를 발판으로 삼아 한나라의 중심부를 직접 타격한다면 한나라에 치명적인 피해를 입힐 수 있었다. 게다가 위표는 유방이 삼진三秦으로 진출할 무렵 제일 먼저 유방에게 신종臣從해 위왕으로 봉해진 인물이었다. 유방이 제후 연합군을 이끌고 서초에 침공하던 당시 위나라 상국 팽월이 유방의 명을 받아 대량大梁(오늘날 허난성 카이펑시 서쪽 일대를 가리키는 옛 지명으로, 그 이름은 춘추시대의 제후국이었던 양梁나라에 유래한다) 일대를 공략하기도 했다. 명분으로 보나 실리로 보나 위표의 전향은 유방과 한나라에 중대한 상처이자 손실이었다. 한나라가 서초와 맞서 싸우려면 위표를 다시금 한나라 편으로 전향시키거나 아니면 토벌해 무력화해야만 했다.

하지만 유방에게 위표 토벌은 적잖이 부담스러운 일이었다. 팽성대전에서의 참패로 인해 병력 손실이 컸을 뿐만 아니라, 당장 서초의 공세를 막아내는 일조차도 녹록지 않았기 때문이다. 이에 따라 유방은 달변가이자 외교에 능한 인물인 역이기를 위표에게 사자로 보내 귀순을 종용케 했다. 유방은 역이기에게 위표 설득에 성공하면 1만 호戶의 봉지封地를 하사하겠다는 약속까지 했다.

역이기는 역생酈生, 즉 '역 선생님'이라 불렸던 인물로 그 식견과 언변이 사람들에게 존경을 받을 정도로 뛰어났다. 유방이 탕군장이던 시절, 창읍에서 진퇴양난에 빠져 있던 유방에게 창읍 대신 진류로 진출할 것을 제안해, 유방이 관중에 입성하고 천하를 도모할 영웅으로 거듭나는 데 결정적인 도움을 준 인물이 바로 역이기가 아니었던가. 그는 심지어 유방의 무례한 행실을 따끔하게 지적해 바로

잡기까지 한 인물이기도 했다. 그런데 그런 역이기조차 위표를 설득하지 못했다. 그 이유는 다름 아닌 유방의 천박한 언행이었다. 한나라에 다시금 귀순하기를 설득하는 역이기의 면전에서 위표는 유방을 대놓고 헐뜯으며 거절했다.

> "한왕은 오만해 사람을 업신여기는 위인이오. 제후와 여러 신하에게 욕설을 퍼붓고 꾸지람을 하는 모양새가 마치 종놈에게 욕지거리해 대는 모습과 진배없으니 아래위의 예절이라고는 찾아볼 수 없소. 나는 그런 꼴을 더는 도저히 못 봐주겠소이다."[38]

그런데 『한서』의 「고조박희高祖薄姬」 등에 따르면 위표가 역이기의 제안을 거절한 까닭은 유방의 무례한 언행에 대한 원한뿐만이 아니었다. 위표는 당시의 유명한 관상가였던 허부許負(?~?)로부터 박희薄姬(?~기원전 155)가 천자를 낳을 상이라는 이야기를 듣고는 그녀를 자신의 후궁으로 들인 인물이었다.[39] 『구당서舊唐書』에는 위표가 허부의 이야기를 맹신에 가까울 정도로 신뢰했다는 언급이 있다.[40] 즉, 위표는 천자가 되겠다는 야심이 유방이나 항우 이상으로 강했던 인물이었다. 그러다 보니 언행이 점잖지 못한 데다 팽성대전에서 세력을 크게 잃은 유방에게 복종할 마음이 없었을 것이라 사료된다.

역이기의 위표 설득이 실패한 이상 한나라는 위나라를 정벌할 수밖에 없었다. 그렇다고 해서 유방이 형양·성고 전선을 버리고 위나라를 친정親征할 수는 없었다. 유방은 기원전 205년 8월 대장군 한신을 좌승상에 임명한 뒤 위나라 정벌을 명했다. 관영과 조참은 한신 휘하에서 각각 기병과 보병을 지휘하는 임무를 맡았다. 한신은 조참, 관영과 더불어 별동대를 이끌고 위나라로 향했다.* 위나라와 조나라는 물론 연나라, 제나라까지 아우르며 서초를 거대하게 포위함으로써 항우의 숨통을 옥죄었던 한신의 북벌은 이렇게 시작되었다.

---

* 안읍전투에서 한신이 지휘했던 병력의 규모는 명확히 밝혀진 바 없으나, 애초에 한나라의 본대가 아닌 별동대였던 데다 정형전투 등 이어지는 전투에서 한신이 지휘했던 병력이 3만에서 5만 명 규모였음을 고려하면 큰 규모의 병력을 지휘하지는 않았으리라고 판단된다.

2

풍비박산이 된 위나라

위표는 한나라의 위나라 정벌을 예측해 대비하고 있었다. 한나라에게 위표는 팽성대전 직후 서초의 편으로 돌아선 것으로 모자라 역이기의 전향 제안까지도 일언지하에 거절한 배신자였다. 게다가 위나라의 지정학적 위치 때문에 한나라는 위표를 더더욱 좌시할 수 없었다. 이를 모르지 않았던 위표는 한나라의 공세에 대비해 방어 태세를 갖추고 있었다.

앞서 언급했듯이 관중과 위나라는 황허강을 경계로 하고 있었다. 즉, 한신은 위나라를 정벌하려면 황허강을 건너야 했고 위표는 한신이 황허강을 넘지 못하도록 막아야 했다. 관중과 위나라를 흐르는 황허강은 하폭이 3킬로미터 이상인 지점이 있을 정도로 넓은데다 수심도 깊어 나루터를 확보해서 배를 타고 건너야만 했다. 그래서 위표는 서초 측으로 전향할 때 포진관부터 봉쇄했다. 추후 있을지도 모를 한나라의 군사적 견제나 공격을 저지하기 위함이었다. 유방이 관중에 입성할 때 황허강의 나루를 끊어 사마앙의 관중 진입을 차단했던 것처럼, 위표는 황허강을 방어벽 삼아 한신의 공세를 막아낼 준비를 했다.

위표가 방어 거점으로 선택한 지점은 임진관臨晉關이라고도 불렸던 포진관이었다. '임진관'은 진晉으로 가는 길목에 있는臨 관문이라는 뜻이다. 즉, 포진관은 춘추시대 진晉나라에 속했고 삼진三晉 중하나였던 위나라와 관중을 이어주는 관문이었다. 근흡이 포진관 방면의 반란을 진압했던 까닭도 바로 이 때문이었다. 게다가 포진관을 통과하면 위나라의 도읍 안읍安邑(오늘날 산시陝西성 샤夏현)까지 90여 킬로미터였다. 남쪽의 황허강 변에는 해발 1200미터에 달하는 타이항산맥의 줄기가 펼쳐져 있었지만, 포진관에서 안읍까지는 분지 안에 형성된 평지였다. 즉, 포진관에서 안읍까지는 이렇다 할 천연 장애물이 발달하지 않아 포진관이 함락된다면 안읍까지도 순식간에 함락될 위험성이 컸다. 이에 따라 위표는 포진관 바로 동쪽의 포판蒲坂(오늘날 산시陝西성 융지永濟시)에 병력을 집결해 임진臨晉(오늘날 산시陝西성 웨이난渭南시 다리大荔현)에 주둔한 한신군과 대치했다.

한신의 장계취계

위표가 포판의 방어를 굳힌 이상 정면공격은 승산이 희박했다. 임진에서 황허강을 건너 포판을 공격하는 방식은 상당한 위험을 안고 있을 수밖에 없었다. 게다가 사료에 명확하게 언급된 바는 없지만 이 무렵 한신이 거느렸던 병력의 양적, 질적 수준이 뛰어났다고 보긴 어렵다. 유방으로서는 형양·성고 전선의 유지가 최우선이었던 데다 이 당시만 하더라도 한나라는 서초를 상대로 수세에 몰려 있었기 때문에 한신이 대규모 병력이나 정예부대를 지휘했을 가능성은 희박하다. 수적으로나 질적으로나 불충분한 병력을 이끌고 황허강을 건넜다가는 제대로 싸워보지도 못하고 포판에서 철저하게 방어태세를 갖추고 있던 위나라의 주력군에게 참패할 가능성이 컸다.

이처럼 불리한 상황 속에서 한신은 어떻게 필승의 비책을 마련했을까? 안읍전투에서 한신이 펼친 전술은, 흔히 적의 계략을 역이용하는 장계취계將計就計[41] 또는 자신의 약점을 노출하는 척하면서 상대의 약점을 강타하는 허허실실虛虛實實[42] 전법으로 설명할 수 있다. 이 같은 한신의 기만술은 임진과 포판 사이의 지형과 밀접한 관계가 있다. 임진과 포판 사이에는 황허강이 흐르고 남북으로는 타이항산맥과 뤼량呂梁산맥이 펼쳐져 있었다. 이 두 산맥 사이에 폭 50~60킬로미터 정도의 평지가 있었는데, 포판의 위치는 이 일대의 남쪽이었다. 즉, 포판 북쪽으로 별동대를 보내 신속하게 황허강을 건넌 다음 안읍을 점령한다면 위나라를 순식간에 무릎 꿇릴 수 있었다.

한신은 위표의 눈을 속이기 위해 포판 맞은편인 황허강 서안西岸 일대에 거대한 진지를 세우고 군사를 집결하는 한편 나룻배를 최대한 모았다. 포판을 향한 대대적인 공세가 임박한 것처럼 보이기 위함이었다. 한신이 포판의 대안對岸에 군사와 나룻배를 집결하자 위표 및 위군의 총대장 백직柏直(?~?), 기병대장 풍경馮敬(?~?), 보병대장 항타項它(?~?)* 등은 한신의 총공세를 예상하고 포판 일대의 방어에 전력을 기울였다.

하지만 이는 전장의 지형을 활용한 한신의 기만책이었다. 한신은 날쌘 군사들을 별동대로 떼어내 임진 북쪽에 있는 하양夏陽(오늘날 산시陝西성 한청韓城시)으로 보냈다. 하양은 뒤로는 뤼량산맥을 등지고 앞으로는 황허강 줄기를 면한 지역이었는데, 하양에서 황허강을 건너면 앞서 설명한 타이항산맥과 뤼량산맥 사이의 개활지가 펼쳐졌다. 위나라의 병력은 포판에 집결해 있었기 때문에 하양 방면의 개활지는 별다른 방비가 이루어지지 않아 텅 비어 있었다. 황허강을 건너는 게 쉬운 일은 아니었지만, 하양에서 황허강을 건너기만 한다면 안읍 함락은 식은 죽 먹기나 다름없었다. 그리하여 한신은 나무를 항아리처럼 깎아서 만든 일종의 뗏목인 목앵부木罌缶를 만들어 별동대를 이끌고 황허강을 도하했다. 이 별동대가 안읍전투의 승패를 가를 핵심 전력이었던 만큼 한신은 조참과 더불어 별동대를 직접 지휘했다. 한편 위나라의 백직, 풍경 등은 유방에게 한신, 관영, 조참보다 한 수 아래로 평가받은 인물이었다. 특히 유방은 위나라군의 총대장 백직을 한신과 비교도 안 되는 젖비린내 나는 어린아이에 불과한 자일 뿐이라며 혹평하기까지 했다.** 이로 미루어 볼 때 위나라 장수들의 군사적 재능은 썩 뛰어나지 못했던 듯하다. 실제로도 하양 방면으로 위나라의 주력군을 우회해 안읍을 점령하

---

* 항우의 일족으로, 이 무렵 서초 측에 전향한 위나라에 와서 보병대를 지휘했다.
** 여기서 '구상유취口尙乳臭'라는 고사성어가 유래되었다.

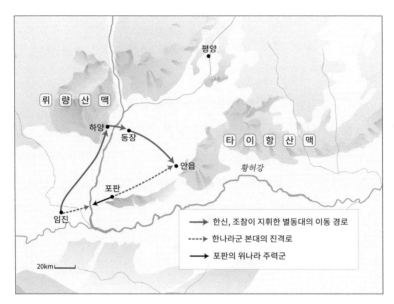

안읍전투의 전개

려는 한신의 작전을 읽어내지 못하고 포판 너머의 한신군만 주시하고 있었을 것으로 예상된다.

하양에서 목앵부를 타고 황허강을 건넌 한신의 별동대는 동장東張(오늘날 산시陝西성 린이臨猗현 서부)에서 손속孫遬(?~?)이 지휘하는 위나라군과 조우했다. 역시 동장 방면의 방비는 취약했다. 예기치 못한 기습에 당황한 손숙 휘하의 위나라 군사들은 진형을 무너뜨리며 한나라 별동대에게 참패했다. 한신과 조참은 그 기세를 타고 지체 없이 안읍을 공격했다. 위표가 병력 대부분을 포판에 배치해 둔 탓에 안읍에는 충분한 병력이 없었다. 위표는 서둘러 회군했지만 이미 한신과 조참이 안읍을 접수한 상황이었다. 게다가 뒤늦게 안읍을 구하러 달려온 위표군의 등 뒤에서 한신군의 본대가 황허강을

초한전쟁

건너 진격해 오고 있었다. 안읍이 함락되자 위표군의 사기가 밑바닥까지 추락했다. 얼마 전까지만 하더라도 포판에서 한신군을 분쇄할 기세로 방어하던 위표군은 이제 안읍성의 한신군 별동대와 배후에서 밀려오는 한신군 본대에 포위된 신세로 전락해 버렸다. 위표군은 패퇴했고 위표는 안읍을 버리고 도주했다. 조참은 위나라 장수 왕양王襄(?~?)을 포로로 잡았다.

안읍을 잃은 위표는 패잔병을 모아 위나라의 옛 도읍인 평양平壤(오늘날 산시陝西성 린펀臨汾시)으로 후퇴하려 했다. 하지만 조참은 위표가 퇴각하도록 순순히 내버려 두지 않았다. 조참은 곡양曲陽(오늘날 허베이성 바오딩保定시 취양曲陽현)에서 위나라군을 따라잡아 격파했다. 위표는 곡양에서 간신히 목숨을 건져 도주했지만 결국 위나라의 동쪽 끝자락에 있는 무원武垣(오늘날 허베이성 창저우滄州시 쑤닝肅寧현)에서 조참에게 사로잡히고 말았다. 그런데 곡양과 무원은 사실 위나라가 아닌 조나라 땅으로, 안읍에서 직선거리로 300킬로미터 이상 떨어진 지역이다. 게다가 안읍에서 곡양과 무원으로 가려면 타이항산맥을 넘어야 한다. 이로 미루어 보건대 한신은 풍비박산을 냈다고 할 수 있을 정도로 위표군을 철저히 격파했을 뿐만 아니라 위표가 평양에 입성하지 못하도록 완전히 길목을 차단했다고 판단된다. 위표가 평양성을 버리고 멀리 곡양과 무원까지 도주한 까닭도 아예 평양성 입성을 생각조차 못 할 정도로 대패했기 때문일 것이다. 아울러 조참은 위표가 다른 제후와 연합하거나 항우에게 의탁해 재기를 꾀하지 못하도록, 마치 오늘날의 특수부대처럼 적국인 조나라 영토에까지 침투해 위표를 체포하거나 사살하는 임무를 맡았으리라고 생각된다. 유방은 위표를 사로잡은 큰 공을 세운

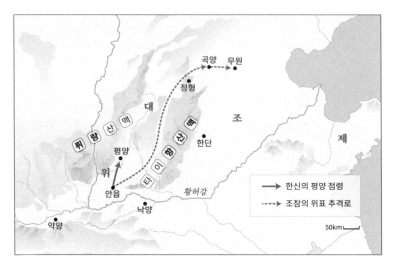

조참의 위표 추격로와 한신의 평양 점령

조참에게 평양을 식읍으로 하사했다.

조참이 위표군을 추격해 섬멸하는 동안 한신은 북진해 평양성을 점령했다. 도읍까지 버리고 도망간 왕이 사로잡힌 데다 도읍이 함락된 위나라는 멸망하고 말았다. 한신이 유방의 명을 받고 위나라 정벌을 개시한 다음 달인, 그리고 팽성대전을 계기로 위표가 유방과의 동맹을 파기한 지 4개월 뒤인 기원전 205년 9월에 일어난 일이었다.

3

위, 북벌의 발판이 되다

유방은 배신자 위표를 처형하는 대신 살려주었다. 하지만 위표는 두 번 다시 위왕에 오르지 못했다. 왕위를 잃은 위표는 형양에 보내졌다. 그곳에서 그는 한나라의 장수 신분으로 형양을 수비하는 임무를 맡았다. 위나라의 영토는 하동군河東郡과 상당군上黨君으로 나뉘어 한나라에 편입되었다.

유방은 위표를 용서함으로써 본인의 인망을 드높임과 동시에 위나라의 민심을 다독일 수 있었다. 당시는 전국칠웅의 영향력이 아직 남아 있던 시기였고 위표는 엄연히 전국시대 위나라의 왕통을 이어받은 왕손이었기 때문이다. 그런 한편으로 유방은 위표의 배신행위를 구실로 봉건 제후국인 위나라를 해체해 한나라의 군현으로 만들었다. 이로써 안읍전투는 전국칠웅의 하나였고 항우의 18제후 체제에서도 한 축을 차지했던 위나라가 한나라 직할 군현으로 편입된 계기가 되었고, 봉건 제후국이 병립하던 중국 땅은 통일 왕조 한나라의 땅으로 한 걸음 더 나아갔다.

위나라는 황허강을 사이에 두고 관중과 인접해 있어 한나라로서는 적에게 빼앗기면 관중이 노출되는 것이나 다름없었다. 반면 험준한 타이항산맥이 국토의 중앙을 가로지르는 위나라를 장악한다면 관중을 천혜의 요새로 더한층 공고히 만들 수 있었다. 즉, 한신의 위나라 정벌로 인해 유방은 한나라의 심장부 관중의 북서쪽을 빈틈없이 막아줄 지리적 방패를 확보한 것이었다. 그뿐만 아니라 유방은 위나라를 정벌함으로써 삼진三晉의 중부를 4개월 만에 되찾을 수 있었다. 위나라는 타이항산맥을 따라 북쪽의 조나라와 연나라로 이어졌고, 동쪽으로는 제나라로 이어졌다. 유방이 조나라, 연나라, 제나라까지 장악한다면 서초는 북쪽이 완전히 차단되어 포위된 신세로 전락할 터였다. 그런 점에서 위나라는 앞으로 이어질 북벌의 지리적 발판이라 할 만했다. 한신은 위나라를 멸망시킨 직후 조나라 정벌에 착수했다.

여담으로 위표의 후궁 박희는 한신에게 포로로 잡힌 뒤 직조실에서 베를 짜는 하녀 신분으로 전락했다. 그러다 유방의 눈에 들어 그의 후궁이 되었다. 박희는 후궁이 된 뒤 유방의 총애를 받지는 못한 듯하지만* 그럼에도 불구하고 기원전 202년 유방의 아들을 낳을 수 있었다. 유항劉恒이라는 이름을 가진 그 아들이 바로 한나라 제

---

* 『사기』의 「외척세가」에 따르면 박희는 유항을 잉태한 뒤 유방과 동침하는 일이 거의 없었지만 그 덕에 훗날 태후가 된 여치의 노여움을 사지 않아 목숨을 부지했다.

5대 황제인 문제文帝(기원전 202~기원전 157, 재위 기원전 180~기원전 157)다. 문제는 유방 사후 한 황실에서 벌어진 혼란과 암투극 속에서 살아남아 제위에 오른 뒤 24년 동안 한나라의 기틀을 닦았다. 박희는 효문태후孝文太后가 되어 명예롭고 평화롭게 노년을 보냈다. 이러한 점에서 박희가 천자를 낳을 상이라 했던 허부의 이야기는 온갖 얄궂은 방식으로 기어이 실현되어 숱한 영웅의 분투와 노력을 물거품으로 만들고 그들에게 비극적인 운명을 강요하는 그리스신화의 신탁을 떠올리게 한다. 물론 박희는 허부의 예언으로 인해 태후 자리에 올라 명예로운 삶을 살며 둘도 없는 복을 누렸지만 말이다.

8장

정형전투, 승리의 배수진

배수진을 친 뒤 많지도 않은
군사를 쪼개서 전진해 오는
한신군의 모습을 본 조나라 군사들은
폭소를 터뜨리고 말았다.

1

대나라 정벌

위나라를 정벌한 한신의 다음 목표는 조나라였다. 조나라의 지정학적 중요성도 위나라 못지않았다. 조나라 또한 국토 가운데로 타이항산맥이 남북을 관통하듯 지났다. 베이징, 산시山西성, 허베이성, 허난성에 걸쳐 있는, 동서 폭 약 300킬로미터, 남북 길이 약 600킬로미터, 평균 해발 약 1200미터의 타이항산맥은 만주의 다싱안링大興安嶺산맥과 더불어 북중국 지괴를 동서로 양분하는 산맥이다. 타이항산맥 북서쪽은 명대까지도 중국이 아닌 몽골계나 튀르크계 민족의 영역이었고(네이멍구內蒙古자치구*), 동쪽은 베이징, 허베이성

---

* 18세기 몽골족의 영역을 정복한 청淸은 중국 본토에서 멀리 떨어진 고비사막 북쪽 지역을 외몽골外蒙古로, 중국 본토와 가까운 고비사막 이남 지역을 내몽골內蒙古로 나눠 통치했는데, 내몽골이 오늘날 네이멍구자치구가 되었다.

등이 위치한 비옥한 화베이평야이며, 남서쪽은 관중이 위치한 산시 陝西성이다. 이러한 점에서 초한전쟁 당시 조나라는 한나라와 중원을 잇는 교통의 요지라 할 수 있었다. 더욱이 조나라는 당시 중국 북부에 치우친 데다 타이항산맥을 끼고 있다는 점에서 한나라로서는 더욱 포기할 수 없는 전략적 요지였다. 조나라를 장악한다면 중원을 노릴 수 있을뿐더러 제나라와 서초를 다방면에서 위협할 수 있는 길이 열리기 때문이었다.

조나라는 위나라와 달리 서초 측으로 전향하는 대신 독자적인 세력을 구축했다. 하지만 팽성대전을 계기로 한나라와의 관계를 단절했기 때문에 한나라와 조나라는 사실상 적대 관계였다고 볼 수 있었다. 게다가 과거 진여가 유방에게 장이의 목을 요구했을 때 유방이 장이와 닮은 사람의 목을 보냈음이 알려지면서 진여의 유방에 대한 적개심이 극에 달한 상황이었다.

한신은 위나라를 평정한 즉시 북쪽에 인접한 대나라 정벌을 개시했다. 이때 조나라 상국이었던 장이가 한신의 막하에 들어가 그를 보좌했다. 장이는 과거 조나라의 상국으로 조헐을 보좌했을 뿐만 아니라 항우에 의해 상산왕에 봉해지기까지 한 인물이었기 때문에 조나라의 정세와 지리에 매우 밝았다. 게다가 상산왕 자리를 빼앗은 진여에 대한 적개심도 매우 컸다. 즉, 장이는 한신의 조나라 정벌에 꼭 필요한 참모였다.

대나라는 타이항산맥과 뤼량산맥 사이의 분지에 위치하며 해발 1400미터가 넘는 고개가 위나라와의 경계를 이루고 있었다. 오늘날의 산시山西성 성도인 타이위안太原시 남쪽으로 펼쳐진 분지가 대나라의 중심지였다고 보면 된다. 한신이 조나라에 앞서 대나라부터 공격한 까닭은 조나라의 정세 및 지형과 깊은 관계가 있다. 우선 대왕 진여는 상국 하열에게 대나라의 국정을 일임한 채 성안군成安君을 칭하며 조나라의 도읍 한단에 가 있었다. 대나라 왕에 만족하지 않고 조헐을 보좌하며 조나라의 실권을 장악하려는 의도였다. 하지만 이 때문에 대나라의 군사력이 약해진 상태였다. 게다가 바로 조나라, 특히 도읍인 한단을 공격하려면 위나라 동쪽의 타이항산맥을 넘어야 했다. 위나라와 대나라 사이에도 험준한 산지가 있었지만 조나라 방면 산맥의 규모는 그보다 훨씬 컸다. 험준한 산맥을 넘는 사이 만에 하나 대나라와 조나라가 연합하기라도 한다면 가뜩이나 병력이 열세였던 한신으로서는 싸움이 더욱 어려워질 수밖에 없는 상황이었다. 이에 따라 한신은 우선 대나라부터 신속하게 평정한 뒤 조나라를 공략할 계획을 세웠으리라고 생각된다.

위나라가 한나라의 하동군, 상당군으로 재편된 기원전 205년 9월 한신은 대나라를 침공했다. 위표를 포로로 잡고 위나라를 평정한 지 불과 한 달도 지나지 않은 시점이었다. 한신의 신속한 공세에 대나라 상국 하열은 조나라 본국에 구원 요청도 못 하고 바로 나가 한신과 맞서 싸워야 했다. 조참이 위표를 추격하느라 타이항산맥을 넘어 조나라 영토 깊숙한 곳까지 침투했음에도 진여와 조헐이 대나라에 시기적절하게 구원군을 보내지 못했음을 고려하면, 조참의 기동은 물론 한신의 대나라 침공 역시 조나라가 제때 파악할 수 없었을 정도로 신속하고 은밀하게 이루어졌을 것이다.

한신과 하열은 알여闕與(오늘날 산시陝西성 진중晉中시 화순和順현 북서쪽 일대)에서 격돌했다. 타이항산맥 서쪽 기슭에 있는 알여는 지세가 험하고 통로가 좁은 천혜의 요새였다. 전국시대 조나라의 명장

조사趙奢(?~?)가 이러한 알여의 지세를 활용해 진나라의 침공을 격퇴한 적이 있을 정도였다. 하지만 한신은 알여에서 하열이 지휘하는 대나라군을 상대로 압승을 거두었다. 진여와 조헐의 참모 노릇을 하던 광무군廣武君 이좌거李左車(?~?)가 진여와 조헐에게 알여가 피로 물들었다고 보고했다는 사실로 미루어 보건대, 한신이 알여에서 대나라군을 완전히 섬멸한 것으로 보인다. 하열은 조참의 부대에 공격받은 끝에 전사했다.

한신이 위나라에 이어 대나라까지 정벌한 뒤 두 나라의 병력을 흡수하자, 유방은 즉각 사자를 보내 한신이 새롭게 얻은 병사 중 상당수를 형양·성고 방면으로 전출케 했다. 유방에 의해 형양·성고로 이동한 병사들은 대부분 실전 경험이 풍부하거나 신체가 건장한 정예병이었다. 이로써 유방은 서초와의 최전선이자 전력 강화가 시급했던 형양·성고 전선의 전력을 상당 부분 보강할 수 있었다. 유방은 한신에게 신병과 늙은 군사들이 다수 포함된 5만 명의 병력을 이끌고 조나라를 치라는 명령을 내렸다.

2

타이항산맥을 넘어 조나라로

대나라와 조나라 사이에도 타이항산맥이 지나고 있었기 때문에 한
신은 조나라 정벌을 위해 험준한 타이항산맥을 넘어야 했다. 대나
라와 조나라 사이에는 지관형軹關陘(오늘날 허난성 지위안濟源시~산
시山西성 허우마侯馬시), 태항형太行陘(오늘날 허난성 친양沁陽시 창핑常
平촌~산시山西성 진청晋城시 쩌저우澤州현 완청촌碗城村), 백형白陘(오늘
날 산시山西성 진청시 링촨陵川현~허난성 후이셴輝縣시 남관산南關山), 부
구형滏口陘(오늘날 허베이성 한단시 펑펑쾅峰峰礦구 시즈팡西紙坊촌~산시
山西성 창즈長治시), 정형井陘(오늘날 산시山西성 양취안陽泉시 핑딩平定현
~허베이성 스자좡石家庄시 징싱井陘현), 비호형飛狐陘(허베이성 장자커우
시 위蔚현에서 남하하여 포음형과 합류), 포음형蒲陰陘(산시山西성 다퉁大
同시~베이징 팡산房山구), 군도형軍都陘(오늘날 베이징 북서쪽~허베이성

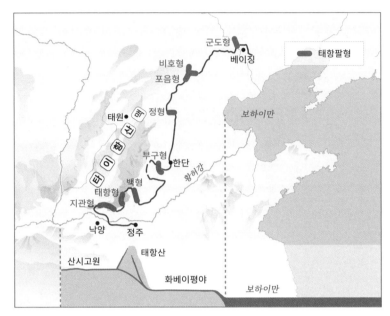

태항팔형의 위치와 지형

장자커우張家口市)의 여덟 개 지레목陘*이 있었다. 태항팔형太行八陘이
라 불리는 이 여덟 개의 지레목은 대나라와 위나라는 물론 명대까
지 이민족의 영역이었던 내몽골을 중원과 이어주는 깊고 험준한 통
로였다. 통로라고는 했지만 타이항산맥의 험산 준령 사이에 난 좁고
험한 길이기 때문에 이를 넘기란 파촉과 한중의 잔도를 지나는 것
못지않게 힘든 일이었다.

한신이 조나라를 정벌하기 위해서는 태항팔형 가운데 하나를 선
택해야 했다. 그중 지관형, 태항형, 백형, 포음형, 비호형, 군도형은

---

* 산맥 가운데 통로나 고갯길처럼 끊어진 곳을 지레목이라고 한다.

　　　　　　　　　　　　　　　　　　　　　　　　초한전쟁

조나라와 멀리 떨어져 있었기 때문에 조나라 침공을 위한 통로로는 적합하지 않았다. 한신이 선택할 만한 통로는 한단 남쪽의 부구형과 북쪽의 정형이었다. 둘 중 한신이 선택한 것은 한단과 조금 더 멀리 떨어진 정형이었다. 그렇다면 한신이 정형을 선택한 이유는 무엇이었을까?

대나라를 평정한 한신은 대나라의 도읍이었던 태원太原, 즉 오늘날 타이위안 일대에 군대를 주둔시키고 있었다. 그러므로 태원에서 군이 남하해 부구형을 통과하기보다는 태원과 조나라를 잇는 교통로로 쓰였던 정형을 통과하는 편이 훨씬 효율적이었다. 게다가 부구형은 한단과 인접해 있었다. 만일 부구형으로 진격한다면 한단 근처에 전선이 형성될 텐데, 그렇게 되면 조나라군은 인접한 한단에서 군수물자를 충분히 보급받으며 안정적으로 싸울 수 있기 때문에 한신으로서는 전투가 불리하게 흘러갈 위험성이 컸다. 유서 깊은 조나라의 도읍이자 견고한 성벽이 버티고 있는 한단성에서 농성하는 조나라군과의 싸움 역시 승산이 낮았다. 반면 정형을 통과하면 한신은 거대한 장애물인 타이항산맥을 비교적 신속하게 통과할 수 있을뿐만 아니라 한단성과 거리가 떨어진 전장에서 조나라군과 싸울 수있었다.

한신군의 약점을 꿰뚫어 본 이좌거

대나라를 순식간에 정벌한 한신이 기원전 204년 10월 정형으로 향하자 조헐과 진여도 한신의 공세를 막아내기 위해 20만 대군을 이끌고 정형의 동쪽 출입구인 정형구井陘口(오늘날 허베이성 스자좡시 루취안鹿泉구 남서쪽)로 향했다. 조나라의 대군은 정형구에 설치된 성채에 주둔하며 한신의 침공에 대비했다. 정형의 지형 특성상 정형구만 잘 방어해도 한신의 침공을 효과적으로 막아낼 수 있었다.

그런데 조군에 한신군의 약점과 이러한 정형의 지리적 이점을 간파한 장수가 있었다. 바로 광무군 이좌거였다. 이좌거는 비좁고 험준한 정형의 지형을 이용해 기습을 가하면 고된 산악 행군과 보급의 어려움 등으로 인해 지칠 대로 지친 한나라군을 어렵잖게 격파할 수 있다며 진여를 설득했다.

"승기를 잡고 자기 나라를 떠나 원정을 온 적군의 기세는 당해내기 어렵습니다. 하지만 신이 듣기로 적군은 군량까지 운반하며 천릿길을 오느라 군사들이 굶주린 기색을 보이며, 땔감을 구해 밥을 짓기는 하지만 배불리 먹지 못한다고 합니다. 정형의 길은 병거兵車 두 대가 나란히 달리지 못하고 기병은 수백 리를 열도 제대로 갖추지 못한 채 행군해야 합니다. 이런 상황이라면 병량을 호송하는 군사들은 분명 뒤에 처져 있을 것입니다. 족하足下*께서 신에게 별동대 3만을 내주신다면 샛길로 나아가 적의 치중輜重**을 차단하겠습니다. 족하께서는 해자를 깊이 파고 보루를 높이 쌓아 군영을 굳건히 지키고 절대로 적과 맞서 싸우지 마십시오."[43]

---

* '족하'는 본래 연배나 지위 등이 대등하면서도 가까운 사람을 높이는 호칭인데, 이좌거가 진여를 이 호칭으로 불렀다는 『사기』의 기록으로 미루어 보아 광무군이었던 그는 조나라에서 상당한 지위와 위상을 가졌으리라고 추측할 수 있다.
** 과거에 군수나 보급 임무, 또는 그런 임무를 맡은 부대를 지칭하던 말이다.

하지만 진여는 이좌거의 계책을 채택하지 않았다. 한신군은 수적으로 크게 열세였을 뿐만 아니라 험로를 행군해 오면서 전투력도 크게 소진한 상태이기 때문에 기습이 아닌 전면전도 얼마든지 승산이 있다는 이유였다.

"내 듣기로 병법에 적보다 열 배 많은 군사를 갖고 있다면 적을 포위하고, 적보다 두 배 많은 군사를 갖고 있으면 맞서 싸운다고 하오. 지금 한신이 수만 명의 군사를 거느리고 있다고 내세우기는 하나 실제로는 수천에 불과하오. 게다가 천릿길을 쳐들어오느라 고단함이 극에 달해 있을 것이오. 지금 적과 맞서 싸우기를 꺼린다면 훗날 더 큰 적이 쳐들어왔을 때 어떻게 대처할 수 있겠소. 그리고 그 때문에 제후들이 우리를 겁쟁이라 여겨 마음대로 쳐들어올지도 모르는 일이오."[44]

『사기』의 「회음후열전」에 따르면 진여는 본래 장수나 병법가가 아닌 유학자였기 때문에 평소에도 계책이나 책략을 혐오하고 의義를 내세우는 인물이었다. 정형전투에서 이좌거의 계책을 기각하고 정공법을 주장했던 이유도 바로 그 때문이다. 이 대목에서 진여는 나름대로 병법을 논하고 있지만, 그 논리와 내용을 잘 살펴보면 자만심에 빠져 적군을 과소평가하고 아군의 수적 우위를 지나치게 믿으며 정형의 지리적 특성을 간과하는 면모를 살펴볼 수 있다. 애초에 이좌거는 정형의 지형을 이용해 적군을 기습하자고 했지 전투를 회피하자는 주장을 펼친 것이 아니었다. 『사기』의 논평과 거록대전 당시 진여가 수만 명에 달하는 하북군을 이끌고도 장한을 상대로 소극적인 모습만 보였다는 사실, 그리고 후술할 대목에서 그가 보여준 행보를 고려하면 진여는 논객이나 세객, 또는 정치인으로서는 탁월한 자질을 가진 명사였을지 몰라도 군대의 지휘관이나 참모로서의 자질은 뛰어나지 않은 인물이었을지도 모르겠다.

진여가 이좌거의 계책을 기각했기 때문에 한신은 험준한 정형의 산길을 무사히 넘어올 수 있었다. 정형을 넘어온 한신과 장이, 그리고 한나라 군사들 앞에는 조헐과 진여가 거느린 20만 대군이 버티고 있었다.

3

국사무쌍의 지리적 승부수

진여가 한신의 공세를 막아낼 궁리를 하는 동안 한신은 한신대로 한단에 미리 첩자를 보내둔 상태였다. 한신의 첩자가 돌아와 한신에게 진여가 이좌거의 제안을 뿌리치고 정공법으로 맞설 계획을 세웠다고 보고하자 한신은 크게 기뻐하며 정형구에서 약 10킬로미터 떨어진 지점을 향해 곧장 진격했다.

면만수綿蔓水(오늘날 예허冶河강)가 남쪽에서 북쪽으로 흐르는 이곳은 정형관의 끝자락이라 할 만했다. 해발 1000미터가 넘고 열을 지어 행군하기조차 어려운 정형의 험로보다야 완만하고 이동하기 수월했지만, 그렇다고 해서 평지는 아니었다. 면만수와 정형구 사이에는 해발이 최대 500미터가량 되는 산지가 분포하는데 그 사이사이에 계곡이나 소규모 분지 형태의 통로와 평지가 존재했다.

한신은 결전을 앞둔 휘하 장병들에게 간단한 식사를 하게 한 다음 조나라를 치고 나서 성대하게 회식을 하자는 약속까지 했다. 한신은 호언장담을 했지만, 험한 정형의 고갯길을 넘어온 데다 대군도, 정예병도 아니었던 휘하 장병들은 이기고 나서 거하게 포식하자는 대장 한신의 말에 수긍하지 못한 채 그저 건성으로 "예" 하고 대답할 뿐이었다.

한신의 자신감은 어디서 나왔을까? 이좌거가 그랬듯이 한신 또한 정형의 지리를 충분히 이해하고 있었을 것이다. 한신이 천재적일 정도로 용병술에 뛰어난 인물이었다는 사실과 진여가 이좌거의 계책을 기각했다는 보고를 듣고 기뻐했다는 기록을 미루어 볼 때, 그는 정형의 험로를 이용한 조군의 기습을 염려하고 있었음이 확실하다. 이좌거가 지적했듯이 비좁은 정형의 통로에서는 아무리 용병술에 뛰어난 한신이라 하더라도 병력 운용에 어려움이 있을 수밖에 없었다. 정형을 이동하는 도중에 기습을 받는다면 한신의 부대는 이좌거의 생각대로 보급로가 차단됨은 물론 비좁은 정형의 길목에서 체증을 빚으며 우왕좌왕하다 섬멸될 위험성도 있었다. 그런데 그런 정형의 험로를 무사히 빠져나왔으니 한신이 기뻐하는 건 당연했다.

한편 정형구 북서쪽에 해발 550미터 전후의 괘운산掛云山이 있었는데, 한신군이 머물 곳에서 괘운산까지 약 40킬로미터의 샛길이 나 있었다. 한신은 정형구 근처의 숙영지에 도착하자마자 정예 기병 2000기를 소집한 뒤 이들에게 붉은 깃발을 하나씩 소지케 했다. 그러곤 샛길을 따라 은밀하게 이동해 괘운산 기슭에 매복한 뒤 본대가 조나라군과 교전하다 퇴각할 때까지 전세를 관망하며 숨어 있으라고 지시하고는, 본대가 퇴각할 때 행동 지침을 일러주었다.

"조나라는 우리가 패주하면 틀림없이 성채를 비우고 우리를 추격해 올 것이다. 그대들은 그 틈을 놓치지 말고 잽싸게 말을 달려 조나라의 성채로 들어가 성채에 꽂힌 조나라의 깃발을 뽑고 한나라의 붉은 깃발을 세워라."[45]

이어서 한신은 식사와 짧은 휴식을 마친 군사들을 이끌고 면만수 동안東岸에 진지를 구축했다. 약 1만 명의 후위대는 면만수 동안에 남아 진지를 굳건히 지키고 있다가 한신의 본대가 퇴각해 오면 합류해서 방어하는 임무를 맡았다. 그리고 한신이 직접 지휘하는 본대는 정형구의 조나라 성채로 진격을 준비했다.

수적으로 크게 열세인 데다 험로를 넘어온 뒤 휴식도 취하지 못한 군사들을 이끌고 압도적인 적군이 버티고 있는 성채에 정면으로 공격한다는 한신의 발상은 사실 전술 상식에 맞지 않았다. 일반적으로 공격군은 방어군보다 세 배 이상의 전력을 갖추어야 한다고 하지 않는가. 그런데 한신은 후위대로 하여금 면만수의 진지를 지키게 함으로써 가뜩이나 적은 병력을 분산하기까지 했다.

심지어 면만수 동안에 진지를 구축한 후위대의 진형은 배수진이었다. 오늘날에야 배수진이라는 말이 주로 모든 것을 걸고 죽기 살기로 승부를 낸다는 의미로 쓰이지만, 사실 배수진은 병법에서 금기시되는 전법이었다. 우선 하천 때문에 전장이 공간적으로 제한되므로 보급은 물론 전법을 융통성 있게 구사하는 데 제약이 따른다. 군사들의 사기에도 악영향을 줄 소지가 크다. 죽기 살기로 용감하게 싸우는 일이 말처럼 쉬울 리 없다. 실제로 눈앞에 적군이 쇄도해 오는데 강물 때문에 퇴로까지 끊기면 사기가 극도로 떨어져 지휘 체계가 와해되기 쉽다. 게다가 작전상 후퇴를 한 뒤 병력을 재정 비해서 역습을 가할 기회조차도 사라져 버린다. 임진왜란 초기에 신립申砬(1546~1592) 장군이 충주 탄금대에서 부장 김여물金汝岉 (1548~1592)의 만류에도 불구하고 배수진을 쳤다가 왜군에게 참패 하지 않았던가. 임진왜란까지 갈 것도 없이, 팽성대전에서도 유방이 이끌었던 제후 연합군이 수수 때문에 퇴로가 막혀 궤멸한 사례가 있다.

한신의 작전은 언뜻 보면 군사작전의 기본도 갖추지 못한 어처구 니없는 전법 같았지만, 이는 정형의 지형과 조군 지휘부 및 군사들 의 심리를 고려한 한신의 계산에서 나온 작전이었다. 한신은 부하 장수들에게 이렇게 말했다.

"조가 먼저 자신들이 유리한 땅에 성채를 쌓아두었다. 저들은 우리 가 대장기와 북을 앞세워 진격하기 전까지는 앞으로 나와 공격하 지 않을 것이다. 공격이 막히면 우리가 다시 돌아가지 않을까 우려 하고 있기 때문이다."[46]

한신군이 조나라의 성채를 향해 그대로 진격했다가는 승리를 거 두기는커녕 전멸할 게 뻔했다. 아무리 한신이 명장이라 하더라도 대 군이 버티고 있는 성채를 소수의 군사로 함락할 수는 없는 일이었 다. 한신의 목적은 조나라군을 성채 밖으로 유인하는 데 있었다. 조 나라를 상대로 승리를 거두려면 어떻게든 성채의 군사들을 밖으로 끌어내야만 했다.

한편 한신의 부대가 험준한 정형에 숨어들어 저항한다면 이는 조나라에 심각한 골칫거리가 될 수 있었기 때문에, 진여와 조헐은 진격해 오는 한신의 부대를 최대한 신속하게 격파할 필요가 있었다. 더욱이 한신군과 조나라군의 병력 차가 현저했기 때문에 진여와 조헐은 굳이 성벽에 의지하지 않아도 한신의 부대를 격멸할 수 있다는 자신감을 갖고 있었다. 그런데 정형구와 면만수 사이는 정형의 험로보다야 덜 험준하지만 개활지가 아니라 산지였다. 이런 지형이라면 수적으로 열세인 한신군도 조나라군을 상대로 싸울 수 있었다. 한신의 본대가 정형구와 면만수 사이의 산지를 활용해 조나라군을 붙잡아 두는 사이에 괘운산 방면으로 우회한 2000기의 별동대가 조나라 성채를 점거한다면 승리는 한신이 거머쥐게 될 터였다.

이러한 작전을 눈치채지 못한 조나라 군사들의 눈에는 병법의 기본조차 무시한 듯한 한신군의 포진이 우스꽝스럽게 보일 뿐이었다. 배수진을 친 뒤 많지도 않은 군사를 쪼개서 전진해 오는 한신군의 모습을 본 조나라 군사들은 폭소를 터뜨리고 말았다.

펄럭이는 한나라의 붉은 깃발

한신이 배수진을 친 기원전 204년 10월의 어느 날, 동이 트면서 정형전투의 막이 올랐다. 한신의 본대가 대장기를 펄럭이며 조나라의 성채를 향해 진격하기 시작했다. 내심 한신이 정형에 숨어들어 그 험준한 지형을 이용해 유격전을 벌이거나 조나라의 주력부대를 한참 동안 붙잡아 두지 않을까 걱정하던 조나라군 수뇌부는, 가뜩이나 적은 병력을 둘로 나누어 대장의 목을 베어달라는 듯 진격해 오는 한신의 본대를 보자 기세가 올랐다.

진여와 조헐은 옳다구나 하고 전 병력을 성채 밖으로 내보내 한신의 본대를 요격게 했다. 조군은 한신의 본대를 섬멸할 기세로 진격하기 시작했다. 대군으로 한신군을 면만수 방향으로 몰아붙인다면 조나라에서 한나라군을 쫓아내는 정도를 넘어 완전히 몰살할 수도 있었다. 그렇게만 된다면 조나라는 한나라의 위협을 완전히 물리치는 것이었다. 그리고 거기에서 더 나아가 한신군을 궤멸한다면 조나라는 명성이 드높아지는 수준을 넘어 한나라, 서초와 어깨를 나란히 하는 중국 북부의 강자로 부상할 수도 있었다.

한신은 소수의 병력으로 대군에 정면으로 맞서는 극히 불리한 상황에서도 선전했다.『사기』의 「회음후열전」이나 『자치통감』엔 이때 한신군이 조나라군과 큰 싸움을 꽤 오래 이어가다가 거짓으로 군기와 북을 버리고 면만수에 배수진을 친 후위대 방향으로 도주했다고 기록되어 있다.[47] 초한전쟁기에 활약한 여러 인물 중에서도 항우와 더불어 가장 군사적 재능이 뛰어난 인물이었던 한신이 솔선수범하며 진두지휘했으니, 한나라 군사들도 수적, 질적 열세를 무릅쓰고 투지를 발휘해 잘 싸웠을 것이다.

그런데 정형전투가 벌어진 전장의 지형을 살펴보면 그저 한신의 솔선수범이나 군사들의 투지만으로 선전한 것은 아니었던 듯하다. 전장에 해발 200~500미터의 산지와 고지가 분포하고 그 사이로 통로와 분지가 있었기 때문에 한신군은 수적 열세를 지형지물을 이용해 어느 정도 상쇄할 수 있었다.[48] 한신은 대장기를 앞세워 조나라군을 성채 밖으로 끌어낸 다음 정형구 서쪽의 낮은 산지에 둘러싸인 좁은 통로와 같은 장소로 유인해 싸웠다. 한신이 거느린 군사의 수가 적은 데다 배수진을 치는 등 엉뚱해 보이기까지 하는 행동에 한신을 얕잡아 보고 돌진해 온 조나라군은 좁고 막힌 지형 때문에 병력의 우위를 제대로 살리지 못하고 한신의 본대와 한참 동안 밀고 밀리는 싸움을 해야 했다.

그런데 앞서 말했듯 한신의 목적은 야전에서 전면전을 벌여 조나라군을 격파하는 것이 아니었다. 비록 정형구 일대의 지형이 소수의 병력으로 다수의 적군을 상대할 수 있는 이점을 가져다주었다고는 하나, 한신이 거느린 병력은 조나라가 동원한 병력보다 현저히 적었다. 게다가 한신의 본대가 조나라군과 맞서 싸웠던 전장은 개활지가 아니었을 뿐 요새라 할 만한 곳도 아니었다. 즉, 한신은 지형을 활용해 조나라 대군의 공세를 꽤 버틸 수 있었을 뿐 그들을 압도할 수는 없었다. 또한 정형구 근처에 조나라의 성채가 있었으므로, 조나라군이 본영에서 병력 충원과 물자 보급을 이어가며 장기전을 꾀한다면 아무리 한신이라도 감당하기 힘든 난국에 봉착할 공산이 컸다.

한신은 조나라군의 공세를 어느 정도 버텼다는 판단이 들자 면만수 방면으로 퇴각하기 시작했다. 질서 정연하게 퇴각하되 일부러 대장기를 비롯한 군기와 북을 땅바닥에 내다 버렸다. 그러자 조나라군의 기세는 더욱 올랐다. 조나라군의 눈에는, 다른 것도 아니고 군대의 상징이자 군인에게는 목숨보다도 더 소중히 여겨야 할 대상인 대장기마저 내다 버리며 후퇴하는 한신군의 모습이 말 그대로 무질서한 패주로 보였기 때문이었다. 당시 적 대장기의 노획은 적군의 수급을 여러 개 벤 것 이상의 큰 공으로 여겨졌고, 적 군기의 노획 역시 상당한 공적으로 인정받았다. 이에 조나라 군사들은 한신군을 섬멸하고 대장기와 군기를 노획하기 위해 앞다투어 달려 나갔다.

하지만 면만수에서 배수진을 친 한신군이 조나라군의 예상과 달리 선전했다. 부하들을, 퇴로가 없다는 불안감을 이겨내고 기세가 오른 조나라군과 용감히 싸울 수 있게 만든 한신의 지휘 통솔 능력도 빛났지만, 사실 한신의 군사지리학적 안목이 만들어낸 결과였다. 한신이 배수진을 친 면만수 동안에는 해발 300~500미터의 구릉성 산지가 발달해 있었고, 한신군은 이러한 지형을 활용해 조나라군의 공격을 효율적으로 방어했다. 한신군이 고지를 점하고 맞서자 조나라군은 수적 우위를 충분히 살리지 못했다. 한신의 배수진은 단순히 군대의 퇴로만 끊어놓은 게 아니라, 수적으로 불리한 부하들에게 지리적 이점을 제공한 것이었다.[49]

한편 성채에서 썰물 빠지듯 빠져나와 한신군을 도륙 내려는 기세로 진격하는 조나라군의 움직임은 한신이 괘운산에 매복시켜 놓은 별동대의 눈에도 들어왔다. 조나라군 병력 대부분이 성채를 빠져나와 면만수 강가로 향했음을 확인한 별동대는 신속히 조나라 성채를 향해 말을 달렸다. 조나라군은 이미 한신의 본대와 싸우는 데 정신이 팔린 상태였다. 한신이 매복시킨 별동대가 정예 기병이었던 데다 적의 시야로부터 은폐할 수 있는 괘운산의 샛길을 따라 이동했기 때문에 별동대는 신속하게 조나라의 성채로 이동할 수 있었다.[50]

한신의 지휘 아래 한나라의 군사들이 결사적으로 저항하자 조나라군은 수적으로 우세했음에도 한신군을 무너뜨리지 못했다. 시간이 지나도 예상과 달리 한신군이 붕괴하기는커녕 선전을 이어가자 조나라군은 재정비를 위해 자신들의 성채로 돌아갈 준비를 했다. 그런데 성채로 돌아가려 돌아선 그들의 눈에 상상도 못 했던 모

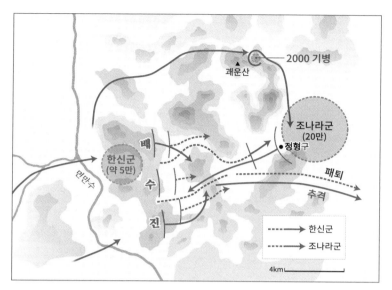

그림 설명:
- 2000 기병
- 괘운산
- 조나라군 (20만)
- 정형구
- 한신군 (약 5만)
- 면만수
- 배수진
- 패퇴
- 추격
- ------→ 한신군
- ------→ 조나라군
- 4km

정형전투 당시 한신군과 조나라군의 포진과 기동

습이 비쳤다. 성채에 꽂혀 있어야 할 조나라의 깃발은 온데간데없고 한나라의 붉은 깃발이 바람에 펄럭이고 있던 것이다. 면만수 인근에서 전투가 이어지는 동안 한신의 별동대가 조나라의 성채를 장악하고 깃발을 모두 뽑아버린 뒤 한신이 들려준 붉은 깃발을 세웠기 때문이었다.

자신들의 성채 위에 한나라의 깃발이 나부끼는 모습을 본 조나라 군사들은 혼란에 빠졌다. 이는 그들이 돌아갈 곳을 잃었음은 물론 성채를 지키고 있던 조헐, 진여 등 조나라군의 최고 지휘관들 또한 목숨을 잃었거나 사로잡혔음을 의미했기 때문이다. 퇴로도, 이길 수 있다는 희망도 잃어버린 쪽은 한신군이 아닌 조나라군이었다. 공포에 질린 조나라 군사들은 순식간에 대열을 무너뜨리며 도주하기 시작했다. 도망병을 베며 와해된 진형을 수습하려는 몇몇 조나라 장수들의 노력도 허사였다. 조나라군은 이미 군대라고 부르기도 민망한 거대한 도망자 무리로 전락했다.

한신은 이 틈을 놓치지 않고 조나라군을 향해 맹공을 가하기 시작했다. 성채 안의 별동대 기병들도 조나라군이 와해되는 모습을 보고 재빨리 성 밖으로 나와 조나라군을 향해 돌진했다. 이미 와해된 조나라군은 면만수에서 쫓아오는 한신의 본대와 조나라 성채 방면에서 돌격해 오는 기병대에게 포위되어 말 그대로 도륙당하고 말았다. 조헐과 진여의 운명도 부하들과 크게 다르지 않았다. 조헐과 진여는 정형에서 어찌어찌 도주하는 데는 성공했지만 한군을 따돌리지는 못했다. 정형전투가 일어난 달인 기원전 204년 10월 진여는 지수泜水(오늘날 허베이성 일대를 흐르는 하천인 지허泜河강) 변에서 한나라 군사에게 살해당했다. 조헐은 정형구에서 남쪽으로 약 110킬로미터 떨어진 양국현襄國縣(오늘날 허베이성 싱타이邢台시 남서부)까지 도주했지만 끝내 한신군의 추격을 뿌리치지 못했다.* 이로써 옛 전국시대의 조나라 왕실은 완전히 멸망했다. 전국시대 말기에 미담으로 회자되었던 장이와 진여의 문경지교 역시 권력욕 앞에 원수지간으로 전락했다가 정형에서 마침내 진여가 목숨을 잃는 방식으로 파국을 맞이하고 말았다.

한신은 전투가 끝난 뒤 적은 병력으로 병법에서 금기시하는 배수진을 치고도 승리할 수 있었던 비결을 물어오는 부하 장수들에게

---

* 조헐의 최후는 사료마다 다소 차이가 있다. 『사기』의 「고조본기」나 「장이진여열전」에는 조헐이 양국현에서 참살당했다고 기록된 반면, 「회음후열전」이나 『자치통감』에는 조헐이 한군에게 사로잡혔다고 기록되었다.

다음과 같이 대답했다. 오늘날 '배수진'이라는 용어가 결사의 각오를 뜻하는 용어로 널리 쓰이는 까닭은 정형전투를 마친 뒤 한신이 했던 이 이야기와 분명 관계가 있을 것이다.

"그대들이 병법에 이미 나와 있는 내용을 유심히 살펴보지 않았기에 그리 여기는 거라네. 병법에 이르기를 죽을 곳에 떨어진 뒤에 살아나고 망하는 곳에 남겨진 다음에야 보존될 수 있다고 하지 않는가. 게다가 이 한신은 그동안 정강한 장졸들을 조련해 싸움에 임하기보다는 길거리의 뭇 사람들을 모아다가 그들을 전쟁터에 내몰아야 하는 처지였네. 그런 형세로 미루어 보건대 군사들을 사지에 몰아넣어 스스로 살아남기 위해 싸우게 하는 대신 살길을 만들어주었다면 다들 흩어져 버렸을 걸세."[51]

한신은 분명 배수진을 통해 정예병이라고 말하기 어려웠던 부하 장병들에게서 결사적인 투지와 전투력을 끌어냈다. 이러한 모습은 명량해전 당시 "죽으려는 자는 살 것이요, 살려는 자는 죽을 것이다 死卽生生卽死"라고 외치며 압도적으로 우세한 왜군을 격파했던 이순신 장군을 떠올리게 한다. 그러나 쭉 살펴보았듯이 한신이 정형전투에서 이길 수 있었던 이유를 단순히 배수진을 통해 부하들의 정신력과 투지를 극대화한 데서만 찾아서는 곤란하다. 오로지 사지에 몰아넣는 것만으로 이기기 힘든 전투를 승리로 이끌 수 있다면 임진왜란 당시 탄금대전투에서 신립도 승리했을 것이고, 팽성대전에서 수수에 퇴로가 막힌 수십만 제후 연합군도 서초군을 쫓아냈을 것이다.

정형전투에서 한신이 승리할 수 있었던 배경에는 한신의 탁월한 군사지리학적 안목이 자리 잡고 있었다. 한신은 성채에 주둔해 있던 조나라군을 그들에게 불리한 전장으로 유인하는 데 성공했다. 성채 안에서 적을 상대하는 것과 산지에서 고지를 점한 적을 상대하는 것 가운데 어느 쪽이 유리하고 어느 쪽이 불리할지는 굳이 설명할 필요도 없을 것이다. 한신의 본대는 산지를 끼고 싸워 놀랍도록 선전할 수 있었다. 덕분에 한신이 미리 매복시켜 둔 2000기의 별동대가 괘운산의 산길을 활용해 텅 비다시피 한 조나라의 성채를 장악했고, 그로써 한신은 조나라를 일거에 멸망시키는 위대한 승리를 이룩할 수 있었다. 이러한 점에서 정형전투에서 한신이 편 배수진은 한나라 군사들에게 살 장소를, 진여와 조헐에게는 죽을 장소를 만들어주었다고 보아야 할지도 모르겠다.[52]

4

중국 북부를 장악한 한나라

정형에서 조나라군을 대파하고 진여와 장이를 제거한 한신은 조나라 땅을 완전히 장악하기 위한 수순을 밟는 한편으로 정형전투 이후 잠적한 이좌거의 행방을 찾아 나섰다. 한신은 휘하의 군사들에게 이좌거를 절대로 죽이지 말라는 엄명을 내리고 이좌거를 생포해오는 자에게는 천금의 상을 내리겠다는 약조를 했다.

이좌거의 혜안

얼마 뒤 군사 하나가 이좌거를 생포해 한신의 군막 안으로 끌고 왔다. 한신은 이좌거를 묶은 포승줄을 손수 풀어준 다음 이좌거에게 동쪽을 향해 앉게 하고 자신은 서쪽을 향해 이좌거를 마주 보고 앉았다. 관습대로라면 승리자이자 조나라의 정복자인 한신이 남쪽을 향하고 포로인 이좌거가 북면北面했어야 했다. 그러나 한신은 정형의 지리적 이점과 한나라군의 약점을 간파한 이좌거를 포로가 아닌 귀한 손님, 스승으로 모시려 했다.

조나라를 평정한 한신은 이좌거에게 연나라와 제나라를 정벌하려 하는데 가르침을 달라고 부탁했다. 이좌거가 자신은 패망한 나라의 신하이자 포로일 뿐이라며 한신의 제안을 정중히 거절하자, 한신은 이좌거를 설득했다.

"소장이 듣기로 백리해百里奚*가 우虞**나라에 머물러 있을 때 우나라는 망했고, 진秦나라에 있을 때는 진나라가 패업을 이루었다 합니다. 이는 백리해가 우나라에서는 어리석었고 진나라에서는 지혜로웠기 때문이 아니라, 그를 썼느냐 쓰지 않았느냐, 그의 말을 들었는가 듣지 않았는가에 따른 차이입니다. 성안군***이 족하의 계책을 새겨들었다면 이 한신 같은 자는 이미 사로잡힌 몸으로 전락했을 것입니다. 성안군이 족하를 쓰지 않은 덕분에 이 한신은 광무군을 모시고 배움을 청할 수 있습니다."[53]

---

* 진秦 목공穆公(?~기원전 621, 재위 기원전 660~621)을 보필해 진나라의 국력 신장에 크게 이바지한 명신으로, 생몰년 미상임.
** 춘추시대에 존재했던 주나라의 제후국으로, 오늘날 산시山西성 윈청運城시 핑루平陸현 북쪽에 있었다.
*** 진여를 지칭한다.

한신의 설득에 이좌거는 한신에게 그가 가진 장단점을 이야기해 주었다. 이좌거는 한신이 위나라에 이어 대나라와 조나라까지 격파하며 용명을 떨쳤지만, 연이은 전투로 인해 군사들의 피로 또한 누적되어 더 이상 전투를 지속하기 어렵다는 사실을 지적했다.

"오늘날 장군께서는 서쪽의 황허강을 건너 위왕을 포로로 잡고 알여에서 하열을 무찔렀으며, 단숨에 정형으로 내려와 조나라의 이십만 대군을 한나절 만에 격파하고 성안군을 주살했습니다. 그 명성이 세상을 뒤덮고 위엄이 천하를 진동시키니 … 장군의 명령을 귀 기울여 기다리지 않는 자 없습니다. 이는 장군이 가진 장점입니다. 하지만 백성들이 고단해하고 군사들이 지쳐 있어 그들을 제대로 부리기가 어렵습니다. 지금 장군께서 지친 군사를 이끌고 연나라의 견고한 성벽 아래 머무르며 공격한다 한들 힘만 빠질 뿐입니다. 성을 함락하지 못하고 아군의 정황만 노출한 채 열세에 몰릴 것이고 헛되이 시간과 군량만 낭비할 것입니다. 그리된다면 약한 연나라도 항복하지 않을 것이고, 제나라 또한 틀림없이 국경 너머에서 방비를 강화할 것입니다. 연나라와 조나라가 서로 도우면서 항복하지 않는다면 유 씨와 항 씨의 패권 다툼 역시 예측하기 어렵게 됩니다. 이것이 장군의 단점입니다."[54]

한신이 아무리 군사적 재능이 탁월한 지휘관이었다 한들 연이은 전투로 전력 손실이 누적되어 작전한계점에 도달한 상태에서 전투를 이어감은 현실적으로 무리한 일이었다. 현대전에서도 한 부대에 계속해서 전투 임무를 맡기지 않는다. 전투를 거듭하며 피로나 손실이 누적된 부대는 후속부대나 예비대와 임무 교대를 한 뒤 후퇴해 보충 및 재정비를 한다. 이를테면 1941년 6월부터 12월까지 이루어진 나치 독일의 소련 침공 작전인 바르바로사 작전Unternehmen Barbarossa에서 나치 독일군은 소련군에게 1000만 명에 육박하는 병력 손실을 입히며 키예프를 점령하고 모스크바 20킬로미터 전방까지 진격하며 압도적인 승리를 이어갔다. 그러나 누적된 손실에 대한 보충이 제때 이루어지지 않아 작전한계점에 도달했고 끝내 소련군의 반격을 받아 작전에 실패한 바 있다. 그리고 1944년 하반기에 소련군도 대대적인 공세를 가해 나치 독일에 점령당한 소련 영토와 동유럽 국가 대부분을 해방했지만, 1944년 12월 무렵에는 손실 누적으로 인해 작전한계점을 맞아 공세를 중단하고 인원 충원과 장비 보충을 해야 했다.

한신 역시 마찬가지였다. 열세의 병력으로 위나라와 대나라를 멸망시키고 타이항산맥을 넘어 조나라까지 정벌했지만, 그 과정에서 휘하 군사들의 피로도가 이미 극에 달한 상태였다. 적절한 휴식과 충원, 보충 없이 무리하게 연나라나 제나라 정벌을 시도했다면 작전한계점에 봉착함으로써 마치 1941년 12월 모스크바를 눈앞에 두고 큰 피해를 입으며 후퇴해야 했던 나치 독일군과 같은 운명을 맞았을지도 모른다. 그렇게 되었다면 서초가 군사적 행동을 감행해 전투력이 크게 약화한 한신의 부대를 격파하고 조나라, 나아가 대나라와 연나라까지 장악했을지도 모를 일이다. 이러한 점에서 이좌거가 한신이 갖고 있던 강점과 약점을 정확히 지적했다고 볼 수 있다.

이좌거는 이어서 한신에게 연나라와 제나라에 대한 무리한 군사적 원정을 자제하고 연나라와 제나라를 외교적으로 굴복시킨 다음 조나라의 내정을 안정시키고 군사력을 강화할 것을 조언했다. 한신은 이좌거의 제안을 받아들였다. 우선 연왕 장도에게 사신을 보내 귀순을 권유했다. 장도는 한신의 제안을 받아들여 한나라에 귀순했다. 이좌거가 지적했듯이 연나라는 조나라, 제나라 등의 제후국보다 국력이 약했던 데다 한신의 북벌로 인해 다른 제후국과 지리적으로 단절되어 버렸기 때문이었다. 이로써 한신은 정형전투를 통해 조나라는 물론 연나라까지도 복속시키는 위업을 세웠다.

불과 4개월여 만에 위나라, 대나라, 조나라에 이어 연나라까지 평정한 한신은 장이와 더불어 조나라를 안정시키고 군사를 재정비하며 군사력을 강화하는 데 집중했다. 조나라가 한신에게 떨어진 후 서초는 여러 차례 병력을 보내 조나라를 침공했으나 한신은 서초군을 번번이 격퇴했다. 한신이 조나라를 정벌한 다음 달인 기원전 204년 11월 조나라와 대나라의 영토는 한나라의 군으로 편입되었다. 정형전투가 일어난 지 1년이 조금 더 지난 기원전 203년 11월, 장이는 유방에 의해 조왕으로 봉해졌다.

중국 북부를 손에 넣고 전환점을 맞이하다

한신이 조나라를 정벌한 데 이어 연나라까지 복속시킴으로써 한나라는 삼진三晉은 물론 중국 북동부를 완전히 장악하게 되었다. 조왕 장이의 영토를 제외한 위나라, 대나라, 조나라의 땅은 모두 한나라 직할 군현으로 재편되었고, 연나라 역시 사실상 한나라의 속국이 되었다.

항우가 이 사실을 모를 리 없었다. 하지만 항우는 한신 토벌에 주의를 기울일 수 없었다. 서초와 한나라의 최전선은 형양·성고 전역이었기 때문이다. 그리고 한신이 조나라를 정벌한 기원전 204년 10~11월 무렵에 항우는 영포 토벌, 제나라와의 관계 조율 등 먼저 매듭지어야 할 일이 있었다. 게다가 조나라와 서초 사이에는 제나라라는 완충지대까지 자리 잡고 있었다. 서초의 조나라 침공군이 한신에게 번번이 격퇴된 까닭도 바로 이런 연유에서 찾을 수 있다.

한나라는 삼진三晉을 장악함으로써 전략적, 지정학적으로 많은 이점을 확보할 수 있었다. 우선 땅이 넓어졌으니 세력이 커졌고, 그만큼 많은 병력과 물자를 모을 수 있게 되었다. 한신과 장이는 군사들을 조련하고 보충해 한나라의 군사력을 강화하는 한편으로, 징집한 군사를 형양·성고 전선으로 보내 최전선의 전력 강화에 도움을 주었다. 게다가 땅이 넓어졌다는 사실은 한나라가 이전보다 더한층 다양한 전략과 전술을 구사할 수 있게 되었음을 의미했다. 요컨대 한나라는 형양·성고 전선을 최전선으로 삼되 여차하면 관중 방면뿐만 아니라 위나라나 조나라 방면을 활용한다는 선택지도 확보한 셈이었다. 실제로 유방은 기원전 204년 후반에 항우의 맹공을 이기지 못하고 위기에 빠졌을 때 한신이 새로 확보한 조나라 땅을 전세를 역전시킬 카드로 활용했다.

무엇보다 한나라가 중국 북동부를 장악함에 따라 한나라는 서초를 지리적으로 포위할 수 있게 되었다. 물론 조나라와 서초 사이에 독자적 세력으로 부상한 제나라가 있었고, 기원전 204년 10~11월 무렵은 아직 한나라가 서초를 상대로 군사적 우위에 선 시기가 아니었다. 하지만 한나라가 파촉과 한중, 관중에 이어 중국 북동부에 해당하는 삼진三晉 북부와 연나라를 장악했다는 사실은 그만큼 서초에 비해 더 많은 잠재력과 가능성을 획득했음을 시사했다. 아울러 한나라가 제나라까지 장악하거나 흡수하는 데 성공한다면, 서초의 삼면을 포위하는 대단히 유리한 상황이 전개될 터였다.

9장

폭풍이 몰아치는 형양

한나라는 서초의 맹공에 흔들리고
서초는 팽월에게 후방을 교란당하면서,
점차 양국이 생사와 흥망을 놓고
격전을 이어가는 국면으로 전환된다.

1

숨 막히는 혈투,
난무하는 권모술수

한신이 북벌을 개시한 지 불과 3개월여 만에 위나라, 조나라를 정벌하고 연나라를 복속시키는 위업을 이룩했다고는 하나, 초한전쟁의 주 무대는 어디까지나 형양·성고 전선이었다. 영포를 축출하고 그 세력을 흡수한 뒤 제나라 방면의 위협 요소를 제거한 항우는 기원전 204년에 접어들어 형양에 대대적인 공격을 개시했다.

항우의 18제후 체제가 문제가 많았고 항우도 제후들을 제대로 통제하지 못했다고는 하나, 서초는 18제후 분봉을 주도한 패왕의 나라인 만큼 그 세력이 강대했다. 위나라, 조나라와 비교할 수 없을 정도로 강한 군사력을 갖고 있었던 데다 서초군을 이끄는 패왕 항우의 무용과 군사적 재능은 당대에 따라올 자가 없는 수준이었다. 영포나 전영 등도 만만찮은 인물이었지만 항우와 서초군에게 패해서 목숨을 잃거나 세력 기반을 완전히 빼앗기지 않았던가. 이토록 강한 항우가 용맹한 서초군을 이끌고 형양 방면에 본격적으로 공세를 가하기 시작하자, 한나라 본토에서 병력과 물자를 지원받을 뿐만 아니라 유방이 직접 진두지휘하던 형양·성고 전선의 한나라군도 흔들리기 시작했다. 유방은 항우의 맹공을 버텨내지 못하고 항우에게 화평을 청하는가 하면 형양을 탈출해야만 하는 상황에 몰리기도 했다. 한편, 항우 또한 팽월이라는 생각지도 못한 후방의 강적에게 휘둘리면서 초한전쟁은 한나라와 서초가 서로의 생사와 흥망을 놓고 격전을 이어가는 국면으로 전환되기 시작했다.

보급로를 둘러싼 치열한 공방전

구강왕 영포의 세력을 완전히 흡수하고 병력 충원과 재정비를 완료한 항우는 기원전 204년에 이르러 벼르고 별렀던 한나라와의 결전을 실행에 옮기기 시작했다. 한나라와 서초가 전쟁을 하는 틈을 타 제나라가 또다시 자립하기는 했지만 당장 서초에 심각한 위협은 되지 않았다. 항우에게 전 국토가 초토화되고 난 후 간신히 재건된 상황이었기에 타국을 침공할 여력이 없었기 때문이다. 무엇보다 항우에게 유방의 한나라는 제나라와 비교할 수 없을 정도로 지대한 위협이었다. 유방을 그대로 놔두면 계속 세력을 키워 영토를 확장하고 서초의 존립마저 흔들 것이 분명했다.

이에 따라 기원전 204년 1~2월 무렵 항우는 한나라 방면 최전선이었던 형양에 대대적인 공격을 개시했다. 항우는 범증의 조언에 따라 오창의 용도부터 공략했다. 진나라의 대규모 식량 창고였던 오창은 한나라군의 보급을 책임졌던 곳으로 한나라군에게 있어 생명줄이나 다름없었다. 물론 태자 유영과 소하가 관중과 파촉에서 병력과 물자를 보급해 주었지만 여기에는 한계가 있었다. 우선 관중과 파촉은 형양과 거리가 멀었다. 게다가 오랜 전쟁으로 인해 관중과 파촉의 농업생산력 및 군수물자 보급 역량도 한계를 보이기 시작했다. 특히 관중은 기원전 206년 항우에 의해 초토화된 데다 기근까지 이어지면서 그 형편이 매우 어려워진 상태였다. 한신이 장이 등의 도움을 받아 위나라, 조나라, 연나라를 평정했지만 이 지역들은 한나라에 편입된 지 얼마 되지 않은 탓에 당장 민심을 수습하고 군사를 재정비해야 하는 처지였다. 따라서 오창의 중요성이 더욱 지대해질 수밖에 없었고, 이러한 정황을 파악한 범증이 한나라군의 전쟁 수행 능력을 마비시키기 위해 용도를 끊으려 했던 것이다.

유방 역시 형양과 오창의 중요성을 충분히 인지하고 있었다. 서초의 공세가 임박해 오자 유방은 각지에 파견했던 장수와 군사들을 오창과 형양으로 불러 모아 방어 태세를 최대한 강화했다. 우선 한신과 더불어 위나라, 대나라, 조나라 정벌에 참여했던 조참, 관영, 소구召歐(?~기원전 179) 등의 숙장들, 그리고 한나라에 귀순한 옛 조나라 장수 정흑程黑(?~기원전 185) 등을 오창으로 소환해 오창을 방어케 했다. 유방이 패현에서 군사를 일으킨 이래 수많은 전투에서 선봉에 서서 많은 공을 세운 주발, 주창周昌(?~기원전 192) 등도 오창으로 보내 오창 방비를 한층 강화했다. 유방은 오창과 인접한 형양성 방어에도 만전을 기했다. 유방이 형양성에 머무르며 전투를 직접 지휘했고 유방의 책사인 장량과 진평이 유방 곁에 머무르면서 유방을 보좌했다. 한왕 신, 여택, 주가周苛(?~기원전 204), 종공樅公(?~기원전 204) 등도 정예병을 이끌고 형양성에 주둔했다.

하지만 항우의 공세는 유방의 예측보다도 훨씬 강하고 맹렬했다. 범증의 조언을 받아들인 항우는 형양 포위에 앞서 정예군으로 이루어진 선발대를 보내 오창의 용도를 끊임없이 공격했다. 물론 오창의 한군도 가만히 앉아서 당하지만은 않았다. 앞서 언급했듯이 오창의 용도는 한나라군의 생명줄이나 다름없었기 때문이다. 관영 등은 오창의 용도를 습격하는 서초군에 맞서 역으로 그들의 보급로를 기습하기도 했다. 하지만 시간이 흐르면서 전황은 서초군에게 유리한 방향으로 흘러갔다. 기원전 204년 3월 초순 서초군은 기어이 오창의 용도를 끊고 말았다.

그토록 방어 태세를 강화했음에도 한나라군의 전쟁 수행에 절대적으로 필요한 오창의 용도가 결국 파괴되었으니 유방으로서는 절망적인 상황이었다. 심지어 오창 용도 파괴는 항우가 인솔하는 서초군 본대가 진격하기도 전에 일어난 일이었다. 이런 마당에 항우의 본대가 맹공을 가해 온다면 한나라군이 얼마나 버틸 수 있을까? 이같은 공포와 불안이 유방은 물론 한나라군 장병 사이에 퍼졌을 것이 분명하다. 이미 팽성에서 항우와 서초군의 무서움을 몸서리칠 정도로 절감한 그들이기 때문이다. 다급해진 유방은 항우에게 강화를 제안했다. 한나라가 형양 서쪽의 영토만 유지하고 그 동쪽의 영토는 포기한다는 것이 강화 조건이었다.

처음에는 항우도 유방의 강화 제안에 관심을 보였다. 하지만 항우를 보좌하던 범증이 유방의 제안을 적극적으로 반대했다. 사실 당시의 상황을 고려하면 범증의 판단은 합리적이었다고 볼 수 있다.

서초군이 오창의 용도를 끊음으로써 가뜩이나 전력 면에서 열세였던 한나라군에 치명타를 안긴 상황이었기 때문이다. 게다가 유방이 누구인가? 항우보다 먼저 관중에 입성해 관중왕이 될 명분을 얻은 이래로 사실상 유배지나 다름없던 한중과 파촉에서 재기해 관중을 빼앗고, 팽성대전에서 참패한 뒤에도 패잔병들을 수습하고 내부 결속을 다지는 한편 한신을 시켜 북벌까지 진행한 인물이 아닌가. 범증은 지금 유방을 쳐부수지 않는다면 훗날 큰 후회를 할 거라며 항우에게 유방의 강화 제안을 거부하고 한나라에 대한 공세를 강화할 것을 권했다. 홍문연에서와 달리 이번에는 항우도 범증의 조언을 받아들여 유방의 강화 제안을 뿌리쳤다. 이에 따라 한나라와 서초 사이에는 국운을 건 전쟁이라는 선택지만 남게 되었다. 초한전쟁의 최전선이었던 형양 일대에는 거대하고 격렬한 전투의 그림자가 드리우고 있었다.

장량이 젓가락으로 그려낸 통일 중국의 밑그림

서초군에 의해 용도가 끊긴 위기 상황 속에서 유방은 위기를 타개할 대책을 강구하기 시작했다. 항우가 강화 제안을 거부했기 때문에 서초와의 싸움을 피할 수 없게 되었는데, 항우와의 전면전은 도저히 승산이 보이지 않았다. 그렇다고 항복할 수도 없었다. 항우는 항복하거나 포로로 잡힌 적군을 무자비하게 학살하는 잔혹하기 짝이 없는 인물이었고, 그 누구보다도 항우에게 많은 위협을 가하며 손해를 입혀온 게 유방과 한나라였으므로 항우에게 용서받기를 바랄 수는 없었다.

　고민에 빠진 유방에게 역이기가 전국시대 육국의 후예를 다시 불러모아 그들을 제후로 봉해 아군을 늘리자는 제안을 했다. 풍전등화의 위기 상황에 몰려 있던 유방은 역이기의 조언을 듣고는 마치 지옥에서 부처라도 만난 듯 감격했다. 유방은 한시라도 빨리 아군을 만들려는 마음에 그 자리에서 부하들을 시켜 금으로 제후의 인장을 만들게 했다. 역이기의 조언 덕분에 한시름 놓은 유방은 식사하기 위해 수저를 들었다.

　마침 그때 장량이 유방을 찾아왔다. 유방은 옛 육국의 후손을 제후로 봉하는 역이기의 계책을 장량에게 들려주며, 어느 빈객이 자신에게 이러한 조언을 했는데 장량의 의견은 어떠한지 물었다. 유방의 이야기를 들은 장량은 기겁하며 유방에게 그런 계책을 따랐다가는 유방의 대업과 한나라의 운명은 끝장난다고 경고했다. 그러고는 유방의 밥상에 올려져 있던 젓가락을 들고 주 무왕武王*의 고사와 유방이 처한 현실을 비교하며 왜 유방이 그 계책을 따라서는 안 되는지 조목조목 설명했다.

　"옛적 상나라 탕왕湯王**은 하나라 걸왕桀王***을 토벌하고도 그 후

---

*　기원전 11세기경 상나라를 몰아내고 주나라의 초대 천자로 등극한 임금으로 중국인들에게는 성군으로 추앙받아 온 인물이다. 그가 주나라를 건국한 이야기를 그린 명나라 때의 소설 『봉신연의封神演義』는 중국의 고전문학으로 오늘날에도 애독되고 있다.
**　상나라의 건국자로 알려진 인물로 중국에서는 성군의 표본으로 추앙받아 왔다.
***　하나라의 마지막 임금으로 사치스럽고 포악하기 그지없는 폭군의 대명사로 널리 알려져 있다.

손을 기杞나라****의 제후로 봉했사옵니다. 이는 탕왕이 능히 걸왕의 목숨을 좌우할 수 있었기 때문에 가능한 일이었사옵니다. 폐하께서는 항적의 목숨을 좌우하실 수 있사옵니까?"[55]

장량의 질문에 유방은 자신이 그런 능력을 갖고 있지 못하다고 답했다. 그러자 장량은 이것이 바로 유방이 육국의 후손을 제후로 봉해서는 안 되는 첫 번째 이유라고 설명했다. 장량은 젓가락을 든 채 말을 이어 갔다.

"주나라 무왕은 상나라 주왕紂王*****을 토벌한 뒤 그 후손을 송宋나라******의 제후로 봉했사옵니다. 이는 무왕이 능히 주왕의 머리를 얻을 수 있었기 때문이었사옵니다. 폐하께서는 항적의 머리를 얻으실 수 있사옵니까?"[56]

마찬가지로 유방은 항우의 그럴 수 없다고 답했다. 장량은 이것이 유방이 육국의 후손을 제후로 봉해서는 안 되는 두 번째 이유라

**** 오늘날 허난성 카이펑시 치杞현 일대에 존재했던 고대 주나라의 제후국이다.
***** 상나라의 마지막 임금으로 하나라 걸왕과 더불어 폭군을 이를 때 쓰는 '걸주桀紂'라는 표현의 주인공이기도 하다. 『사기』의 「은본기」에는 주왕이 정원의 연못에 술을 가득 채우고 나뭇가지에 육포를 매단 채 음란한 술자리를 연일 벌이며 방탕한 생활을 했다고 기록되었으며, 여기서 '주지육림酒池肉林'이라는 고사성어가 나왔다. 하지만 오늘날 학계에서는 실제 주왕은 포악하고 방탕하기는커녕 군주의 자질을 갖추고 있었지만 주 무왕에게 패한 끝에 폭군으로 낙인찍히고 말았다는 견해도 제시되고 있다.
****** 오늘날 허난성 카이펑시 일대에 존재했던 고대 주나라의 제후국이다. 960년부터 1279년까지 존속했던 중국의 송 왕조도 근거지와 도읍이 카이펑이었기 때문에 '송'이라는 국호를 사용했다.

고 설명했다. 장량은 이야기를 이어갔다.

"주 무왕은 상나라에 침공했을 때 상용商容*의 마을에 상을 내리고 감옥에 갇힌 기자箕子**를 석방했으며 비간比干***의 무덤 위에 흙을 쌓았사옵니다. 폐하께서는 성인의 무덤 위에 흙을 쌓고 현자의 마을에 상을 내리며 지자의 문 앞에서 경의를 표할 수 있사옵니까?"[57]

유방이 여기서도 그럴 수 없다고 대답하자, 장량은 이것이 제후를 봉해서는 안 되는 세 번째 이유라고 설명했다. 장량의 이야기는 여기서 멈추지 않았다.

"주 무왕은 거교鉅橋****의 곡식과 녹대鹿臺*****의 금전을 빈궁한 백성들에게 나누어 주었사옵니다. 폐하께서는 관아와 곳간의 금전

---

* 상나라 주왕 때 살았던 현자로 폭군 주왕에게 간언을 하다가 쫓겨난 뒤 타이항산맥에 은거했다고 전해지며, 주 무왕이 상나라를 토벌하면서 상용의 고향 마을 입구에 그를 기리는 기념물을 세웠다고 한다.

** 상나라 주왕의 친척으로 일려진 인물로 주왕에게 폭정을 멈추고 어진 정치를 하라고 간언하다 주왕의 노여움을 사 투옥되었으며, 상나라 멸망 후에는 주 무왕의 초빙을 고사하고 은둔했다고 한다. 기자가 그 뒤 한반도로 이주해 고조선의 임금이 되었다는 설(기자조선설)도 있다.

*** 상나라 주왕의 숙부로 학정을 일삼는 주왕에게 올바른 정치를 하라고 간언했으나 뜻을 이루지 못하고 세상을 떠났다고 알려진 인물이다.

**** 오늘날 허베이성 한단시 취저우曲周현 일대의 옛 지명으로 상나라 주왕 재위기에 식량 창고가 있었다고 전해진다.

***** 상나라 주왕이 세웠다고 알려진 누대樓臺로, 그가 이곳에 금은보화를 숨겨두고 사치와 향락을 즐겼다고 전해진다.

초한전쟁

과 곡식을 풀어 빈궁한 백성들에게 내주실 수 있사옵니까?"[58]

마찬가지로 유방은 고개를 저었고, 장량은 이것을 네 번째 이유라고 설명했다. 장량은 유방에게 다섯 번째 이유도 설명해 주었다.

"상나라 정벌이 완전히 마무리되자 주 무왕은 병거의 고삐를 빼 평범한 수레로 만들고 창 자루를 뒤집어 창고에 넣은 뒤 호랑이 가죽을 씌움으로써 천하에 더 이상 군사를 부릴 일이 없음을 보였나이다. 폐하께서는 지금 무武를 버리고 문文을 행하시어 더는 군사를 부리지 않으실 수 있사옵니까?"[59]

이번에도 유방의 대답은 "그럴 수 없다"였다. 장량은 이어서 여섯 번째 이유를 설파했다.

"주 무왕은 군마를 화산華山***** 남쪽에 풀어놓음으로써 두 번 다시 군마를 쓸 일이 없음을 보였나이다. 폐하께서는 군마를 이제는 부리지 않고 풀어놓으실 수 있사옵니까?"[60]

이 역시 항우와 대치 중이었던 유방이 그렇다고 대답할 질문은 당연히 아니었다. 장량은 일곱 번째 이유가 될 질문을 던졌다.

***** 관중분지 남동쪽에 있는 산으로 중국의 오악五岳 가운데 서악西岳에 해당한다. 고대부터 중국인들이 신성시한 산이며, 오늘날에는 관광지로 유명하다.

"주 무왕은 도림桃林*의 북쪽에 소를 풀어놓음으로써 군수물자를 운반하거나 마초馬草를 모아둘 일이 두 번 다시 없음을 드러내었나이다. 폐하께서는 소를 부려 군수물자를 운반하거나 마초를 모으실 일이 이제는 없사옵니까?"[61]

마찬가지로 유방은 그렇지 않다고 답했다. 그러자 장량은 당시의 상황과 육국 후손 봉작의 지정학적 의미를 언급하며 제후를 봉해서는 안 되는 마지막 여덟 번째 이유를 설명했다.

"천하의 유사遊士들이 조상의 무덤을 버려두고 혈육의 곁을 떠나 오랜 벗을 멀리한 채 폐하를 따라 종군하는 까닭은, 손바닥만 한 땅덩어리라도 떼어 주기를 밤낮으로 바라는 마음 때문이옵니다. 지금 한, 위, 연, 조, 제, 초의 옛 육국 왕실을 다시 세우신다면 천하의 유사들이 각자 자기 주인에게로 돌아가고 혈육과 벗, 조상의 무덤으로 향할 것이옵니다. 그렇다면 폐하께서는 대체 누구와 함께 천하를 도모하실 수 있겠나이까. 이것이 제후를 봉해서는 안 되는 여덟 번째 이유이옵니다. 게다가 서초의 세력이 더한층 강성해지면 새 제후들이 서초 측에 붙을지도 모르옵니다. 그렇다면 폐하께서 이들을 어찌 신종臣從케 할 수 있겠나이까. 그 빈객**의 계책을 따르신다면 폐하의 대업은 모두 어그러질 것이옵니다."[62]

---

* 허난성 링바오靈寶현 서쪽에서부터 낙양과 장안 사이의 관문인 동관潼關에 이르는 지역의 옛 지명으로, 주 무왕이 상나라를 정벌한 뒤 군수품 운반에 쓰던 소를 이곳에 방목했다는 일화가 있으며 이 때문에 소를 도림처사桃林處士라 부르기도 한다.
** 역이기를 가리킨다.

젓가락까지 휘두르며 열변을 토한 장량의 설복에 유방은 정신이 번쩍 들었는지 입안에 든 음식물을 내뱉으며 역이기 때문에 대사를 그르칠 뻔했다며 소리쳤다. 그러고는 제후의 인장을 서둘러 녹여 없 애라는 명령을 내렸다.

"어리숙한 유생 놈의 자식 때문에 큰일을 완전히 망칠 뻔했구나!"[63]

장량이 젓가락을 휘두르며 유방에게 조언한 이야기는 대중적으로 꽤 널리 알려져 있다. 장량의 통찰력뿐 아니라 주군 앞에서 젓가락까지 휘둘러 가며 거침없이 직언하는 기백이 상당히 인상적이기 때문일 것이다. 물론 신하들의 다양한 의견을 빠르게 수용해 최선의 결정을 내리는 유방의 성품도 주목할 만하다.

결과적으로 유방은 역이기가 아닌 장량의 의견을 따름으로써 다시 중국 땅이 잘게 쪼개지는 것을 막을 수 있었다. 만일 역이기의 제안에 따라 옛 육국을 다시금 부활시켰다면 간신히 한나라의 군현으로 편입한 위나라, 대나라 땅의 상당 부분이 또다시 여러 제후의 땅으로 분열되었을 것이다. 그리고 제후들의 도움을 받아 항우와의 전쟁에서 이겼다 하더라도, 제후들은 유방에게 충성을 바치는 대신 전공을 내세우며 이권을 다퉜을 공산이 크다. 무엇보다 옛 육국 왕실의 후예라면 왕으로서의 정통성을 갖고 있으니 백성들의 지지를 받을 수 있었다. 그러므로 그들이 제후가 되면 그들의 발언권이 점점 강해질 것이며, 반기를 들어도 숙청하기가 어렵게 될 터였다.

유방은 장량 덕분에 중국을 제후들이 할거하는 봉건 체제로 돌리는 실수를 범하지 않을 수 있었다. 이러한 점으로 미루어 보건대 장량은, 유방이 서초를 격파하고 초한전쟁의 승리자가 되는 데 도움을 준 책사 정도로만 간주해선 안 될 듯하다. 거기에서 더 나아가 특출난 지정학적 안목을 바탕으로 중국을 온전히 통일된 영역으로 만드는 데 중대한 기여를 한, 중국사에 큰 획을 그은 인물로 볼 수도 있을 듯싶다.

유방을 살린 진평의 독수

서초군이 형양성 앞에 도달해 공세를 가하자 한나라군은 큰 혼란에 빠졌다. 유방은 어떻게든 항우의 전력을 약화해야만 했다. 하지만 뾰족한 수가 없었다. 영포는 항우에게 세력을 몽땅 빼앗겨 버렸고, 한신의 북벌군은 애초에 큰 규모가 아니었던 데다 조나라를 정벌한 뒤에는 한나라로부터 벗어난 독자적인 세력처럼 행동하며 형양·성고 전선에 적극적인 지원을 해주지 않았다. 한신이 삼진三秦 전역을 정벌한 데 이어 연나라까지 복속시켰다 한들 형양이 함락되고 성고까지 항우의 손에 떨어진다면 아무런 소용이 없는 일이었다.

이 같은 위기 상황에서 진평은 독수毒手, 즉 매우 악독하면서도 결정적인 수를 생각해 냈다. 서초군 수뇌부의 인사 문제를 이용해 그들 사이에 내분을 조장하는 계책이었다. 진평은 유방에게 서초군 수뇌부를 분열시킬 것을 제안했다.

"항왕은 사람됨이 다른 사람을 공경하고 아끼는지라 청렴하고 절개 있으며 예의를 아는 선비들이 그의 밑에 많이 들어갔나이다. 하지만 논공행상을 하고 작위와 영지를 내리는 일에는 인색하여 선비들이 항왕에게 진심을 다 바치지는 못하고 있사옵니다. … 항왕에게 몸 바쳐 충성을 바치는 신하는 아부, 종리말, 용저, 주은周殷(?~?) 등 몇 사람에 지나지 않사옵니다. 대왕께서 수만 근의 금을 마련하시어 이간책을 행하시면 서초 군신의 사이를 틀어지게 하고 그들 사이에 의심하는 마음을 심어놓을 수 있나이다. 항왕은 의심이 많고 참소에 약한 자이옵니다. 서초 내부에서 서로 죽이는 일이 반드시 일어날 것이옵니다. 한나라가 그 틈을 타 군사를 일으켜 공격한다면 서초를 반드시 깨뜨릴 수 있사옵니다."[64]

유방은 진평의 계책을 받아들였다. 이에 따라 유방은 진평에게 공작금으로 황금 4만 근*을 준 다음 마음대로 쓰게 했다. 진평은 서초군 진영에 첩자를 잠입시키고 유방이 내준 공작금을 뿌려대며 풍문을 퍼뜨렸다. 용저, 종리말 등의 장수들이 전쟁터에서 세운 공적에 걸맞는 보상을 받지 못한 탓에 주군인 항우에게 불만이 많다는 내용의 풍문이었다.

인간사를 보면 뜬소문, 그것도 남을 비방하거나 사람들의 사이를 이간하는 소문은 사실 여부와 관계없이 이 사람 저 사람의 입방아에 오르내리며 전염병처럼 빠르게 퍼져가는 경우가 많다. '쑥덕공론'이니 '뒷담화'니 하는 것들이 얼마나 우리 삶과 가까운지 독자 여러분도 공감하리라 믿는다. 우리 삶에 아무런 영양가도 없는 연예인

---

* 한나라 시대의 도량형에 따르면 한 근은 약 250그램이었으니, 4만 근이면 10톤 정도이다. 2022년 6월 기준으로 금 1킬로그램의 가격이 7000만~8000만 원 선이니, 요즘의 값으로 치면 무려 7000억 원이 넘는 거액이다.

이나 유명 인사의 스캔들이 지금도 언론 지면을 장식하고 있으니 말이다. 이는 고대에도 다르지 않았다. 게다가 진평이 황금 4만 근에 달하는 막대한 공작금까지 뿌려댔으니 발 없는 말이 날개까지 단 격이었다. 서초군의 기간을 이루는 장수들이 항우에게 불만을 갖고 있다는 풍문은 서초군 진영에서 불길처럼 빠르고 거침없이 번져갔다. 이런 풍문이 항우의 귀에 들어가지 않을 리 없었다. 진평의 예측대로 항우와 부하 장수들의 사이에는 골이 생기기 시작했다.

진평의 독수는 그저 항우와 장수들을 이간질하는 데 그치지 않았다. 한번은 항우가 보낸 서초의 사자가 유방의 진영에 왔다. 진평은 나라의 큰 제사를 치르거나 아주 귀한 손님을 접대할 때에나 볼 수 있던 최고급 상차림인 태뢰太牢*가 차려진 극진한 접대 자리로 사자를 안내했다. 그러다가 접대 석상에서 갑자기 기겁을 하더니 부하를 시켜 태뢰를 모두 치우고 조잡하게 차려진 상을 다시 올리게 하고는 이렇게 말했다.

"아부의 사자인 줄 알았더니, 항왕이 보낸 사자였구나!"[65]

범증이 보낸 사자에게는 태뢰까지 마련하며 극진히 대접하면서 정작 범증의 주군인 항우의 사자는 푸대접하는 진평의 행태는 범증이 한나라와 내통하고 있음을 의심케 하기 충분했다. 눈앞에서 그러한 무례하기 짝이 없는, 아니 그 전에 상식적으로 이해하기조차 힘든 푸대접을 받은 항우의 사자들은 더욱 강한 의심을 품었을 것

---

* 쇠고기, 양고기, 돼지고기를 모두 써서 만든 최고급 제사상 또는 접대용 상차림을 말한다.

초한전쟁

이다. 사자들은 자기네 진영으로 돌아가 자기들이 보고 느낀 바를 그대로 항우에게 고했다.

항우는 사자의 보고를 받고 범증을 의심하기 시작했다. 진평의 독수를 눈치채지 못한 범증이 항우에게 지금이야말로 형양을 함락할 적기라며 형양에 대대적인 공세를 가할 것을 진언했지만, 범증을 의심한 항우는 그의 진언에 귀를 기울이지 않았다. 예전과 달라진 항우의 태도를 범증이 느끼지 못했을 리가 없다. 게다가 주변 사람들까지도 범증에게 항우가 그를 의심한다는 말을 했다. 범증은 분노와 실망감, 허탈함을 이기지 못하고 항우에게 관직에서 물러나겠다는 의사를 밝혔다.

"천하의 일이 어느 정도 정해졌사오니, 앞으로는 대왕께서 스스로 처리하실 수 있을 것이옵니다. 바라건대 해골을 내주시면** 초야로 돌아가겠나이다."[66]

항우는 관직에서 물러나겠다는 범증의 뜻을 받아들였다. 이로써 항우는 초 회왕 옹립을 제안해 서초가 건국되는 데 결정적인 공을 세웠을 뿐만 아니라 항우의 최측근에서 군사 및 외교를 담당했던 유능한 참모총장을 스스로 내쫓고 말았다. 관직을 버린 범증은 전선을 떠나 팽성으로 귀향길에 올랐으나, 도중에 등창이 나서 팽성에 도착하기도 전에 객사하고 말았다. 범증의 역량과 업적을 생각해

** '해골을 내주다賜骸骨'라는 표현은 주군에게 메인 몸, 즉 해골을 풀어준다는 뜻이니 벼슬을 버리고 사직함에 대한 은유이다.

보면 참으로 허무하기 짝이 없는 최후다. 고령의 몸으로 전쟁터에서 항우를 보좌하며 참모총장 업무를 보는 일도 고되었을 텐데, 진평의 독수로 인해 믿었던 주군에게 버려지기까지 했으니 견디기 힘들 정도의 스트레스와 상실감이 몸을 상하게 한 것이 아닌가 싶다.

진평의 독수는 범증을 제거하는 데 성공했다는 점에서 한나라에 중대한 이익을 가져다주었다. 범증은 항우가 아부라 부를 정도로 서초군에서 발언권이 큰 책사이자 참모였기 때문에, 그의 실각과 죽음은 서초군의 의사 결정에 적지 않은 타격을 주었다. 하지만 진평의 독수가 서초군의 즉각적인 와해를 불러온 것은 아니었다. 항우는 형양에 대한 공세의 고삐를 늦추지 않았고, 기원전 204년 4월에는 형양성을 포위하기 시작했다. 유방은 독 안에 든 쥐 신세가 되고 말았다. 형양에 한의 정예 병력이 주둔했다고는 하지만 포위당한 상태에서 오래 버틸 수는 없었다. 포위를 풀지 못하면 유방은 항우에게 사로잡혀 죽을 판이었다. 포위가 길어지면서 형양성의 군량은 고갈되어 갔고 기원전 204년 6~7월에 이르자 형양성의 군량 창고는 끝내 바닥을 드러냈다.

유방은 결국 형양을 포기하고 퇴각한다는 결정을 내렸다. 하지만 이미 포위되었기 때문에 퇴각 자체가 극히 어려운 일이었다. 이때 진평이 또 한 번 계책을 냈다. 부녀자 2000명을 무장시킨 뒤 성 밖으로 내보내 서초군의 시선을 끌고 그 틈에 탈출하는 계책이었다. 유방의 안전한 탈출을 도모하는 동시에 형양을 끝까지 사수하는 데 필요한 병력을 보존할 수 있는 책략이었지만 아무 죄 없는 백성, 그것도 저항도 제대로 할 수 없는 부녀자들을 희생시키는 끔찍한 작전이었다. 여기에 기신紀信(?~기원전 204)이라는 장수가 가세했다.

기신은 유방에게 자신이 유방 행세를 하면서 서초군의 주의를 끌 테니 그동안 신속하게 탈출하라고 진언했다. 이에 따라 기신은 유방이 안전하게 탈출하는 동안 미끼 노릇을 할 가짜 유방 역을 맡게 되었다.

기원전 204년 7월 초순의 어느 날 밤, 갑옷을 입고 창검을 든 채 대오를 갖춘 한나라 군사들이 형양성의 동문을 나왔다. 한나라군의 기습 혹은 최후의 공격이라 판단한 서초군은 이들을 향해 공격을 시작했다. 한나라군을 공격하던 서초군의 눈에 천자의 깃발을 꽂은 어가御駕가 들어왔다. 영락없는 유방이었다. 한군에 이어 유방까지 형양성 밖으로 나오자 서초군은 사기가 올랐다. 유방은 서초군을 향해 큰소리로 외쳤다.

"성안의 식량이 바닥났으니 한왕은 이제 항복하노라!"[67]

한왕 유방이 군사를 이끌고 나와 항복하자 서초 군사들은 만세를 외쳤다. 유방을 사로잡고 한나라와의 전쟁에서 대승을 거뒀기 때문이다. 그런데 유방을 포박하고 전장을 정리하며 포로와 전사자들을 수습하던 항우와 서초 군사들은 어딘가 몹시 이상한 점을 느꼈다. 죽이거나 사로잡은 한나라 군사들을 살펴보니 갑옷을 입고 투구를 쓴 여자들이었다. 게다가 항우가 사로잡은 유방을 심문해 보니 그는 실제 유방이 아니라 유방 행세를 하는 기신이었다. 항우와 서초군이 헛물만 켠 셈이었다. 항우가 기신에게 유방의 행방을 묻자, 기신은 유방은 이미 형양성을 벗어났다고 대답했다. 대로한 항우는 기신을 불태워 죽였다. 항우의 평소 행적과 당시의 분위기를 고려하면 사로잡힌 부녀자들의 운명도 별반 다르지 않았을 듯싶다.

기신과 부녀자 2000명이 형양성 동문에서 서초군의 주의를 끄는 동안 유방은 장량, 진평 등 최측근과 함께 기병 수십 기의 호위를 받으며 서문으로 빠져나갔다. 한왕 신, 위표, 주가, 종공은 형양성에 남아 항우에게 맞서 끝까지 성을 지키는 임무를 맡았다. 유방은 이들이 형양성에서 항우를 붙잡아 두는 동안 형양 밖에서 군사를 재정비해 항우에게 역습을 가할 생각이었다. 이렇듯 유방은 형양성 동문에서 2000명의 부녀자들을 희생시킴으로써 군사들의 희생을 최소화하며 약간의 시간을 벌 수 있었다.

한편 유방이 형양성을 떠난 뒤 주가와 종공은 배신을 일삼은 자는 믿을 수 없다며 위표를 살해했다. 이로써 옛 전국시대 위나라는 나라가 망한 데 이어 왕통마저 끊기고 말았다. 한때 제후국의 왕을 지냈고 관상가 허부의 예언을 믿고 중국의 패권까지 노렸던 인물은 이처럼 허망하고 비참한 말로를 맞았다. 이는 주나라 봉건제가 막을 내리고 중국이 한나라라는 통일 왕조의 땅으로 변모하는 과정을 극적으로 보여주는 하나의 사례이기도 했다.

2

이리저리 휘둘리는 서초패왕

기신과 부녀자 2000명의 희생 덕분에 형양을 무사히 빠져나온 유방이 다음으로 할 일은 병력을 충원하고 재정비한 뒤 형양을 구원하고 서초와의 결전을 준비하는 것이었다. 그렇다면 유방은 어디로 향했을까? 지금까지 이 책을 쭉 읽어온 독자분이라면 관중이라고 답할지도 모른다. 왜냐하면 관중은 한나라의 근거지이자 도읍이 있는 곳일 뿐 아니라 서초의 추격을 방어하기에도 적합한 장소이기 때문이다. 실제로 형양을 빠져나온 유방도 관중으로 향하려 했다. 관중에서 군사를 모은 뒤 형양을 수복하려는 심산이었다.

관중 대신 남쪽으로 향하는 유방

그때 원烎 씨 성을 가진 유생, 즉 원생烎生이 유방을 찾아와 관중으로 돌아가는 대신 무관 남쪽으로 향하라고 조언했다. 그는 유방이 남쪽으로 향하면 서초군의 전력을 분산시킬 수 있으며, 이렇게 시간을 번 뒤 한신이 정벌한 북쪽 영토의 군사들을 동원한다면 서초를 상대로 승리를 거둘 수 있다고 주장했다.

> "한나라는 초나라와 형양에서 대치한 지난 수년 동안 늘 곤궁했사옵니다. 소신은 대왕께서 무관을 나가시기를 바라나이다. 그렇게 한다면 항우는 틀림없이 군사를 이끌고 남쪽으로 내려올 것이옵니다. 그러면 대왕께서는 벽을 높이 쌓으신 다음 형양과 성고의 군사들에게 나가 싸우지 말고 휴식을 취하도록 명을 내리소서. 그런 다음 한신 등을 시켜 하북의 조나라 땅을 안정시킨 뒤 연나라, 제나라와 연합하소서. 대왕께선 그 뒤에 형양으로 가셔도 늦지 않사옵니다. 이처럼 한다면 서초는 여러 전선을 방비해야 하므로 병력을 분산할 수밖에 없고 한군은 휴식을 취할 수 있사옵니다. 그런 뒤에 서초와 싸운다면 서초를 반드시 격파할 것이옵니다."[68]

유방이 부녀자들을 내던지면서까지 형양에서 탈출해야 했을 정도로 한나라군은 형양·성고 전선에서 열세에 몰려 있었다. 하지만 당시 중국 전체의 지정학적 상황은 유방과 한나라가 불리하다고 쉽게 단정 지을 수 있는 상황이 결코 아니었다. 이미 한나라는 한신의 북벌을 통해 삼진三晉 전역은 물론 연나라까지 아우르는 광대한 영역을 지배하고 있었다. 그러니까, 군사력은 서초에 비해 열세였을지 몰라도 서초보다 훨씬 넓은 영토를 가지고 있어 서초의 공세에 유연하게 대처할 수 있다는 이점이 있었다.

유방이 만일 관중으로 철수했더라면 당장 서초군의 공세를 방어하는 데는 큰 문제가 없었겠지만, 형양과 성고를 서초에 빼앗기고 관중에 틀어박힌 상태로 상황이 고착되었을 가능성이 크다. 이미 오창의 용도를 잃고 형양을 사실상 버리다시피 한 마당에 관중까지 퇴각한다면 한군의 사기는 당연히 저하될 수밖에 없었다. 게다가 관중은 연이은 전란과 기근 등이 겹치며 크게 피폐해진 상태였다. 관중 방면으로 서초군의 공세가 지속된다면 한군은 계속해서 수세에 몰릴 수밖에 없었고 군사들의 사기가 저하됨은 물론 보급 문제까지 불거질 소지가 컸다. 물론 조나라 일대에 한신과 장이의 병력이 남아 있었지만, 그곳은 한나라의 중심부도 아니었고 한나라가 완전히 장악했다고 보기도 어려운 상태였다. 이러한 점에서 원생은 비록 그의 본명과 구체적인 행적을 후대에 남기지 못했지만, 유방이 초 회왕 휘하의 탕군장이었던 시절 창읍 대신 진류를 공략케 함으로써 유방의 세력 확장에 크게 기여했던 역이기처럼 지정학적, 군사지리학적 안목을 가진 인재였지 않았을까 하는 생각도 든다.

유방은 완·섭 방면으로 퇴각하기로 결정했고, 퇴각하는 과정에서 신병을 소집하고 보충병을 받아 병력을 충원하며 전력을 강화했다. 이때 항우에게 세력을 잃은 영포도 유방에게 합류해 힘을 보탰다. 2장에서 살펴본 바와 같이 완과 섭은 무관으로 이어지는 교통의 요지이기도 했지만, 거대한 분지에 위치한 지역이라 수비에도 유리했다. 이곳에서 유방은 진지를 구축하며 항우의 공세를 방어할 준

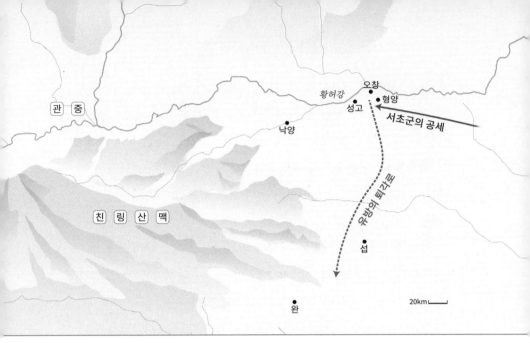

항우의 형양 포위와 유방의 완·섭 방면 퇴각

비를 했다.

예상과 달리 유방이 관중으로 가지 않고 남쪽으로 퇴각해 진을 치자 항우는 당황했다. 어쨌든 항우에게 가장 시급한 문제는 형양이나 성고의 점령이 아닌 유방의 신병 확보였기 때문에, 항우는 형양을 일시적으로 떠나 병력을 남쪽으로 돌려 유방의 직속부대를 포위했다. 유방은 원생의 조언대로 문을 굳게 걸어 잠그고 방어에 임했다. 어쩔 수 없이 병력을 나누어 남쪽으로 내려온 항우는 보급로까지 길어지는 문제에 봉착하고 말았다.

형양에서 유방은 항우의 공세를 당해내지 못하고 비루한 모습으로 도주하긴 했지만 완과 섭 일대에서 또다시 살아났다. 그런데, 어떻게든 이번엔 유방의 숨통을 반드시 끊겠노라고 벼르던 항우의 등 뒤에서 그가 생각지도 못했던 난리가 일어났다.

초한전쟁

팽월의 서초군 후방교란

유방이 기신과 2000명의 부녀자들을 희생시켜 야반도주하듯이 형양을 빠져나감에 따라 한나라의 형양·성고 방어선 와해는 시간문제로 보였다. 하지만 항우가 또 이 시점에 매우 골치 아픈 방해물에 발목을 잡히고 말았다. 그 방해물은 다름 아닌 대량 땅에서 한나라의 유격대장 노릇을 하던 팽월이었다.

팽월은 항우의 18제후 분봉에서 배제된 데 앙심을 품고 줄곧 항우를 적대시해 왔다. 기원전 206년 전영, 진여 등이 항우에게 반기를 들었을 때 팽월이 그들과 협력해 항우의 후방을 교란했던 까닭도 바로 그 때문이었다. 게다가 거야의 수적 출신인 팽월은 군사적 재능도 남달랐다. 거야의 택에서 소년집단을 이끌며 젊은 시절부터 도적질과 싸움을 일삼았던 탓에 유격전을 전개하는 데 특히 천재적인 재능을 발휘했다. 택이라는 공간을 누구보다 잘 알고 있던 팽월은 택 이곳저곳을 자유자재로 넘나들면서 기습과 노략질을 실컷 한 다음 소리 소문 없이 사라지는 전술을 구사하며 서초의 용맹한 군사들을 한껏 농락했다. 심지어는 유격전을 벌여 기원전 206년 겨울 수적으로도 우세했던 소공 각의 서초군을 격퇴한 전적도 있었다.

항우에게 가장 큰 문제는 팽월의 활동 무대였던 대량이 서초 본토와 형양·성고 전선의 중간 지점이었다는 것이다. 고대부터 중원의 교통 요지였던 대량은 기원전 204년 당시에는 형양·성고 전선과 팽성을 잇는 서초군의 보급로상에 위치하고 있었다. 당시 한나라군으로서는 당연히 서초군의 보급로를 공격할 여유가 없었다. 이미 오창의 용도가 끊겼을 뿐 아니라 형양까지 포위된 상황이었기 때문이다.

하지만 대량 일대에 근거지를 두고 유격전을 벌이던 유방의 동맹 세력 팽월이라면 이야기가 달랐다. 항우에 대한 적개심이 하늘을 찔렀던 팽월은 유방이 초 회항 휘하의 탕군장이었던 시절부터 유방과 동맹 관계에 있었다. 그러므로 유방이 팽월을 잘 다독여 자기편으로 만든다면 얼마든지 서초군의 보급로를 교란할 수 있었다. 유방은 이 같은 대량의 군사적 가치를 충분히 이해하고 있었기 때문에 팽월과 긴밀한 관계를 유지했다.

팽월은 유방의 기대를 저버리지 않았다. 서초군의 주력군이 형양·성고 전선에서 고착된 틈을 타 팽월은 유격전을 벌이며 서초군의 보급로를 끊임없이 교란했다. 항우가 오창의 용도를 끊고 형양을 포위하는 등 한나라군을 상대로 압도적인 우세를 점하며 맹공을 퍼부었음에도 형양·성고 전선을 끝내 붕괴시키지 못했던 이유 중 하나가 바로 팽월의 대량 보급로 차단이었다.

주가와 종공, 한왕 신이 형양성을 지키며 서초군을 붙잡아 두는 사이에 유방이 완·섭 일대로 이동해 방어전을 벌이고 있던 기원전 204년 봄, 팽월은 대량에서 동진해 서초 영토 내부의 동아와 하비를 공격했다. 항성과 설공薛公(?~기원전 204) 등이 하비를 지켰지만 팽월의 공세를 이기지 못하고 참패했고, 설공은 그 와중에 전사하고 말았다. 하비는 팽성에서 동쪽으로 고작 60~70킬로미터밖에 떨어져 있지 않은 곳이었다. 하비의 함락은 곧 서초의 도읍인 팽성이 팽월에게 함락당할 위기에 처했음을 의미했다. 만에 하나 팽월에게 팽성을 빼앗긴다면 형양·성고 전선의 서초군은 보급이 끊기는 것은 물론 돌아갈 곳조차 잃어버리고 파국을 맞이할 수도 있었다.

항우는 어쩔 수 없이 형양과 완, 섭을 내버려 둔 채 서초 영토 깊

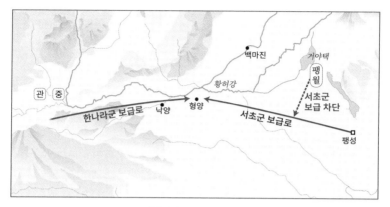

팽월의 서초군 보급로 교란

숙이 침입한 팽월군을 향해 말 머리를 돌렸다. 기원전 204년 4월경 항우의 주력군은 동쪽으로 이동해서 팽월군을 격퇴했다. 싸움에는 도가 튼 팽월이었지만 항우의 주력군과 정면으로 싸워 이길 수는 없었다. 팽월군은 유격군답게 승산 없는 전면전을 벌이는 대신 거야와 대량의 택으로 흩어져 몸을 숨겼다.

형양·성고 전선에서 맹공을 퍼부어 한나라를 패망 직전까지 몰고 갔던 항우는, 유방을 놓친 데 이어 팽월의 후방 교란에 발목까지 잡히고 말았다. 형양성은 포위된 와중에도 여전히 함락되지 않고 버티고 있었고, 유방은 남쪽 땅에서 병력을 보강하고 있었다. 팽월 역시 동아와 하비를 항우에게 내주며 퇴각했을 뿐 근거지로 무사히 숨어들었다. 항우는 연이은 승리에도 불구하고 형양·성고 전선에서 더 나아가지도, 유방을 사로잡지도 못했으며 후방을 위협하는 팽월 세력을 축출하지도 못했다. 계략에 휘둘려 범증이라는 뛰어난 참모만 애꿎게 쫓아내 죽인 셈이었다.

3

패배를 거듭하면서도
승기를 잡아가는 유방

항우가 팽월을 치기 위해 군사를 동쪽으로 물린 틈을 타 유방은 기원전 204년 봄 성고에 입성했다. 형양·성고 전선에는 또다시 거대한 전운이 감돌기 시작했다. 유방은 성고를 발판 삼아 형양의 포위를 풀고 오창까지 수복해 전세를 역전할 계획을 세웠다.

그런데 동쪽으로 주력군을 이끌고 간 항우가 유방의 예상보다 훨씬 빨리 팽월군을 격파했다. 항우는 팽월을 치기 위해 동쪽으로 향한 지 채 한 달도 되지 않아 팽월군 소탕을 마무리 짓고 형양·성고 전선으로 되돌아왔다. 항우는 다시 한번 형양에 대대적인 공세를 가했다.

기어이 함락된 형양과 성고

형양을 수비하던 주가와 종공은 배신할 가능성이 있다는 이유로 위표를 살해하기까지 하며 결사의 각오를 한 상태였다. 그러나 그렇다고 해도 그들의 역량만으로 항우의 맹공을 당해낼 수는 없었다. 이미 오창의 용도가 파괴되었고, 유방이 탈출하며 여러 장수와 정예병들을 데려간 상태였기 때문이다. 애초에 주가, 종공, 한왕 신 등의 임무는 서초군을 묶어두는 것이었지 격퇴하는 것이 아니었다. 유방의 주력군이 주둔해 있는 동안에도 계속해서 수세에 몰렸는데, 전력까지 크게 줄어든 마당에 항우를 상대로 승리를 기대할 순 없는 노릇이었다.

기원전 204년 6월 형양성은 결국 항우에 의해 함락되고 말았다.* 한왕 신, 주가, 종공은 서초군에게 사로잡혀 항우 앞에 끌려갔다. 항우는 주가의 용맹과 절개를 칭찬하고는 상장군의 벼슬을 내리는 동시에 3만 호戶를 거느린 제후로 삼겠다며 주가에게 항복을 종용했다. 하지만 주가는 항우의 파격적인 조건에 마음이 흔들리기는커녕, 자신은 운이 나빠 사로잡혔지만 머지않아 유방이 서초군을 모조리 격파하고 항우를 사로잡을 것이라며 욕설까지 퍼부었다. 분노한 항우는 주가를 가마솥에 넣어 삶아 죽였다. 종공 역시 항우에게

---

* 항우의 형양, 성고 함락부터 유방의 한신 병권 회수 사건까지, 이 무렵 벌어진 일련의 사건들에 대한 정확한 시점은 『사기』의 주요 본기와 세가, 열전, 그리고 「진초지제월표」의 기록이 한두 달 정도의 차이를 보인다. 본서에서는 『사기』 『한서』 등을 토대로 초한전쟁기 한나라군의 움직임을 분석하고 재구성한 친리키陳力의 논문(2020, 57쪽) 내용을 바탕으로 각 사건을 월月 단위로 서술했음을 밝힌다.

참수당했다. 그나마 한왕 신은 제후였기 때문인지 처형을 면하고 옥에 갇혔는데, 후에 탈주해 한나라군 진영으로 복귀했다.

동쪽의 형양이 순식간에 무너지자 서쪽의 성고가 그대로 서초군의 위협에 노출되었다. 한군이 미처 손쓸 틈도 없이 항우의 맹공이 가해졌고 이내 성고마저 포위되고 말았다. 완과 섭에서 전력을 증강하고 팽월과 유가 등을 시켜 서초의 후방을 교란한 보람도 없이, 형양·성고 전선은 또다시 바람 앞의 등불 신세로 전락했다.

절체절명의 순간에 유방은 또다시 삼십육계 줄행랑을 택했다. 기원전 204년 6월의 어느 날 밤, 유방은 하후영이 모는 병거를 타고 성고의 북문인 옥문玉門을 몰래 빠져나왔다. 이어서 성고에 주둔하던 한군의 장수와 병사들도 교묘하게 성고를 탈출했다. 성고는 결국 서초군에게 함락되고 말았다.

곤히 잠든 한신의 병권을 빼앗은 유방

성고를 빠져나온 유방은 이번엔 어디로 향했을까? 이번에도 관중 방면은 아니었다. 형양에 이어 성고까지 함락당한 마당에 두어 달 전에 그랬던 것처럼 남쪽의 완·섭 방면으로 도주할 수도 없었다. 그랬다가는 서초군에게 둘러싸여 패망할 날만 기다리는 신세가 될 게 뻔했다.

유방은 하후영에게 관중으로 향하는 대신 황허강을 넘어 북서쪽의 수무修武(오늘날 허난성 자오줘焦作시 슈우修武현)로 가라 일렀다. 타이항산맥 남쪽 기슭에 위치한 수무는 관중과는 반대 방향으로,

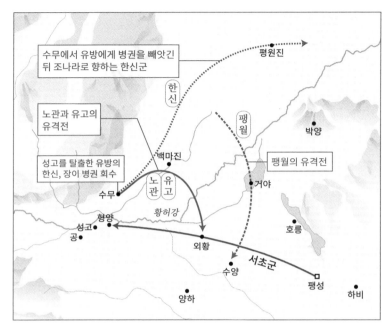

항우의 형양, 성고 점령과 유방, 한신, 팽월의 행보

수무에서 북동쪽으로 말 머리를 돌리면 안양을 거쳐 조나라의 도읍인 한단으로 이어진다. 즉, 성고를 빼앗긴 유방은 관중이 아닌 조나라에서 군사를 다시 모아 패배를 설욕할 생각이었던 것이다.

마침 이 무렵 한신이 장이와 더불어 수무 인근에 주둔하고 있었다. 조나라에 침투해 오는 서초군을 요격할 필요도 있었고, 서초와의 전쟁 때문에 주력부대를 한단이 아닌 수무 방면에 주둔시킬 필요가 있었기 때문이었다. 그런데 한밤중에 수무를 찾은 유방의 행동은 뭔가 이상했다. 군주가 병사들의 주둔지에 방문한 것임에도 대대적인 사열식을 갖긴커녕 마치 조선시대의 암행어사처럼 은밀하게 행동했다. 유방은 수무의 객사에서 잠을 잔 뒤 새벽같이 말을 몰고 한신의 군영으로 달려갔다. 유방은 초병에게 자신을 한군의 사자라고 말해 군영의 문을 통과한 다음 곧장 한신의 막사로 향했다.

유방이 막사의 문을 열어젖히고 들어갔을 때 한신은 깊은 잠에 빠져 있었다. 장이 역시 마찬가지였다. 유방은 한신이 눈치챌 겨를도 없이 관인과 병부兵符*를 빼앗은 뒤 장수들을 소집해 한신의 병력을 자신의 병력으로 재편했다. 유방은 한신과 장이의 상관인 한왕이었던 데다 관인과 병부까지 갖고 있었기 때문에 한신 휘하 장수들은 아무런 이의 없이 유방의 명령을 그대로 따랐다. 뒤늦게 잠에서 깬 한신과 장이는 자신들의 군영을 찾아오리라고는 꿈에도 생각지 못했던 유방에게 병권을 빼앗기고 말았다. 한신의 병력을 흡수한 유방은 한신을 상국으로 임명한 뒤 조나라에서 신병을 모집해 제나라를 공략하라는 명령을 내렸다. 그리고 장이에게는 조나라 일대를 방어하는 임무를 주었다.

유방은 왕의 신분임에도 새벽에 한신의 군영에 잠입하듯 들어가 그 병력을 흡수했다. 도대체 왜 그랬을까? 그것은 바로 유방이 성고를 탈출하던 당시 한신과 장이의 세력이 유방의 완전한 지배 아래 있지 않고 반독립적인 성격을 갖고 있었기 때문이다. 앞서 언급한 바와 같이 형양·성고에서 유방이 패전을 거듭하며 고전을 이어가던 와중에도 한신과 장이는 적극적으로 유방을 돕지 않고 자기들의 세력을 키우고 있었다. 정형전투가 기원전 204년 10월에 일어났고 유방이 수무에서 병권을 장악한 것이 그로부터 약 9개월 뒤인 같은 해 7월 경이었음을 감안하면, 한신이 단순히 병력을 보충 및 재정비하느라

---

* 병력을 동원하고 지휘할 권한이 있음을 나타내는 나무 등으로 만든 패를 말한다.

유방을 돕지 못한 것은 아닐 것이다. 장이는 애초에 상산왕이었고, 한신은 연나라를 자신의 위명만으로 항복시킬 정도의 거물로 성장해 있었다. 성고의 옥문을 사실상 혈혈단신으로 도망쳐 나온 유방이 한밤중에 한신의 병권을 빼앗는 과감한 조처를 하지 않았다면, 자칫 한신이나 장이에게 얕보이거나 약점을 잡혔을 수도 있다.

유방은 수무에서 한신의 병력을 흡수함으로써 한나라 영토에 대한 지배권을 공고히 할 수 있었다. 한신과 장이 본인은 물론, 한신 휘하의 장수와 군사들 가운데 한신의 병권을 빼앗은 유방에게 이의를 제기하거나 저항하는 이는 아무도 없었다. 이는 '패왕'이라는 멋들어지고 강인해 보이는 호칭에 걸맞지 않게 자신이 봉한 제후들조차 통제하지 못하고 자신이 세운 체제를 수개월 만에 무너뜨린 항우와 선명하게 대조되는 모습이었다.

준동하는 거야의 수적에게 빼앗긴 서초의 열일곱 성

형양에 이어 성고까지 함락되면서 형양·성고 전선은 붕괴하고 말았다. 성고까지 함락한 항우의 눈앞에는 관중이 펼쳐져 있었다. 유방이 한신의 병력을 모조리 흡수했다고는 하나 조나라 땅은 관중과 거리가 있었다. 후방인 관중에는 항우와 맞서 싸울 충분한 병력과 장수가 없었다. 한나라군이 성고 서쪽의 공鞏(오늘날 허난성 궁이鞏義시)에서 서초군의 진격을 저지하기는 했지만 일시적일 뿐이었다. 유방이 회군하기 전에 항우가 신속하게 함곡관을 넘어 관중을 장악한다면 한나라는 붕괴할 수밖에 없었다. 한나라는 절체절명의 위기에 봉착했다.

유방은 한신으로부터 빼앗은 군대를 이끌고 수무 남쪽으로 진격해 항우와 또다시 일전을 치르려 했다. 그런데 유방의 낭중이었던 정충鄭忠이 유방에게 항우와의 전면전을 피하고 대신 누벽을 높이 쌓고 해자를 깊이 파서 방어에 전념하라는 조언을 했다. 이에 따라 유방은 기원전 204년 8월 사촌형인 유고劉賈(?~기원전 196)와 자신의 오랜 친구인 노관이 이끄는 2만여 명의 별동대와 함께 역상, 근흡 등을 대량에 은밀하게 침투시켜 팽월을 도와 서초의 후방을 교란케 했다.

팽월 세력은 애초에 정규군이라기보다는 택의 소년집단을 모은 게릴라부대였기 때문에, 기원전 204년 8월 항우에게 패퇴하고 하비와 동아 등을 내주기는 했지만 다시 택으로 숨어들어 전력을 온존할 수 있었다. 물론 항우가 대량과 거야의 택을 이 잡듯 뒤져 소탕했더라면 팽월도 별수 없었을지 모른다. 하지만 항우도 눈앞에 한나라라는 강적을 둔 터라 택의 팽월 세력을 뿌리 뽑을 여유까지는 없었다. 형양·성고 전선을 붕괴시킨 항우의 공세가 잠시 주춤하는 사이 유고, 노관, 역상, 근흡 등의 도움을 받은 팽월은 또다시 휘하의 소년집단을 끌어모아 유격전을 전개했다.

유고, 노관 등은 서초의 군량과 시설 등을 불태우는 한편 빈 성을 점거한 뒤 성문을 굳게 잠그고 농성하는 방식으로 서초군의 발목을 잡았다. 팽월은 그 틈을 타 서초군을 기습해 격파했다. 기원전 204년 8월에 팽월은 외황을 비롯해 무려 열일곱 개에 달하는 서초의 성을 함락시켰다. 항우가 형양과 성고를 함락하며 한나라군을 밀어붙이는 동안, 팽월은 한나라군 별동대와 더불어 서초의 후방을 마치 벌통 쑤시듯 헤집으며 서초군의 보급과 후방의 치안을 보기 좋게 어그러뜨려 놓았다.

팽월과 한나라군 별동대의 유격전에 의해 보급에 심각한 문제가 생겼음은 물론 후방 영토까지 빼앗기자 항우는 형양·성고 방면의 공세를 일단 중지해야만 했다. 보급이 제대로 이루어지지 않으면 아무리 용맹하고 군사적 재능이 출중한 항우라 한들 전투를 제대로 이어갈 수 없었기 때문이다. 게다가 외황 등 팽월이 점령한 지역은 팽성과 거리가 멀지 않았다. 팽월과 한군 별동대를 그냥 두었다가는 그들에게 팽성을 점령당할지도 모를 일이었다. 아니, 그 전에 보급 문제로 형양·성고 전선의 서초군 주력부대가 무력화할 위험성도 있었다.

기원전 204년 9월, 항우는 대량 일대에서 일어나고 있던 유격전의 중추인 팽월을 격퇴하기 위해 서초군의 주력을 이끌고 또다시 동쪽으로 향해야 했다. 문제는 한나라군이 형양·성고에서 패배를 거듭했다고는 하나 그 전력을 결코 무시할 수 없었다는 점이었다. 전년도에 일어난 경색전투에서 볼 수 있듯이 한나라군은 서초군에 비해 상대적으로 전력이 부족할 뿐이지 절대로 만만한 상대가 아니었다. 애초에 한나라군이 정말로 오합지졸이나 약체였다면 진작 초한전쟁은 서초의 승리로 끝났을 것이다. 그러므로 항우의 주력부대가 대량 쪽으로 빠지면 형양·성고 전선에서 수세에 몰리는 쪽은 서초군이 될 게 뻔했다.

항우는 대사마 조구曹咎(?~기원전 204)에게 한나라군과의 최전선이 된 성고의 방어 임무를 맡겼다. 팽성전투 이후 귀순한 사마흔과 동예도 성고에 배치해 조구를 보좌케 했다. 성고의 수비대만으로

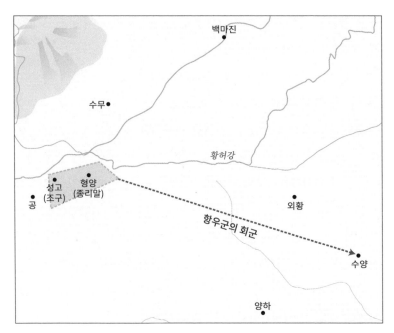

팽월 진압을 위한 항우군의 회군

는 한나라군과의 전면전을 벌이기에는 무리였기 때문에 항우는 조
구에게 한나라군의 도발이나 유인에 휘말리지 말고 오직 성을 굳게
지키기만 하라고 당부했다.

> "성고를 신중하게 지키기만 하시오. 한군이 도전해 오겠지만 절대
> 맞서 싸우지 말고 동쪽으로 더 나오지 못하게 오로지 막기만 해야
> 하오. 짐은 보름 안에 반드시 팽월을 주살하고 대량 땅을 평정한 뒤
> 장군에게 다시 합세하겠소."[69]

아울러 종리말에게는 형양 방어 임무를 맡기고, 유사시에는 성고

초한전쟁

와 서로 협조해 형양·성고 전선을 사수하라고 명령했다. 항우는 그런 다음 서초 본토로 돌아가 팽월과 한나라군 별동대 소탕을 시도했다. 하지만 유격전의 달인이었던 팽월은 물론 유고, 노관, 역상, 근흡 등도 항우의 본대와 맞닥뜨리기 전에 군대를 분산해 교묘하게 전장을 빠져나갔다. 게다가 팽월과 한군에게 어쩔 수 없이 항복했던 서초의 백성들까지 항우의 보복을 두려워해 저항하기 시작했다. 특히 저항이 심했던 외황을 되찾은 항우는 외황의 백성들을 생매장하려 했으나, 그들은 단지 팽월의 협박과 강압 때문에 어쩔 수 없이 항복했을 뿐인데 만일 여기서 항우가 그들을 생매장한다면 팽월에게 항복한 다른 성의 백성들 역시 결사적으로 저항할 것이라는 어느 열세 살 난 소년의 말을 듣고는 그들을 사면했다. 항우가 외황 백성들을 사면하자 팽월에게 항복했던 다른 성들도 항우에게 귀순했다.

역이기의 혜안과 사수汜水에 떠내려간 서초의 보루

유방이 보낸 한나라군의 별동대에 팽월이 시의적절하게 합류하고 협동하면서 한나라군은 일시적으로 형양·성고 전선에서 우위를 잡을 수 있었다. 유방은 이 기회를 틈타 일단 성고만을 장악한 뒤 방비를 강화할 생각이었다. 북쪽에선 한신이 제나라를 평정하고 있고 동쪽에선 팽월이 끊임없이 유격전을 펼치고 있으니, 그렇게만 해도 사방에서 서서히 서초의 숨통을 조일 수 있었다. 아마 항우와의 정면 대결이 부담스러웠을 유방으로서는 형양까지 장악하는 것은 상당한 부담이었을 것이다. 이때 역이기가 유방을 찾아와 성고는 물론 형양, 나아가 오창까지 되찾을 것을 제안했다. 그는 유방이 형양을 탈환하고 오창까지 되찾는다면 보급 문제를 해결함은 물론 종국적으로 전쟁의 국면까지도 획기적으로 바꿀 수 있다는 주장을 펼쳤다.

"군왕은 백성을 하늘로 여기고, 백성은 먹을 것을 하늘로 여기옵나이다. 오창은 예로부터 천하의 물자 운송을 담당해 온 곳으로, 신이 듣기로는 막대한 식량이 저장되어 있다고 하옵니다. 서초는 형양을 점령한 뒤 오창을 굳건하게 수비하지 않으면서 병력을 동쪽으로 물리고 적졸適卒*들만 따로 떼어내 성고를 지키게 하고 있사옵니다. 이는 곧 하늘이 한나라를 돕고 있음을 뜻하나이다. 지금이야말로 서초를 손쉽게 취할 기회이온데, 군사를 돌려 퇴각한다면 한나라는 하늘이 내려준 좋은 기회를 스스로 걷어차는 잘못을 범하는 것이옵니다. … 바라건대 족하**께옵서는 조속히 군사를 다시 진격시켜 형양을 수복하고 오창의 군량을 취하며, 성고의 그 험준한 지세를 활용해 굳건히 방어하소서. 아울러 태항산의 길을 봉쇄하고 비호구蜚狐口(태항팔형 가운데 하나인 비호형의 동쪽 출입구로 오늘날 허베이성 라이위안淶源현과 위蔚현 사이에 위치함)를 틀어막으며 백마진(허난성 안양시 화滑현 인근에 있던 포구)***을 지키소서. 이렇게 해서 한나라가 대세를 실질적으로 장악하고 있음을 제후들에게 보여주면,

---

* 죄를 짓고 그 죗값을 치르기 위해 변방이나 오지에서 복무하는 군사를 일컫는 말이다.
** '족하'라는 호칭은 본래 군신 관계에서 신하가 임금에게 쓸 만한 표현이 아니지만, 『사기』의 「역생육고열전」에는 '족하'라는 표현이 명기되어 있다. 이를 통해서 역이기가 유방에게 일종의 고문과도 같은 대우를 받았음을 유추할 수 있다.
*** 백마진은 황허강 남쪽과 북쪽을 잇는 교통의 요지였다. 『삼국지』에서 관우가 안량을 참살했던 백마전투의 배경이 되는 지역이 바로 이 백마진이다.

초한전쟁

천하는 이를 알고 귀순해 올 것이옵니다."[70]

　이에 따라 유방은 전략을 바꾸어 휘하 장수들에게 성고만이 아
니라 형양까지 점령케 했다. 마침 항우가 팽월을 진압하기 위해 주
력부대를 이끌고 동쪽의 서초 본토로 돌아갔기 때문에 얻게 된 절
호의 기회였다.

　기원전 203년 10월 한나라군은 조구가 지키고 있는 성고성을 공
략했다.**** 하지만 조구와 사마흔, 동예는 항우의 명령에 따라 성고
성을 굳게 방어할 뿐이었다. 만약 성고를 함락하지 못하고 항우가
돌아올 때까지 시간을 지체한다면 어렵게 얻은 기회를 놓치게 될
터였다. 그러므로 한나라군으로서는 한시라도 빨리 서초군을 성 밖
으로 유인해 그들을 격파하고 성고를 탈환해야만 했다.

　성고성 밖에 포진해 있던 한나라군은 성고성이 떠나가도록 조구,
사마흔, 동예에 대한 욕설과 인신공격을 해댔다. 처음엔 조구도 항
우의 지시가 있었던 만큼 한나라군의 도발을 무시했다. 그런데 하
루 이틀도 아니고 몇 날 며칠 온갖 저열하고 상스러운 욕설이 쉴 틈
도 없이 이어지자 조구의 인내심도 한계에 달했다. 게다가 조구의
옆에는 사마흔과 동예가 있었다. 그들은 본래 진나라 장한의 부장
출신으로 항우에 의해 20만 부하들이 산 채로 신안 땅에 묻혔음에

**** 성고성 공략 및 사수泗水전투 당시 유방이 직접 한나라군을 진두지휘했는지의 여부
는 『사기』 『한서』 『자치통감』 등의 사료에도 명확하게 나와 있지 않다. 일본 한난阪南대
학교 국제커뮤니케이션학과의 친리키陣力 교수는 이 당시 유방은 번쾌 등의 보좌를 받으
며 황허강 북쪽에 머무르고 있었고, 사료에 언급된 한군 장수들의 포진 양상을 근거로 성
고와 사수 및 공 일대의 한군 병력 지휘는 여택이 맡았다는 논의를 제기한 바 있다.

도 자신들만 살아남아 항우에게 제후로 봉해지기까지 한 인물들이었다. 게다가 이들은 유방의 관중 수복 때는 제대로 된 저항도 해보지 않고 유방에게 항복했다가 팽성대전 이후 또다시 항우에게 귀순하는 기회주의적 행태를 보인 바도 있었다. 신안대학살 이후 함께 제후로 봉해진 장한은 끝까지 한나라군에게 저항하다 최후를 맞기라도 했지, 이 두 사람은 이유야 어찌 되었든 결과적으로 '이리 붙고 저리 붙는' 행각을 일삼은 자들이었다. 『사기』『한서』『자치통감』 등에는 이때 한나라군이 조구 등을 향해 며칠 동안 욕설을 퍼부어댔다는 기록만 나와 있는데, 당시의 정황을 고려했을 때 한나라군은 조구보다도 사마흔과 동예의 행실을 더더욱 심하게 비난했을 개연성이 크다. 거기에 역린을 찔린 사마흔이나 동예가 조구보다도 더욱 분노하며 자제력을 잃었을지도 모르겠다.

입에 담지 못할 욕설이 대엿새가 넘도록 이어지자 조구와 사마흔, 동예는 결국 참지 못하고 한나라군을 쳐부수기 위해 성고성의 문을 열고 나왔다. 이들은 성고성의 동쪽을 흐르는 하천인 사수汜水를 건넌 다음 한나라군을 격파하려 했다. 그런데 서초군이 사수汜水를 반쯤 건넜을 무렵, 성고성 주변의 산지와 구릉지에 매복해 있던 한나라군이 함성을 지르며 서초군을 기습했다. 성고성의 서초군은 주력이 빠진 탓에 한나라군보다 전력이 약했던 데다, 사수汜水를 건너는 중이었기 때문에 기습에 취약해진 상태였다. 사수汜水 한가운데에서 갑작스레 한나라군이 활을 쏘고 돌격해 오자 서초군은 대처는커녕 진형조차 제대로 갖추지 못한 채 일방적으로 당할 수밖에 없었다. 갑작스레 날아오는 한나라군의 화살에 방패를 들 틈도 없이 몸통이 꿰뚫린 서초 군사들의 시신이 사수汜水 강물을 뒤덮기 시작했다. 어찌어찌 화살 비를 피해 강물 밖으로 달아난 서초군의 운명도 크게 다르지 않았다. 불의의 기습을 당해 진형을 갖출 겨를조차 없었던 서초 군사들은 사수泗水 변에서 한나라군에게 도륙당했다. 운 좋게 한나라군의 창칼을 피한 이들은 사방으로 흩어졌다. 성고의 서초군은 그렇게 궤멸하고 말았다. 항우의 당부가 있었음에도 감정을 잘 다스리지 못해 부하들을 죽이고 성고를 빼앗긴 조구, 사마흔, 동예는 목을 찔러 자살했다. 이들의 시체를 발견한 한나라 군사들은 그 머리를 베어 전리품으로 가져갔다.

성고를 함락한 한나라군은 쉬지 않고 말을 달려 형양까지 점령했다. 형양을 지키던 종리말은 서초군에서도 손꼽히는 명장이었다. 하지만 조구가 한나라군의 도발에 놀아나 앞뒤를 가리지 않고 멋대로 행동한 탓에 종리말은 성고의 서초군과 연합해 한나라군의 공세에 제대로 대처할 기회조차 얻지 못했다. 게다가 항우가 팽월 토벌을 위해 동쪽으로 향할 당시 최전선은 성고였고 전선 방어의 총책임자는 조구였다. 그러므로 종리말은 조구보다도 적은 병력을 지휘했을 가능성이 크다. 종리말은 조구처럼 어처구니없이 병력을 잃지는 않았지만, 형양성을 내주고 그 동쪽에서 한나라군에게 포위되고 말았다.

성고성에 이어 형양성까지 한나라에 빼앗기고 종리말의 병력이 한나라군에게 포위되었다는 보고를 들은 항우는 대로했다. 항우는 팽월에게 빼앗긴 서초의 열일곱 개 성을 완전히 수복하기도 전에 말머리를 서쪽으로 돌렸다. 종리말을 포위하고 있던 한나라군은 항우의 대장기를 보자 즉각 포위를 풀고 형양과 오창의 진지로 들어갔다. 종리말과 그의 부하들은 항우 덕분에 목숨을 건질 수 있었다.

기원전 203년에 이르러 한나라군은 형양과 성고, 그리고 오창을 서초로부터 탈환하는 데 성공했다. 역이기가 유방에게 조언했던 내용이 그대로 실현된 셈이었다. 유방은 악전고투해 가며 형양과 성고는 물론 오창까지 지켜내는 데 성공했고, 항우는 크고 작은 전투에서 연승을 거두었음에도 형양·성고 전선의 땅을 한 치도 뺏지 못했다. 아니, 오히려 팽월의 유격전으로 인해 보급로상에 위치한 대량과 서초 후방의 땅이 혼란에 빠지고 말았다. 이처럼 한나라가 형양과 성고 땅을 굳건히 지키는 데 성공함으로써 초한전쟁의 흐름은 역이기가 말한 바와 같이 한나라 쪽으로 기울었다.

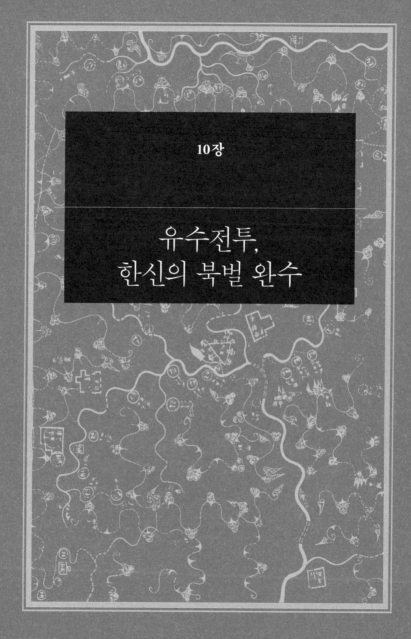

10장

유수전투,
한신의 북벌 완수

끊임없이 항우의 발목을 잡았던 제나라는
끝내 국사무쌍 한신에게 정벌됨으로써
한나라에 승기를 쥐여주고
서초의 패색을 완연하게 만들어주었다.

1

싸우지 않고
제나라를 취한 역이기

사수泗水전투의 승리를 통해 한나라는 초한전쟁에서 승기를 잡기 시작했다. 하지만 서초의 군사력은 여전히 강력했다. 한나라군이 형양과 성고, 오창을 탈환한 데 이어 종리말을 포위해 놓고도 항우가 등장하자마자 저항 한 번 안 하고 바로 퇴각한 이유 또한 서초의 강력한 군사력 때문이었다. 항우가 형양·성고 전선에서 유방의 끈질긴 저항과 반격, 그리고 팽월의 유격전에 휘말려 수많은 장수와 군사들을 희생시킨 데다 전략적으로 아무런 소득도 얻지 못했다고는 하나, 유방 역시 마냥 낙관할 수 있는 상황도 아니었다. 서초군과의 대치가 길어진다면 한나라군도 사기가 저하되고 물자 보급 문제가 불거질 수밖에 없었다.

이러한 상황 속에서 초한전쟁의 흐름을 바꿀 수 있는 지역이 바로 제나라였다. 한신의 북벌로 조나라가 함락되고 연나라까지 한나라에 귀순한 뒤에도 제나라는 계속 중립을 지키고 있었다. 국력이 약했던 연나라와 달리 제나라는 국왕 전광과 실권자 전횡의 통치로 초한전쟁이 벌어지는 동안 굳건한 세력을 유지했다. 항우의 맹공까지 버텨내고 나라를 지켜낸 제나라는 20만 대군을 보유하며 한나라와 서초 사이에서 마치 완충지대처럼 버티고 있었다.

유방으로서는 제나라를 어떻게든 손에 넣어야 했다. 한나라와 서초 사이에 제나라가 버티고 있어, 중국 북부를 손에 넣었음에도 그 지리적 이점을 제대로 살리지 못하고 있었기 때문이다. 물론 기원전 204년 7월에 유방은 수무에서 한신의 병권을 빼앗은 뒤 새롭게 군사를 징집해 제나라를 정벌하라는 명령을 내려둔 터였다. 이에 따라 기원전 205년 항우에 의해 초토화된 뒤 간신히 재기에 성공한 제나라는 기원전 203년에 접어들며 또다시 전쟁의 불길에 말려들기 시작했다.

유방이 한신에게 제나라를 정벌하라는 명령을 내리고 나서 며칠 뒤 역이기는 형양, 성고와 오창을 탈환해 보급 문제를 해결하고 초한전쟁의 흐름을 바꾸라는 조언을 했다. 9장에서 언급한 바로 그 내용이다. 이 자리에서 역이기는 형양, 성고와 오창을 탈환하는 것에서 더 나아가 독립을 유지하고 있던 제나라를 포섭하라고 권고했다.

"연나라와 조나라는 이제 막 평정되었사옵니다. 하지만 제나라만은 아직도 항복하지 않고 있사옵니다. 전광은 사방 1000리에 달하는 제나라를 다스리고 있사오며, 전간田閒(?~기원전 203)은 20만 대군을 이끌고 역성歷城(오늘날 산둥성 지난齊南시 리청歷城구)에 주둔하고 있사옵니다. 이처럼 전씨 일족의 위세는 막강하옵니다. 바다를 등진 제나라는 황허강과 제수齊水(오늘날 지수이濟水강)에 가로막혀 있으며, 남쪽으로는 서초와 인접하나이다. 제나라 사람들은 속임수를 잘 쓰는 자들이기도 하나이다. 그러니 족하께옵서 수십만 병력을 일으켜 제나라를 친다고 한들 몇 달이 지나고 몇 년이 흘러도 그들을 평정하기는 어려울 것이옵니다. 그러니 신에게 조서를 들고 제왕을 설득게 윤허하신다면, 신은 기필코 제나라를 한나라의 동쪽 제후국으로 만들겠나이다."[71]

역이기의 제언은 제나라의 위치에 대한 지정학적, 군사지리학적 분석에 입각한 것이었다. 제나라는 서초의 북동부와 인접하는 한편으로 황허강과 그 지류를 기준으로 외부와 경계가 지어져 있었다. 그러므로 제나라를 장악한다면 서초의 후방을 교란하는 수준을 넘어 완전히 포위한 뒤 사방으로 침공할 수 있는 길이 열리는 셈이었다. 그러나 강맹한 서초군의 대대적인 침공마저도 버텨낸 제나라를 군사력으로 무너뜨리기란 결코 쉬운 일이 아니었다. 제나라가 연나라와 달리 한신의 위명에 굴복해 항복하지 않은 까닭, 그리고 유방이 수무에서 한신의 병권을 빼앗을 때까지 한신이 제나라 침공을 하지 못한 이유도 이 같은 제나라의 위치가 갖고 있는 군사지리학적 가치와 강력한 군사력 때문이었다.

유방은 역이기의 조언을 받아들였다. 이에 따라 한군이 성고를 탈환할 즈음인 기원전 204년 9월에서 기원전 203년 10월 무렵 역이기가 제왕 전광에게 달려갔다. 역이기는 항우의 약점과 유방의 강점, 그리고 한나라의 서초에 대한 지리적 우세를 근거로 들어 천하의 인심과 초한전쟁의 대세가 한나라 쪽으로 기울고 있다고 역설했다.

"한왕께옵서 함양에 먼저 입성하시었지만 항왕은 회왕의 약조를 어기고 한왕께 관중을 내주는 대신 한중으로 쫓아내었사옵니다. 항왕이 의제의 처소를 옮기게 한 뒤 시해했다는 사실을 들은 한왕께옵서는 촉과 한중에서 군사를 일으켜 삼진三秦을 치시고, 의제를 시해한 책임을 묻고자 관중에서 나와 천하의 군사를 모으신 뒤 제후의 후손들을 봉하시었나이다. 성을 함락시킨 장수는 제후에 봉하시고 전리품을 얻으면 군사들에게 나누어 주시며 천하와 이익을 함께하시니, 영웅호걸과 현명하고 유능한 인재들이 기꺼이 한왕을 위해 재능과 충성을 바치려 하나이다. 사방에서 제후의 군사들이 모여들고 있으며, 촉과 한중의 군량이 방선方船*에 실려 오고 있나이다. 항왕은 약조를 어긴 자라는 오명을 쓰고 의제 시해라는 과오까지 지고 있사옵니다. 항왕은 다른 사람의 공은 기억하지 못하지만 허물을 잊어버리는 일은 없는 자로, 전투에서 승리를 거둔 자에게 상을 내릴 줄도, 성을 빼앗은 장수를 제후에 봉할 줄도 모르옵니다. … 천하의 인심이 항왕에게 등을 돌리고 어진 재사들이 그를 원망하니 아무도 항왕을 진심으로 따르려 하지 않사옵니다. … 한왕께옵서는 촉과 한중의 군사를 일으키시어 삼진三秦을 평정하신 다음 서하西河**를 건너 상당上黨(오늘날 산시山西성 창즈시)의 군사를 거두시고 정형으로 내려와 성안군 진여를 주살하시었을 뿐

---

* 고대 동아시아에서 쓰였던 두 척 이상의 선박을 연결한 대형 선박으로, 고대의 조선 기술의 한계 때문에 대규모 화물 수송이나 장거리 항해에는 이 같은 방선이 쓰였다.

만 아니라 북위北魏***또한 격파하시며 서른두 개의 성을 얻으셨나이다. 이는 치우蚩尤****의 군대요, 사람의 힘을 넘어선 하늘이 내린 복이옵니다. 오창의 군량을 이미 확보하고 험준한 성고를 굳건히 장악하는 가운데, 백마진을 지키고 태항산太行山*****의 고갯길을 넘어가는 비호구를 봉쇄하고 있사오니 천하의 여러 제후 가운데 뒤늦게 항복하는 자는 망할 것이옵니다."[72]

유방은 항우와 달리 공정하고 신상필벌에 엄격하며 군주가 갖추어야 할 명분이나 도덕성에도 별다른 하자가 없을 뿐만 아니라 전장의 형세가 이미 한나라 쪽으로 크게 기울었으니 한나라에 귀순해야 제나라 왕실이 사직과 영토를 보전할 수 있다는 소리였다. 역이기는 이 같은 논리로 전광을 설득하는 데 성공했다. 전광은 역이기의 제안을 받아들여 한나라에 귀순하기로 결정했다.

전광은 역이기를 제나라의 미래를 열어준 귀한 손님으로 모시며 연일 연회를 이어갔다. 유방은 역이기 덕분에 피 한 방울 흘리지 않고 제나라를 흡수할 기회를 얻게 되었다. 이제 한나라는 세력을 더한층 키울 수 있게 되었을 뿐만 아니라 서초의 후방을 직접 위협할

** 서하西河란 옛 중국에서 오늘날 산시陝西성과 산시山西성 일대를 흐르는 황허강의 구간을 일컫던 말이다.

*** 여기서 북위란 위나라 북쪽의 조나라를 의미한다.

**** 고대 중국 신화에 등장하는 인물로, 전쟁에 대단히 능해 중국이나 한국 등지에서 전쟁과 병기의 신으로 추앙받기도 했다. 즉, '치우의 군대'란 군신軍神이 지휘하는 것과 같은 무적의 군대, 불패의 군대라는 뜻이다.

***** 타이항산맥을 말한다. 여기서는 문맥을 고려해 '태항산'이라는 우리말 독음으로 표기했다.

수 있는 지리적 발판까지 확보함으로써 초한전쟁에서 더욱 유리한 고지를 점하게 되었다.

2

제나라와 역이기,
서초를 함께 베어 넘기다

역이기가 제왕 전광을 설득할 무렵 한신은 제나라 원정 준비를 마치고 제나라를 향해 진군하는 중이었다. 그런데 역이기가 전광을 설득하는 데 성공했다는 보고를 받고는 진격을 멈추고 평원 근처에 군대를 주둔시켰다. 제나라가 이미 한나라로 귀순을 결정한 이상 제나라를 침공할 이유가 사라졌기 때문이었다. 이때 한신의 진영에 한 모사謀士가 있었다. 바로, 진승이 장초를 세우고 각지에 원정군을 보냈을 때 장초의 장수 무신을 설득해 조나라를 부활시키는 데 결정적인 공을 세운 괴철이었다. 괴철은 무신이 이량에게 살해된 후 종적을 감췄다가 한신이 조나라를 정벌한 후로 한신의 막하에 들어와 있었다.

세 치 혀에 무너진 제나라와 역이기

괴철은 한신에게 전광의 귀순 사실과 관계없이 제나라를 군사적으로 정벌해야 한다며 한신을 부추겼다.

"장군께서 조서를 받으시어 제나라를 정벌하러 가는 도중에 한나라가 독단적으로 몰래 사신을 보내 제나라를 항복시켰습니다. 그런데 장군께 군대를 멈추라는 지시나 명령을 내린 적이 있기나 합니까? 진군을 멈출 이유가 전혀 없습니다. 게다가 일개 서생일 뿐인 역생은 병거 앞턱에 몸을 기댄 채 세 치 혀를 놀려 제나라의 칠십여 개 성을 얻었습니다. 장군께서는 수만 군사를 이끌고 한 해가 넘도록 싸워 조나라의 오십여 개 성을 함락시켰습니다. 오랫동안 장군으로 활동하셨던 분의 공로가 어찌 일개 더벅머리 서생만도 못하단 말입니까?"[73]

괴철은 한신을 부추기는 데 성공했다. 한신은 괴철의 의견을 받아들여 제나라 침공을 개시했다. 한신군은 평원에서 남동쪽으로 진격한 뒤 황허강을 건넜다. 황허강 건너편에는 제나라의 대한對漢 방어 거점이었던 역하歷下(오늘날 산둥성 지난시 리샤歷下현)가 있었다. 한신이 제나라를 정벌하기 위해서는 우선 역하부터 함락해야 했다. 안읍전투와 정형전투에서 보여주었듯이 신속한 기동과 기습에 능했던 한신은 이번에도 신속하게 황허강을 도하한 뒤 역하를 기습했다.

역이기가 유방에게 제나라 포섭을 권유했을 때 언급했던 바와 같이, 전광과 전횡은 한신의 북벌군이 제나라를 침공할 것을 예측하고 역하의 성, 즉 역성에 화무상華毋傷과 전해田解가 지휘하는 대규모 병력을 배치해 둔 상태였다.* 그런데 이후 전광이 역이기의 설득에 따라 이미 한나라로의 귀순을 결정했기 때문에 화무상과 전해는 한신이 공격해 오리라고는 전혀 예상하지 못했다. 한신군의 황허강 도하 또한 전혀 눈치채지 못했다. 한군의 침공이나 기습을 탐지하기 위한 정탐 활동을 중단했기 때문이다. 사실 한신의 역하 기습은 화무상이나 전해는 물론 전광과 전횡, 심지어 역이기와 유방조차도 예측하지 못한 일이었다.

제나라가 한나라에 귀순하기로 결정한 후로 한나라의 침공에 대한 대비 태세를 완전히 풀어놓고 있던 탓에 역하는 한신의 기습에 제대로 대처하지 못하고 순식간에 함락되었다. 한신은 기세를 몰아 제나라의 도읍인 임치臨淄(오늘날 산둥성 쯔보淄博시 린즈臨淄구)로 쇄도했다. 아닌 밤중에 홍두깨를 맞은 제나라 수뇌부는 경악했다. 전혀 예측하지 못한 이러한 상황에서 전광은 유방이 역이기를 이용해 자신을 기만한 다음 한신을 앞세워 제나라를 무력으로 차지하려는 흉계를 벌였다고 생각할 수밖에 없었다. 전광은 우선 역이기에게 당장 한신의 공세를 중단시키지 못한다면 삶아 죽이겠다고 협박했다. 하지만 역이기는 큰일을 하는 자는 사소한 일에 연연하지 않는 법이라며 전광의 협박에 맞섰다. 분노를 참지 못한 전광은 역이기를 삶

---

* 『사기』의 「역생육고열전」에서 역이기는 전간이 대군을 거느리고 역하를 지켰다고 언급했지만, 「전담열전田儋列傳」과 『자치통감』 등에는 화무상과 전해가 역하를 수비했다고 기록되었다. 이러한 차이는 오기誤記에 따른 것일 수도 있지만, 군사 부문보다는 외교 관련 업무를 맡았던 역이기가 제나라군의 세부적인 배치까지 일일이 파악하지는 않았던 데 따른 결과일 수도 있다.

아 죽였다. 뛰어난 통찰력으로 탕군장 유방이 한왕으로 거듭나는 데 중대한 기여를 했을 뿐만 아니라 형양·성고 전선에서도 유방의 대국적 전략에 중요한 조언을 한 '역 선생' 역이기는 제나라를 평정하는 임무를 다한 뒤 한신의 돌발 행동으로 인해 비참한 최후를 맞이하고 말았다.

역이기를 삶아 죽이기는 했지만 전광과 전횡에게는 역하를 순식간에 함락시키고 임치를 향해 달려오는 한신군을 막아낼 뾰족한 수가 없었다. 전광은 어쩔 수 없이 임치에서 동쪽으로 150킬로미터가량 떨어진 고밀高密(오늘날 산둥성 가오미高密시)로 퇴각했다. 한나라 때문에, 정확히는 괴철의 부추김에 넘어간 한신의 돌발 행동 때문에 나라를 빼앗기고 가문이 멸망할 위기에 처한 전광은 항우에게 사신을 보내 구원을 요청했다.

유수의 물길에 떠내려간 서초의 맹장

항우 입장에서 한신의 제나라 침공은 전세를 역전할 기회였다. 한신이 역이기의 설득으로 한나라에 귀순하기로 한 제나라를 침공한 행위는 누가 보더라도 신의 없는 행동이었다. 다시 말해 항우는 이를 한나라와 유방 역시 믿을 만한 세력이 못 된다는 여론을 형성할 프로파간다로 써먹을 수 있었다. 게다가 제나라를 구원하는 데 성공한다면 서초는 한신의 북벌을 저지함으로써 영토 후방의 위협을 제거하고 중국 북동부에서 한나라의 영향력을 약화할 수 있음은 물론, 오랜 골칫거리였던 제나라를 확실하게 서초의 세력 아래 둘 명분도 확보할 수 있었다.

이에 따라 항우는 용저에게 한신 토벌 및 제나라 구원 임무를 맡겼다. 용저는 항량이 거병했을 때부터 종군했던 고참 장수로, 영포의 반란을 조기에 진압한 것을 비롯해 수많은 공을 세운 인물이었다. 서초군에서도 손꼽히는 맹장이었으며, 형양에서 진평이 계략을 쓸 때 유방에게 충심이 강한 인물의 예시로 언급했을 정도로 항우에 대한 충심 또한 대단했다. 그런 용저가 20만 대군을 이끌고 제나라로 향했다. 전광이 수습한 제나라의 잔존 병력까지 합류함으로써 용저 휘하의 병력은 더욱 큰 규모로 불어났다.

기원전 203년 11월 용저가 한신군을 공격할 준비를 하는 과정에서 부장 주란周蘭(?~?)이 용저에게 지구전을 할 것을 제안하였다. 한신이 장거리 원정을 하느라 보급선이 길어진 데다, 한나라에게 귀순하기로 한 제나라를 기습하는 신의 없는 짓을 저지름으로써 제나라의 민심까지 잃어버린 점에 착안한 전술이었다.

"한나라군은 먼 곳에서 와서 치르는 전투인 만큼 사력을 다해 공격할 것입니다. 제나라와 초나라의 군사들은 자기 땅에서 싸우는 만큼 패해서 흩어지기도 쉽습니다. 이런 상황에서는 성벽을 높이 쌓은 뒤 제왕으로 하여금 믿을 만한 신하들을 함락된 성에 사자로 보내 제왕이 건재한 데다 서초의 지원군이 오고 있다는 소식을 전하게 하는 방책이 상책입니다. 그렇게 한다면 함락된 성들은 한나라에 등을 돌릴 것입니다. 한나라 군사들은 고향 땅으로부터 2000리나 떨어진 먼 곳에 와 있으니 제나라의 여러 성이 모조리 배반한다면 먹을 것조차 구할 수 없을 것입니다. 굶주림에 지친 한나라 군사들은 싸우지 않고도 이길 수 있습니다."[74]

제나라의 민심을 제대로 수습하지도, 후방에 대한 위협을 충분히 제거하지도 못한 채 하읍에서 고밀 서쪽의 유수濰水(오늘날 산둥반도 서부를 흐르는 웨이하濰河강)까지 200킬로미터를 신속히 진격해 온 한신군의 약점을 정확하게 꿰뚫은 뛰어난 계책이었다. 주란의 말대로 용저와 전광 연합군이 고밀에서 한신군을 고착시킨 뒤 흩어진 제나라 군사들을 수습하고 성을 수복한다면 한신군을 포위하고 보급을 차단한 뒤 섬멸할 수 있었을지도 모른다. 그런데 이때 용저는 한신의 탁월한 군사적 재능을 지나칠 정도로 과소평가하는 실책을 저질렀다. 용저는 한신의 사람됨이 겁쟁이에 불과함을 잘 알고 있고 그러한 겁쟁이 한신이 지휘하는 군사를 격파하는 일은 어렵지 않다며, 한신군을 철저히 격멸해 서초의 위엄을 세우고 반란과 저항을 거듭해 온 제나라를 확실하게 복속시킬 명분을 확보해야 한다고 호언장담했다.

문제는 유수전투 직전의 한신은 이미 건달의 가랑이 사이를 기어서 지나가던 과거의 겁쟁이 한신이 아니었다는 사실이었다. 부족한 전력으로 위나라, 조나라를 상대로 연승을 거두었을 뿐만 아니라 위명만으로 연나라를 항복시킨 장본인이 아니었던가. 즉, 한신은 이미 겁쟁이라는 꼬리표를 완전히 떼고 중국 전역에서 위세를 떨치고 있는 명장이었다. 그런 한신을 여전히 겁쟁이, 비겁자라 부르며 우습게 여겼다는 사실은 용저가 그만큼 적정에 대한 정보 수집을 게을리했음을 보여주는 사례라고 생각된다.

용저가 군사들을 이끌고 유수 근처로 진격하니 한신이 유수 서안西岸에서 적을 맞을 준비를 하고 있었다. 고밀 주변에는 대규모 산지가 발달하지 않았기 때문에 유수는 고밀 서쪽에서 진격해 오는 한신군을 막는 천연 장애물 역할을 했다. 한신은 용저의 대장기를 보자마자 도발을 일삼더니, 용저군이 유수 동안東岸에 도달하자 마치 기다렸다는 듯 공격을 개시했다.

맹장 용저는 가뜩이나 겁쟁이라며 깔보던 한신이 멋모르고 싸움을 걸어오자 투지가 기름을 부은 듯 불타올랐다. 용저가 창을 꼬나들고 군사들과 함께 유수를 향해 돌진해 오자, 유수를 절반쯤 건너온 한신군은 마치 용저의 기세에 기가 죽은 듯 말 머리를 돌려 서쪽으로 후퇴하기 시작했다. 오래전부터 겁쟁이로 깔봐왔던 한신이 정말 겁쟁이처럼 달아나기 시작하자 용저는 기세가 올랐다. 용저는 전 병력을 이끌고 후퇴하는 한신군을 쫓아가 섬멸하기 위해 유수를 건너기 시작했다.

한신이 짐짓 겁에 질려 후퇴하는 모습은, 정형전투 당시 조나라군을 상대로 꽁지가 빠지게 도망쳤던 과거 그의 모습을 연상케 했을 것이다. 앞서 8장에서 살펴봤듯 과거 한신은 정형에서 조나라군과 싸우다 갑자기 대장기까지 내다 버리며 후퇴를 한 적이 있는데, 그건 다름 아닌 수적으로 열세였던 한신군이 유리한 고지를 점하기 위해 정형구와 면만수 사이에 있는 구릉지로 조나라의 대군을 유인한 것이었다. 이번 후퇴 또한 용저군을 유인하려는 숨은 의도가 있었다. 다만 정형전투 때와 다른 점이 있다면, 용저군을 유인한 곳이 산지나 구릉지가 아닌 강 한가운데라는 점이었다. 한신은 유수전투가 일어나기 전에 모래주머니 1만 개로 유수 상류에 작은 둑을 쌓아 많은 양의 물을 가두어두고 있었다. 그리고 한신은 자신의 군사들

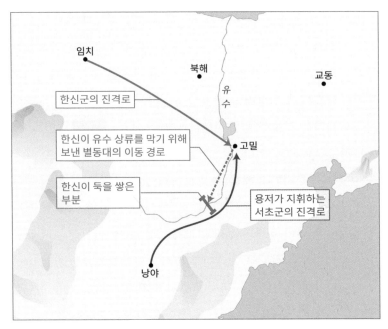

임치

북해

교동

유
수

한신군의 진격로

한신이 유수 상류를 막기 위해
보낸 별동대의 이동 경로

고밀

한신이 둑을 쌓은
부분

용저가 지휘하는
서초군의 진격로

낭야

유수전투 당시 양군의 이동 경로

이 유수 서안으로 빠져나오고 용저의 군사들이 유수를 건너기 시
작하자 지체 없이 군사들에게 신호를 보내 둑을 터뜨리게 했다.

순식간에 유수의 물이 불어나자 용저군은 당황하기 시작했다.
유수를 도하하는 중에 갑자기 수위가 높아지니 강 한가운데까지 뛰
어든 군사들은 대오를 갖추어 전투하기는커녕 몸을 가누기도 힘들
어졌다. 발목이나 무릎까지 물이 차는 정도라면야 대오를 갖추어
기동하는 데 심각한 문제가 없을지 모르지만, 허리나 가슴 높이까
지 물이 찬다면 이야기가 달라진다. 강물에 빠지거나 떠내려가 죽
지 않는다 뿐이지, 움직임이 몹시 둔해지고 불편해져 유수를 건너

초한전쟁

는 용저의 군사들은 무기를 제대로 휘두를 수도 없는 상태가 되었다. 용저도 당혹스럽기 그지없었을 것이다.

한신은 이때를 놓치지 않았다. 정형전투에서 자신들의 성채에 꽂힌 한나라의 깃발을 보고 우왕좌왕하며 퇴각하는 조나라 군사들에게 지체 없이 반격을 가했던 것처럼, 한신은 군사들을 능숙하게 지휘해 불어난 유수에 갇혀 우왕좌왕하던 서초군을 향해 화살을 퍼붓고 대오를 갖추어 돌격했다. 이때부터 전황은 조참이 이끄는 한나라군 보병대와 관영이 지휘하는 한나라군 기병대가 서초와 제나라 연합군을 일방적으로 학살하는 양상으로 변모했다. 서초군에서 손꼽히는 맹장 용저도 제대로 움직이기 어려울 정도로 불어난 물속에서는 독 안에 든 쥐일 뿐이었다. 서초군이 학살되다시피 하는 일방적인 전투 끝에 용저는 유수에서 목숨을 잃었고, 주란은 한신에게 사로잡히고 말았다.* 유수 한가운데서 서초군이 궤멸되고 총대장 용저까지 쓰러지자, 유수 동안에서 도하를 준비하던 서초와 제나라의 군사들은 사기가 완전히 꺾여 달아나기 시작했다. 도주하던 서초군과 제나라군 패잔병들은 한신의 군사들, 특히 관영의 기병대에게 일방적으로 사냥당하고 말았다.

기원전 203년 11월 유수에서 용저의 서초군이 궤멸됨으로써 제나라의 운명도 끝이 났다. 전광은 유수전투 참패 직후 도주했으나 결국 한신의 군사들에게 사로잡힌 뒤 살해당했다. 전횡은 박양博陽

---

* 『사기』의 「조상국세가曹相國世家」에는 용저를 참살하고 주란을 체포한 장본인이 조참이라고 기록된 반면, 「번역등관열전」에는 관영이 용저를 참수하고 주란을 사로잡았다고 기록되었다. 아마도 용저와 주란은 전투 중에 관영과 조참이 지휘하는 한군의 군사들에게 최후를 맞이한 것으로 보인다.

(오늘날 산둥성 타이안泰安시 다이웨岱岳구)까지 도주한 뒤 죽은 전광을 대신해 제왕을 칭하고 한나라에 대한 저항을 계속했으나 역부족이었다. 전횡은 한신에게 세력을 완전히 잃은 뒤 기원전 203년 2월경 과거 항우에게 함께 반기를 들며 친분을 쌓았던 팽월에게 몸을 의탁했다. 그러다 초한전쟁에서 한나라가 승리를 거두고 난 뒤에는 500여 명의 부하들과 함께 작은 섬에 은거해 있다가, 유방의 부름을 받고 낙양으로 올라가던 중 치욕을 이기지 못해 부하들에게 자신의 머리를 유방에게 바치라 이른 뒤 스스로 목숨을 끊었다. 그것이 제나라 부활의 주역이자 수많은 인재의 지도자였던 전횡의 최후였다. 유방은 예를 갖추어 전횡의 장사를 지낸 뒤 전횡의 부하들을 불러들여 우대하려 했지만, 500여 명이나 되는 그들 모두 전횡을 따라 자결한 뒤였다.

제나라군 주력은 물론 서초의 구원군까지 궤멸되고 왕실이 붕괴한 마당에 제나라 잔존 세력의 저항은 사실상 무의미했다. 한신은 조참, 관영 등과 더불어 제나라 잔존 세력을 완전히 진압하고 제나라 평정을 마무리 지었고, 기원전 203년 12월 제나라는 한나라의 군이 되었다. 이로써 한나라는 중국 북동부를 완전히 지배하게 되었다.

3

한신, 새로운 제왕齊王이 되다

한나라의 제나라 정복은 그 의미가 단순히 영토 확장 정도에 그치는 사건이 아니었다. 제나라가 한나라의 수중에 들어감으로써 서초는 북쪽에서 한나라군의 접근을 방파제처럼 막아주던 완충지대를 잃었고, 한나라는 서초의 후방으로 이어지는 지리적 발판을 확보했다. 이로써 서초는 우방국을 잃고 고립된 신세가 되었다. 그나마 임강왕 공오가 한나라 측으로 돌아서지 않았지만 그는 서초에도 협력하지 않고 중립을 지켰다. 그러다 보니 서초는 영포로부터 빼앗은 구강 땅에서 더 나아가 한나라의 측후방을 견제할 수도 없었다.

구 영포령과 한나라 사이에는 천연 장애물 역할을 하는 습지, 호소, 산지, 삼림 등이 분포했다. 이를 넘어간다 해도 그 너머는 험준한 산지로 둘러싸인 관중과 한중, 파촉이었다. 반면 제나라는 서초

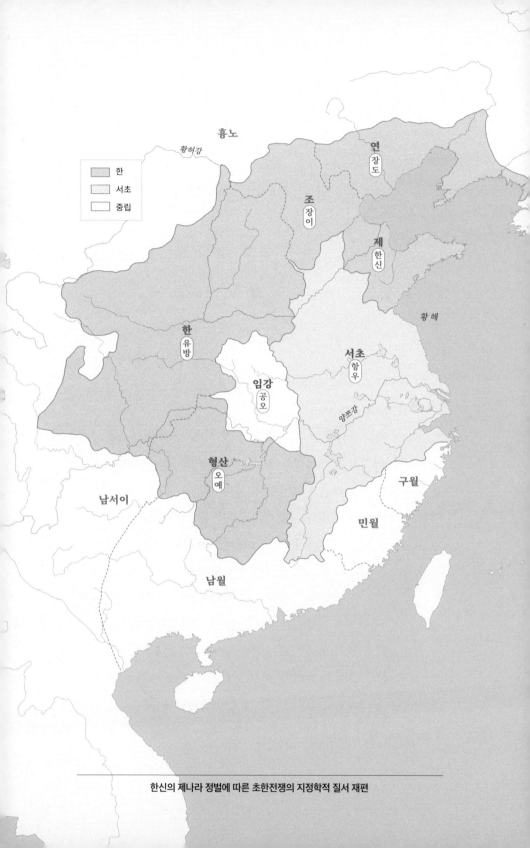

황허강

연
장
도

조
장
이

제
한신

한
유방

황해

임강
공오

서초
항우

양쯔강

형산
오예

남서이

구월

민월

남월

한신의 제나라 정벌에 따른 초한전쟁의 지정학적 질서 재편

한
서초
중립

의 도읍인 팽성과 거리도 상대적으로 가까웠을 뿐만 아니라 두 지역 사이의 지형도 대체로 개방된 편이었다. 그랬기 때문에 팽성대전 당시 항우가 한나라군을 중심으로 하는 제후 연합군을 신속하게 격파할 수 있던 것이다. 그런데 제나라가 한신에게 함락됨으로써 항우는 자칫 잘못하면 서초 본토는 물론 팽성까지도 한신에게 빼앗길 수 있는 위기에 직면하고 말았다.

기원전 203년 초까지도 항우는 여전히 건재했고 서초의 군사력도 정강했다. 오창과 형양을 한나라에 다시 빼앗기고 후방의 한신에게 위협받고 있는 상황에서도 서초는 수개월이나 광무산에서 한나라와 대치를 이어갔다. 하지만 형양에서 유방을 강하게 밀어붙였던 기원전 204년 초와 양상이 많이 변해 있었다. 기원전 203년 서초는 지리적으로 고립된 채 항우의 무용과 정강한 군사력에 기대 간신히 광무산 전선을 유지하고 있을 뿐이었다.

이처럼 한신의 제나라 평정 이후 전체적인 전쟁의 흐름은 완전히 한나라 측으로 넘어갔다. 18제후 체제 출범 초기부터 항우의 발목을 잡았던 제나라는 끝내 국사무쌍 한신에게 정벌됨으로써 한나라에 승기를 쥐여주고 서초의 패색을 완연하게 만들어주었다.

한신의 제왕 즉위와 봉건제의 지리학

제나라를 평정한 한신은 유방에게 사자를 보내 자신을 가왕假王에 앉혀달라는 요구를 했다. 제나라를 막 평정하기는 했지만 아직 제나라의 민심이 흉흉한 데다 잔존 세력의 저항도 이어지고 있으니,

자신을 한나라의 일개 장군이나 관료가 아닌 가왕의 자리에 앉혀 제나라를 안정시키고 그렇게 함으로써 전쟁 또한 안정적으로 끌고 가라는 것이었다.

한신의 제안을 보고받은 유방은 대로했다. 한신이 멋대로 제나라를 침공한 탓에 유방은 제나라의 세력을 안정적으로 흡수하려던 계획을 그르친 데다 역이기라는 출중한 인재까지 잃고 말았다. 게다가 유방은 당시 광무산에서 항우와 일촉즉발의 대치를 이어가고 있었다. 자신의 독단적인 행동을 사죄하고 광무산으로 달려와 유방을 돕거나 서초의 후방을 쳐도 모자랄 판에, 왕실의 후손도 아닌 한신이 가왕 자리까지 요구하자 유방은 말 그대로 피가 거꾸로 솟았다. 진노한 유방은 큰소리로 욕설을 퍼부으며 한신의 사자를 질책했다.

이때 장량과 진평이 유방을 진정시켰다. 두 사람은 한신의 사자 앞에서 불끈 화를 내며 상소리를 내뱉는 유방의 발을 살짝 밟아 진정시킨 뒤 귀엣말로 계책을 전했다.

"한나라가 불리한 상황에 부닥쳐 있는데 한신이 왕이 되는 것을 어찌 막겠사옵니까? 차라리 이참에 그를 왕으로 봉하시어 우대하면서 제나라를 스스로 지키게 함이 옳사옵니다. 그렇게 하지 않으면 변란이 일어날 것이옵니다."[75]

두 사람의 조언이 뜻하는 바를 눈치챈 유방은 한신의 사자에게 제후를 평정한 자라면 마땅히 정식 왕에 올라야지 가왕에 머물러서야 되겠냐며 일갈했다. 그런 다음에는 장량을 사자로 보내 한신을 제왕으로 봉하는 조서를 내렸다. 이로써 한신은 기원전 203년 2

월 정식으로 제나라 왕위에 올랐다.

이렇듯 괴철의 선동에 휘둘려 무단으로 제나라를 침공한 뒤 제나라 가왕 자리까지 요구한 한신의 행보를 어떻게 받아들여야 할까? 적지 않은 이들이 한신의 이 같은 행태에 문제를 제기함은 물론 도저히 이해하기 힘든 행동이라 여길지도 모른다. 그도 그럴 것이 한신은 분명 한나라의 대장군, 즉 유방의 신하였지 동맹자가 아니었다. 그런데도 명령에 복종하기는커녕 멋대로 군사를 움직여 아군의 중요 인사인 역이기까지 비참하게 죽게 한 한신의 행보를 보면 '이 사람을 과연 한나라의 충성스러운 군인으로 볼 수 있는가'라고 생각하실 독자분들이 적지 않으리라 생각한다. 앞서 형양·성고 전선에서 유방이 고전을 거듭할 때도 한신이 남하해서 유방을 돕기는커녕 자기 세력을 지키고 키우는 데만 전념했다는 사실까지 고려해 보면, 한신의 행동은 명령에 죽고 명령에 살아야 할 군인으로서 취할 만한 행동이 맞나 하는 의구심이 더더욱 강하게 들 법도 하다.

분명 현대적인 관점에서 보면 한신의 행동은 도를 넘어선 행동이고, 오늘날의 군대였다면 군사법원에 회부되어 중형을 선고받을 만한 일이다. 그런데 사실 당시 중국의 세계관을 지배하고 있던 봉건제의 특징을 살펴보면 이해하기 어려운 일도 아니다. 주나라 때부터 800년 이상 중국을 지배해 왔던 봉건제는, 왕실이 도읍 주변의 직할지를 직접 다스리고 그 이외의 영토는 왕실의 책봉을 받은 왕족, 공신 등의 제후들이 자리를 세습하며 마치 작은 왕처럼 다스리는 체제다. 그러다 보니 봉건제후들은 중앙집권제 국가의 관료나 장군과는 달리 정치적, 군사적 행보에 상당한 자율성을 가졌다.[76] 과거 구강왕 영포가 지병을 핑계로 항우의 제나라 정벌 참전 요청을 사실상 거부했던 까닭도 이러한 맥락에서 이해할 수 있다. 조선과 같은 고도의 중앙집권 국가에서 장군이 군사를 이끌고 출병하라는 어명을 거부한다는 것은 중징계를 받는 수준을 넘어 삼족이 멸하는 화를 입을 만한 일이었지만, 봉건 체제하에서 제후는 군주의 명령에 일방적으로 복종해야 하는 관료나 군인이 아니었다. 물론 왕에게 충성을 맹세하기는 하지만 세부적인 부분에서는 자율적으로 행동해도 되는 작은 왕과 같은 신분이 바로 제후였다.

주나라가 봉건제를 시행한 뒤 춘추전국시대에 이르기까지 봉건제가 중국 영토를 지배하게 되면서 당대 중국인들의 머릿속에 봉건적 세계관이 자리를 잡을 수밖에 없었다. 물론 시황제가 봉건제를 철폐하고 중앙집권적 군현제를 도입하기는 했지만, 십여 년에 불과한 기간 동안 중국인들의 세계관이 송두리째 바뀌기는 어려웠다. 비록 장량이 젓가락까지 휘둘러 가며 유방을 설득한 덕에 무위로 돌아가기는 했지만, 한나라에서 가장 외교적, 정치적 안목이 뛰어났다고 할 만한 인물이었던 역이기조차 옛 전국칠웅 왕실의 후손을 제후로 봉해 항우에 대항하자는 계책을 올리지 않았던가. 게다가 항우의 18제후 체제 또한 봉건제에 기반한 체제였다.

시대가 이렇다 보니 한신 역시 자신을 일종의 예비 제후처럼 여겼을 가능성이 매우 크다. 북벌을 완수함으로써 초한전쟁에서 한나라가 서초를 상대로 전세를 역전하는 데 결정적인 공을 세운 데다 중국 북동부의 광대한 땅까지 장악하고 있던 만큼, 한신은 자신이야말로 제나라의 제후가 될 만한 사람이라고 자신했을 것이다. 조나라 정벌 당시 자신을 보좌했던 장이가 기원전 203년 11월 조왕으로 봉해졌으니, 한신은 더더욱 자신이 제나라를 통치하게 될 것이라

확신했을 듯싶다.

만일 한신이 주나라의 전성기나 춘추전국시대에 활동했더라면, 하다못해 항우의 휘하에서 활약했더라면 한신의 이 같은 행동도 당연하게 받아들여졌을지 모른다. 봉건국가에서 눈부신 공적을 세운 공신이라면 제후로 봉해지는 게 당연했기 때문이다. 하지만 장량과 진평이 유방에게 했던 조언에서 살펴볼 수 있듯이, 중앙집권 왕조의 건설을 추구했던 유방이나 장량 등에게 한신의 행동은 위험하게 받아들여질 소지가 다분했다. 걸인 생활을 하던 한신은 유방 밑에서 눈부신 군사적 업적을 세우고 끝내 제나라의 왕위에까지 오르며 '인간 승리'를 성취했다. 하지만 봉건 체제가 막을 내리고 중앙집권적 국가가 대두하던 시기, 그 시대적 흐름에 발을 맞추지는 못한 듯하다. 이러한 사실은 훗날 화근이 되어 한신 본인을 위협하게 된다.

11장

길어지는 초한의 대치

유방과 항우가 광무산의 진지에 머무르며
직접 군대를 지휘하지만 어느 한쪽도
결정적인 승기를 잡지 못하고
대치가 수개월 동안 이어진다.

1

시대에 뒤떨어진 충심

사수泗水전투 이후 항우와 유방은 광무산에 진을 치고 몇 달 동안 이나 대치를 이어갔다. 겉으로 보기에는 한나라군이 악전고투 끝에 형양과 성고, 오창을 되찾고 기원전 204년 초반의 상황으로 전황을 되돌린 듯했지만 실제로는 서초의 패색이 짙어만 가고 있었다. 형양·성고 전선에서 한나라군과 서초군이 격전을 이어가는 동안 한나라는 위나라에서 제나라까지 아우르는 중국 북동부를 완전히 장악했다. 게다가 한나라가 끝내 오창을 수복한 반면 서초는 여전히 팽월에게 후방을 교란당하고 있었다. 그럼에도 서초의 군사력은 강력했고 유방은 아직 서초군을 상대로 전면전을 벌여 그들을 무력화할 수 없었다.

항우는 전황이 자신에게 불리한 방향으로 흘러가자 애가 탔다.

참다못한 항우는 제나라를 정벌하고 거대한 세력으로 부상한 한신을 회유해 초한전쟁의 판도를 바꾸어보려고 시도했지만 이 역시 항우의 뜻대로 되지 않았다. 한나라군과 서초군은 각각 광무산의 서쪽과 동쪽에 진을 쳤다. 유방과 항우가 광무산의 진지에 머무르며 직접 군대를 지휘했지만 어느 한쪽도 결정적인 승기를 잡지 못했고 대치가 수개월 동안 이어졌다. 이를 '광무대치'라 부른다.

모사 괴철의 천하삼분지계

항우는 고립된 상황을 타개하기 위해 한신을 이용하기로 했다. 초한전쟁의 주 전선인 광무산과 멀리 떨어진 제나라에서 왕을 칭하며 반독립적인 세력을 구축한 한신을 부추겨 한나라로부터 완전히 독립시키는 작전이었다. 그렇게 한나라의 세력을 둘로 나눠 한나라와 한신의 제나라를 각개격파 하려는 심산이었다. 이에 따라 항우는 무섭武涉(?~?)이라는 인물을 사자로 보내 한신을 선동케 했다. 무섭은 유방은 믿을 수 없는 인물로 만일 유방이 초한전쟁에서 승리한다면 한신은 숙청 대상으로 전락할 것이라며 독립한 뒤 서초와 연합하자고 한신을 부추겼다. 하지만 한신은 무섭의 제안을 일언지하에 거절했다. 항우는 자신을 일개 집극랑에 머물게 하며 홀대했지만, 유방은 자신을 알아주고 대장군으로 임명하며 중용했기 때문에 유방을 결코 배신할 수 없다는 이유에서였다. 무섭은 결국 뜻을 이루지 못하고 서초로 귀환했다.

무섭이 돌아간 뒤에는 괴철이 나서서 한신을 설득했다. 괴철은 한신의 관상이 위태로운 상과 존귀한 상을 동시에 갖추고 있다며 운을 띄운 뒤, 한나라와 서초의 세력이 비등해 결착이 나지 않고 있으니 이 두 나라의 주전장에서 비켜나 있는 제나라를 근거로 삼아 연나라, 조나라 등지를 복속시킨 뒤 독립할 것을 부추겼다.

"서초군은 경현과 색정 사이에서 곤란을 겪은 뒤부터 3년이 다 되도록 서쪽의 산지를 넘어가지 못하고 있습니다. 한왕은 수십만 대군을 거느리고 공鞏과 낙양 땅에서 험준한 산지와 황허강에 기대 그들을 막아내고 있다고는 하나, 숱하게 싸움을 거듭했음에도 티끌만 한 공 하나 세우지 못하고 패퇴만 거듭해 왔습니다. 한왕은 형양에서 패하고 성고에서 큰 피해를 입은 끝에 결국 완과 섭 사이에 있는 땅으로 달아났으니, 이런 이를 일컬어 지모도 용맹도 갖추지 못한 자라고 부릅니다. … 이제 두 임금*의 목숨은 족하께 달렸습니다. 족하께서 한나라 편에 선다면 한나라가 이길 것이고, 서초 편에 선다면 서초가 승리할 것입니다. … 한나라와 서초 두 나라에 모두 도움을 주어 양측 모두 살아남도록 함으로써 세발솥鼎**의 발처럼 천하를 삼분해 어느 쪽도 섣불리 먼저 움직이지 못하도록 하는 계책이야말로 더할 나위 없는 상책입니다. 현명할 뿐만 아니라 고결한 인품도 갖춘 족하께서 갑병甲兵을 거느리고 제나라 땅을 근거해 연나라와 조나라를 복속시킨 다음 아직 비어 있는 땅으로 나아가 한나라와 서초의 배후를 제압하는 가운데 백성들이 바라는 대

---

* 유방과 항우를 가리킨다.
** 세발솥 또는 정鼎이란 고대 동아시아에서 제사를 지낼 때 사용하던 세 발 달린 솥을 말한다.

로 서쪽으로 가 두 나라의 전쟁을 끝내고 백성들을 구원한다면 천하가 바람처럼 달려와 호응할 것이오니, 그 누가 감히 거스를 수 있겠나이까?"[77]

제갈량의 천하삼분지계를 떠올리게 하는 괴철의 제안은 언뜻 생각하면 초한전쟁의 정세와 중국 북동부의 지리적 여건을 꿰뚫는 훌륭한 책략처럼 보인다. 이 당시는 물론 초한전쟁이 끝날 때까지 한신의 행보가 초한전쟁의 흐름에 결정적인 영향을 주었음을 감안하면, 결코 괴철의 통찰을 깎아내릴 수는 없다. 하지만 이 무렵 중국의 상황을 지정학적으로 살펴보면, 설령 한신이 독립했다 하더라도 괴철의 말대로 순탄하게 중국 북동부를 완전히 장악할 수 있었을지 의문스럽다. 우선 제나라는 오랫동안 전씨 일족이 다스려온 영역이었던 데다 한신이 사실상 배신행위를 통해 정복했기 때문에, 한신이 독자적인 세력을 쉽게 구축할 수 있는 지역은 아니었다. 당장 항우에게 초토화되었음에도 전횡을 구심점으로 똘똘 뭉쳐 끝까지 저항하고 독립을 유지했던 제나라가 아니었던가. 전씨 일족은 이미 전국시대부터 제나라를 다스려온 왕족이었고 전횡은 제나라를 부활시킨 영웅이었기 때문에 제나라를 장악하는 데 있어 확실한 명분을 갖추고 있었지만, 한신은 그러지 못했다. 냉정하게 말해 한신은 제나라 사람들에게 권력욕에 취해 국가 간의 약조마저 깨뜨리고 제나라를 차지한 침략자로 여겨질 만했다. 그런 한신이 제나라 땅을 발판 삼아 유방을 배신한다면, 한신은 한나라군에게 토벌되기 이전에 제나라 백성들을 완전히 적으로 돌린 채 근거지를 잃어버릴 가능성도 적지 않았다.

조나라와 연나라 역시 한신이 쉽사리 차지할 수 있는 땅은 아니었다. 우선 연나라는 연왕 장도가 지배하는 영역이었다. 한신의 위명이 대단했다고는 하나 연나라는 결국 한나라의 위력에 굴복한 것이었다. 그러므로 만일 한신이 유방의 통제에서 벗어나 독립한다면 장도는 한나라와 연합해 명분을 잃은 한신에게 저항했을 가능성이 크다. 조나라 역시 마찬가지였다. 장이는 유방에게 조왕으로 봉해진 뒤 초한전쟁에 개입하지 않고 조나라의 안정과 국력 신장에 매진하고 있었고, 그로 인해 조나라는 안정을 찾아가고 있었다. 이미 전국시대부터 중국 전역에서 명사로 통하던 장이는 한신보다는 군사적 재능이 부족했을지 몰라도, 세객으로서의 명성과 연륜, 그리고 정치적인 역량은 한신을 훨씬 앞지르는 인물이었다. 결코 만만하게 볼 인물이 아니었다. 게다가 항우에 의해 상산왕으로 봉해졌던 인물인 만큼 조나라의 지리와 민심에도 익숙했을 것이다. 애초에 제왕에 오르기 전 한신은 조왕 장이의 상국 신분이었으니 조나라를 칠 명분을 찾기도 어려웠다.

무엇보다 항우와 달리 유방은 영토와 제후들을 확실하게 장악하고 있었다. 유방은 위나라, 조나라 등지를 정벌한 뒤 그 땅을 한나라의 군현으로 편입해 직접 다스렸고 장이를 조왕에 봉한 시점도 조나라 정벌 직후가 아니라 그로부터 1년 이상 지났을 때였다. 유방이 수무에서 한신의 병력을 흡수했을 때 한신의 부하 장졸들이 아무런 이의 없이 유방의 명령에 따랐던 까닭도 그만큼 유방의 왕으로서의 영향력이 강했기 때문이다. 이런 마당에 한신이 독립을 한다 한들 주변 세력이 괴철의 말처럼 순순히 한신을 따랐을 리 만무하다.

상황도 상황이었지만, 한신의 유방에 대한 충성심 또한 확고했다.

괴철은 한신을 여러 차례에 걸쳐 거병해서 독립하라고 설득했지만, 한신은 끝내 괴철의 말에 넘어가지 않았다. 한신을 설득하는 데 실패한 괴철은 미친 사람 행세를 하며 한신의 곁을 떠났다.

　다만 앞서 살펴보았듯이 한신의 충성심은 어디까지나 제후로서의 충성심에 가까웠다. 그런데 당시 중국 땅에서 봉건제는 이미 종말을 맞이하고 있었다. 유방은 점령지를 계속해서 직할 군현으로 편입해 왔고, 제후로서 확고한 정통성을 가졌던 위, 조, 제 등의 왕가는 초한전쟁 과정에서 멸망했다. 초한전쟁은 단순히 유방과 항우라는 두 영웅의 패권 다툼을 넘어, 제후들이 할거하던 중국 땅을 통일 왕조가 체계적으로 지배하는 땅으로 변모시킨 역사적, 지리적 대전환을 가져온 전쟁이었다. 군대를 지휘하는 능력은 항우와 비교해도 뒤지지 않았던 불세출의 명장 한신이었음에도 이 같은 대전환을 명확하게 읽어내지는 못했던 듯하다. 그러니 우리의 눈에, 유방에게 제왕 자리를 요구해 사실상 반독립적인 세력을 구축해 놓고 한편으로 무섭과 괴철의 종용에 흔들리지 않으며 주군인 유방에게 충성을 바친 한신이 이중적으로 보이는 것이다.

　한신의 이 같은 충성심은 봉건제가 지속되었던 주 왕조—춘추전국시대를 포함한—의 시대나 항우의 18제후 체제하에서는 진정성 있게 받아들였을지 몰라도 이미 봉건제가 퇴색되고 있던, 그리고 중앙집권적 통일 왕조의 건설을 목표로 하고 있던 초한전쟁기의 유방에게는 진심으로 받아들여질 수 없었다. 장량과 진평이 유방에게 한신을 일단 제왕으로 봉하지 않는다면 변란이 일어날 것이라고 조언한 일화만 해도 이러한 한신의 봉건적 세계관과 중앙집권 국가를 지향하는 유방, 장량, 진평의 세계관이 충돌하는 양상을 잘 보여준

다. 그러므로 한신의 충성심은 진실하기는 하되 새로운 시대의 질서
에는 맞지 않았다고 할 수 있다. 그리고 훗날 한신이 토사구팽 당한
까닭을 여기서도 찾을 수 있지 않을까 싶다. 무섭이 지적했던 대로
유방이 표리부동해서가 아니라, 시대의 변화를 충분히 인식하지 못
했던 한신의 시대에 걸맞지 않았던 충성심에서 말이다.

2

광무산에서 일어난
두 영웅의 설전

광무산 일대에서 한나라군과 서초군이 대치하는 모양새는 언뜻 보면 백중지세 같았다. 하지만 중국 전체로 축척을 넓혀 보면 이미 초한전쟁의 승기는 한나라 측으로 기울어 있었다. 한신을 부추겨 독립시키는 작전도 물거품으로 돌아감으로써 항우에게 남은 것은 어떻게든 광무산 전선에서 유방을 죽이거나 사로잡아 전세를 단박에 역전하는 것밖에 없었다. 대치가 길어지면서 피로가 누적된 것은 한나라군 또한 마찬가지였다. 패색이 짙은 서초에 비하면 형편이 그나마 나은 편이었지만, 장기간의 대치로 인해 물자가 계속 소모되었고 군사들과 백성들의 사기도 떨어져 갔다. 유방으로서는 눈앞의 서초군을 궤멸시켜 전쟁을 하루라도 빨리 끝내고 싶었겠지만, 그러기에는 항우와 서초의 군사력은 아직도 강했다.

눈에는 눈, 패륜에는 패륜

이어지는 대치 상황 속에서 먼저 애가 탄 쪽은 항우였다. 영토를 확장하고 군량까지 확보한 한나라와 달리, 서초는 지리적으로 고립된 데다 팽월의 유격전 때문에 보급에도 중대한 차질을 빚고 있었다. 대치가 이대로 계속되면 항우는 불리해지다 못해 고사해 버릴 운명이었다. 한군 성채에 전면적인 공세를 가해서 함락시키자니 지난해와 달리 한군이 너무나 강해져 있었다. 애가 탈 대로 탄 항우는 전면전이 아닌 다른 쪽으로 눈을 돌렸다. 팽성대전 당시 포로로 잡아둔 유방의 가족이었다.

고대 중국은 오늘날 우리들의 생각 이상으로 가부장적이고 효를 중시하는 사회였다. 주나라가 종법宗法이라는 일종의 가부장제에 토대한 법률로 제후들을 봉하고 통제했기 때문인데, 그 덕분에 유교가 등장하기 전부터 이미 효는 단순히 부모에 대한 사적 의무를 넘어 사회문화적 최고의 가치이자 통치 이념의 근간이 되었다. 과거제가 도입되기 전 한나라에서 효자를 관리로 선발했다는 사실을 생각해 보면 당시 효의 중요성을 짐작할 수 있을 것이다. 유방의 아버지 유태공은 이와 같은 분위기 속에서 항우에게 포로로 잡힌 것이었고, 이는 유방에게 커다란 약점이 될 수밖에 없었다. 아버지를 죽게 내버려 둔다면 유방은 정치적 정통성에 큰 타격을 입게 되는데, 그렇다고 아버지를 살리기 위해 항우에게 항복할 수도 없는 노릇이었기 때문이다.

항우는 포로로 잡아둔 유태공을 이용해 유방을 상대로 인질극을 벌이기 시작했다. 먼저 진지 앞에 보란 듯이 높은 단을 세웠다.

한나라군 진영에서도 한눈에 훤히 보이는 자리였다. 그리고 단 밑에 커다란 가마솥을 놓고는 불을 지펴 물을 펄펄 끓인 뒤 단 위에 백발이 성성한 노인 한 명을 꽁꽁 묶어 꿇어앉혀 놓았다. 한눈에 봐도 기이한 모습에 한나라 군사들이 웅성대기 시작했다. 무슨 사연인가 싶어 나와 항우가 세운 단을 바라본 유방의 눈에 들어온 것은 다름 아닌 자신의 아버지 유태공이었다. 항우는 유방을 향해 있는 힘껏 소리를 질렀다.

"유방 네 이놈! 네놈의 못난 아비가 삶겨 죽는 꼴을 보고 싶지 않다면 지금 당장 항복해라!"[78]

하지만 유방은 항우의 뜻대로 움직여 주지 않았다. 유방은 자신의 아버지가 인질로 잡혀 눈앞에서 죽을지도 모르는 상황에서도 망설이거나 기가 죽기는커녕 온갖 욕설을 퍼부으며 항우에게 맞섰다.

"야, 이 빌어먹을 놈의 자식아! 이 어르신은 네놈 자식과 북면해서 초 회왕을 섬기고 형제의 의를 맺었다. 그러니 이 어르신의 아비는 곧 네놈 아비다. 제 아비 삶아 죽이겠다는 후레자식 놈을 이 어르신이 어찌 말리고 자시고 하겠느냐? 그래도 형제의 의리인지 나발인지 하는 게 있으니, 네놈 아비를 다 삶고 나거든 이 어르신께 국물이나 한 사발 가져오너라. 이참에 네놈 아비 맛 좀 봐야겠다!"[79]

생각지도 못했던 유방의 무지막지한 대응에 항우는 머리끝까지 화가 났다. 분노를 주체하지 못한 항우는 정말로 유태공을 유방과 한나라군이 지켜보는 앞에서 삶아 죽이려 했다. 그런데 항백이 여기서도 항우를 만류했다. 유방과의 전쟁이 아직 결착이 나지 않은 데다 항우와 마찬가지로 천하를 도모하는 유방이 아버지를 살리기 위해 굴복할 가능성도 없으니, 유태공을 죽인들 후환만 만들 뿐 아무런 이익이 없을 거라는 이유에서였다. 유태공을 인질로 삼아 전황을 타개해 보려던 항우의 계책은 유방의 거칠기 짝이 없는 입담과 냉철함만 돋보이게 했을 뿐 아무런 소득도 거두지 못했다.

설전 끝에 날아든 화살

대치가 이어지던 어느 날, 항우는 전황을 타개하고자 유방을 도발했다. 유방을 광무산의 성 밖으로 나오게 한 뒤 기습을 가해 제거할 심산이었다. 항우는 먼저 유방에게 일대일 대결을 제안했다.

"여러 해가 넘도록 천하가 흉흉한 까닭은 바로 우리 두 사람 때문이니, 과인은 한왕 그대에게 도전하여 자웅을 겨루고자 하노라."[80]

이는 항우가 그만큼 무용이 출중했음을 보여준다기보다는, 어떻게든 유방을 도발해 일대일 대결에 응하게 하거나 최소한 성 밖으로 끌어내 보려고 발악했던 항우의 절박함을 보여주는 일화라 할 수 있다. 물론 유방은 코웃음을 치며 항우의 도발을 일축했다.

"이 어르신은 지혜를 다투면 다투었지 네놈처럼 무식하게 힘겨루기나 할 몸이 아니다!"[81]

유방을 도발하는 일이 생각보다 쉽지 않았지만, 항우는 포기하지 않고 군중에서 장사를 선발해 군문 앞에 세운 뒤 유방을 도발케 했다. 그러자 유방은 몽골의 유목 민족인 누번樓煩족 출신의 궁수 중 특히 날래고 활 솜씨가 뛰어난 자를 불러 서초군 장사를 쏘아 맞히게 했다. 누번족의 궁수는 몽골의 초원에서 단련한 절묘한 활 솜씨로 서초군 장사를 세 명이나 연속해서 쓰러뜨렸다.

그러자 서초군의 성문이 열리더니 화려한 갑주를 갖춰 입은 체구가 장대한 장수가 거대한 창을 꼬나든 채 털빛이 검은 말을 타고 달려 나왔다. 누번족 궁수가 네 번째 제물을 쏘아 맞히기 위해 활시위에 화살을 미처 다 메기기도 전에 그 장수는 눈을 부릅뜨고는 광무산이 떠나갈 듯이 고함을 지르며 궁수를 향해 달려왔다. 서초군 장수의 기세와 위용이 얼마나 압도적이었던지, 싸움에는 도가 텄을 누번족 궁수조차도 그만 겁을 먹고 말았다. 조금 전까지만 해도 서초군 장사들을 연달아 쓰러뜨렸던 누번족 궁사는 호랑이를 만난 강아지처럼 겁에 잔뜩 질려 한군 진지로 죽을힘을 다해 도망쳐 왔다. 날래고 활 잘 쏘는 이들 중에서도 골라서 뽑은 누번족 궁수가 그 모양으로 도망 온 꼴을 본 유방이 서초의 장수가 누구인지 알아보게 하니, 다름 아닌 항우였다. 아무리 서초의 패색이 짙어가는 형세라고 해도, 항우가 건재한 이상 한군이 서초를 쉽게 무너뜨릴 수 있는 상황이 아니었다.

이처럼 항우의 군사적 재능과 서초군의 전투력이 여전히 막강했기 때문에 유방은 광무산의 서초군 본진을 함부로 공격할 수 없었다. 항우 또한 마찬가지였다. 이미 열세에 몰려 지난해와 같이 대대적인 공세를 가한다 해도 함락을 확신할 수 없는 상황이었다. 광무산에서 지루하고 고달픈 대치 상황이 계속해서 이어지는 가운데, 항우와 유방은 전세 역전의 기회를 노리며 또다시 설전을 벌였다. 이번에도 유방은 거친 입담과 출중한 욕설 솜씨를 뽐내며 항우를 도발했다. 유방은 서초군이 듣는 앞에서 항우의 죄상을 조목조목 열거하며 그를 대놓고 규탄했다.

"애초에 과인은 항우 네놈 자식과 더불어 초 회왕의 명을 함께 받들었느니라. 그때 먼저 관중에 들어가 평정하는 자가 왕이 되기로 약속한 걸 네놈도 잊지는 않았을 거다. 그런데 빌어먹을 네놈 자식은 약속을 어기고 이 어르신을 촉과 한중의 왕으로 봉했으니 이게 네놈의 첫 번째 죄다. 간사하기 짝이 없는 네놈 자식은 왕명을 사칭해 경자관군을 참살했으니 이게 네놈이 지은 두 번째 죄다. 네놈 자식이 조나라를 구했다면 응당 초 회왕께 보고했어야 했거늘 네놈 꼴리는 대로 제후들과 군사들을 위협해 관중에 들어갔으니 이것이 네놈의 세 번째 죄다. 초 회왕께서는 진나라에 입성한 뒤 노략질을 하지 말라고 당부하셨거늘 항우 네놈은 진나라 궁궐을 불태우고 시황제의 무덤을 도굴한 뒤 그 재물을 사사로이 취하기까지 했으니 이것이 네놈이 저지른 네 번째 죄다. 게다가 항복한 자영을 네놈 꼴리는 대로 시해했으니 이게 네놈의 다섯 번째 죄다. 신안에서 진나라 젊은이 20만 명을 속여서 파묻어 놓고는 그 대장을 멋대로 왕에 봉했으니 이게 네놈이 지은 여섯 번째 죄다. 네놈 자식은 여러 제후의 장수들을 좋은 땅에 봉한 주제에 원래 주인은 자기 땅에서 쫓아내 신하들이 권력을 좇아 반란을 일으키고 서로 싸우게 했으니 이게 네놈이 저지른 일곱 번째 죄다. 팽성에서 의제를 쫓아내고 자기 도읍으로 삼는가 하면 한왕韓王의 땅을 가로채고 대량과 초나라 땅까지 빼앗아 전부 네놈 땅으로 삼았으니 이것이 항우라는 빌어먹을 도적놈이 저지른 여덟 번째 죄다. 사람을 시켜 의제를 강남 땅에서 몰래 시해했으니 이게 천하 역적 항우 놈이 지은 아홉 번째 죄다. 신하라는 놈이 주군을 시해하지 않나, 항복한 자를 멋대로 죽이질 않나, 약속은 마구잡이로 씹어버리고 정사를 공평하게 돌볼 생각도 않는 네놈은 천하가 용납 못 할 개자식이다. 이게 바로 네놈이 저지른 열 번째 죄다. 이 어르신은 의로운 군사를 이끌고 제후들을 모아 흉악한 도적놈을 족치려는 몸이로다. 너 같은 놈은 죄인들을 시켜 때려죽이면 그만이거늘, 이 어르신은 항우인지 나발인지 하는 하찮은 도적놈 따위의 돼먹지 않은 도전에 맞설 만큼 여유로운 몸이 아니니라."*82

항우는 유방의 끝 모를 도발에 대로했다. 하지만 항우 역시 그저 감정적으로만 움직이지는 않았다. 항우는 유방이 자신을 도발하기 위해 진중에서 몸을 드러내자, 미리 준비해 두었던 궁노수들에게 쇠뇌를 발사하라는 명령을 내렸다. 항우는 불리해져 가는 전황을 타개하기 위해 유방을 유인한 다음 제거할 계획을 치밀하게 세워두고

---

* 유방이 무례한 데다 입이 험하다는 것을 여러 측근들도 인정했을 정도니, 광무대치 당시의 상황을 고려해 보면 유방은 항우에게 온갖 욕설을 퍼부으며 거친 입담을 유감없이 발휘했으리라 생각된다. 따라서 유방이 항우와 설전을 벌인 이 대목은 『사기』의 내용을 해치지 않는 선에서 재해석한 것임을 밝힌다.

초한전쟁

있었다. 일대일 대결을 하자는 항우의 제안을 지혜를 겨루면 겨루었지 힘 싸움 따위 하지 않겠다며 재치 있게 받아넘긴 유방이었지만, 항우의 죄상을 조목조목 지적하며 신경전을 벌이는 가운데 자기도 모르는 사이에 항우가 파놓은 함정에 걸리고 말았다. 서초군 궁노수가 쏜 화살은 유방의 가슴에 명중했다.

화살이 가슴에 꽂혔지만 유방은 다행히 절명하지도, 의식을 잃지도 않았다. 예상컨대 최전방이었기에 갑옷을 단단히 차려입어 치명상을 피할 수 있었을 것이다.[**] 물론 그렇다고 해도 기계장치의 힘을 빌려 일반 활보다 사거리와 위력을 증강한 쇠뇌의 위력을 갑옷으로 완전히 막을 수는 없었다. 무엇보다 유방이 화살을 맞은 곳이 급소 중의 급소인 가슴팍이었던 탓에 유방은 중상을 입고 말았다.[***] 가슴에 큰 상처를 입은 유방은 서 있기조차 어려울 만큼 극심한 고통에 휩싸였다. 갑옷을 뚫고 들어온 화살촉 때문에 가슴에서 피가 흘러나와 유방의 갑옷 속을 적셨고, 유방의 몸에서는 서서히 힘이 빠져나가기 시작했다. 유방은 고통을 못 이겨 쓰러지는 듯하더니, 이내 자신의 발을 감싸 쥐고는 큰소리를 쳤다.

"저 종놈의 자식이 과인의 발가락을 맞추었노라!"[83]

[**] 『사기』『한서』『자치통감』에는 유방이 가슴에 화살을 맞았다고 기록되었다. 그런데 사람이 맨몸에 정통으로 화살을, 그것도 급소인 가슴에 맞았다면 절명하거나 치명상을 입을 수밖에 없다. 활도 아니고 기계의 힘을 빌려 위력을 증강한 쇠뇌로 쏜 화살이라면 더욱 그러할 것이다. 게다가 광무산은 최전방이었던 만큼 유방이 갑옷을 벗고 평복 차림으로 나와 있었을 가능성 또한 매우 희박하다. 이 대목은 이러한 상황을 고려한 서술이다.
[***] 오늘날의 방탄복도 가슴 부분에는 심장 등의 장기를 보호하기 위해서 금속판이나 세라믹 판 등을 덧대어 보강하는 경우가 많다.

3

가슴에 화살을 맞고도
지켜낸 한나라의 사직

유방이 가슴에 화살을 맞고도 발가락에 화살을 맞은 척 행동한 것
은 단순한 호기나 허세가 아니었다. 최전방에서 다른 사람도 아닌
군주가 화살에 맞아 쓰러진다면 군사들의 사기가 바닥에 떨어짐은
물론, 장졸들이 구심점을 잃은 채 우왕좌왕할 수밖에 없다. 그뿐만
이 아니다. 유방이 쓰러진다면 어떻게든 유방을 유인한 뒤 제거하
려고 벼르고 벼르던 항우가 기회를 놓치지 않고 광무산에 총공격을
가해 올 게 분명했다. 그렇게 된다면 광무산의 한군 진지가 함락됨
은 물론, 자칫하면 온갖 고초를 다 겪고 간신히 이룩해 놓은 한군의
우세 국면 역시 한순간에 와르르 무너져 한나라가 패망할 수도 있
었다.

　유방은 가슴이 아닌 발가락에 화살을 맞았다는 허세를 부림으

로써 군사들의 동요를 막아냈다. 마침 옆에 있던 장량은 부하들을 시켜 유방을 부축해 갑옷을 입고 투구를 쓴 모습 그대로 말 위에 올라 지휘를 이어가게 했다. 멀리서 한군의 동향을 살피던 항우는 유방이 말 위에 꼿꼿이 앉은 채로 지휘를 이어가자 궁노수를 통한 유방 암살 계획이 어그러졌다고 판단하고 한군 진지를 급습할 계획을 포기했다.

하지만 중상을 입은 유방이 계속해서 광무산의 진지를 지킬 수는 없었다. 하루 정도야 어찌어찌 버텨낸다고 하더라도, 유방도 한 사람의 인간인 이상 중상을 입은 몸으로 전장에서 몇 날 며칠을 버틸 순 없었다. 응급처치를 받은 유방은 자신이 부상을 입고 쓰러졌다는 사실을 철저히 비밀에 부친 채 몰래 광무산을 빠져나가 성고로 물러난 다음 치료를 받고 휴식을 취했다.

어느 정도 부상을 회복한 유방은 곧장 광무산으로 복귀하는 대신 약양으로 말 머리를 돌렸다. 아무리 정보를 통제한다고 하더라도 유방이 광무산에서 화살을 맞고 쓰러졌다는 소문을 완전히 차단할 수는 없는 노릇이었다. 유방은 자신의 건재를 과시함으로써 후방을 안정시키는 한편으로 오랫동안 비워둔 관중의 민심을 수습할 요량으로 약양을 시찰했다.

유방은 태자와 소하 이하 관료들의 기강을 점검하고 그들의 노고를 치하한 다음 관중의 지역 유지들을 불러 모아 큰 잔치를 벌였다. 이를 통해서 길고 지루한 전쟁 때문에 몸도 마음도 지친 관중 백성들의 민심을 수습했다. 이와 더불어 유방은 사수汜水전투에서 얻은 옛 새왕 사마흔과 적왕 동예의 머리를 긴 장대에 꽂아 약양 저잣거리에 효수했다. 항우에 의해 관중 지역의 제후로 봉해졌던 사마흔과 동예는 유방에게 항복했다가 팽성대전 직후 항우에게 귀순한 자들이었다. 유방은 이들의 머리를 효수함으로써 배신자의 말로, 그리고 한나라군이 서초군을 상대로 우세에 있다는 사실을 관중 전역에 똑똑히 보여주었다.

건강을 회복하고 관중의 기강을 다잡음과 동시에 민심을 수습한 유방은 항우와의 전쟁을 이어가기 위해 광무산의 진지로 복귀했다. 군사들의 사기 저하와 항우의 총공격을 막기 위해 몰래 광무산을 빠져나간 유방이었지만, 돌아올 때는 관중에서 보충한 병력까지 이끌고 왔다. 항우는 유방을 저격함으로써 광무산을 탈환하기는커녕 유방이 관중의 민심을 수습하고 광무산의 전력을 보강할 기회만 만들어주고 말았다.

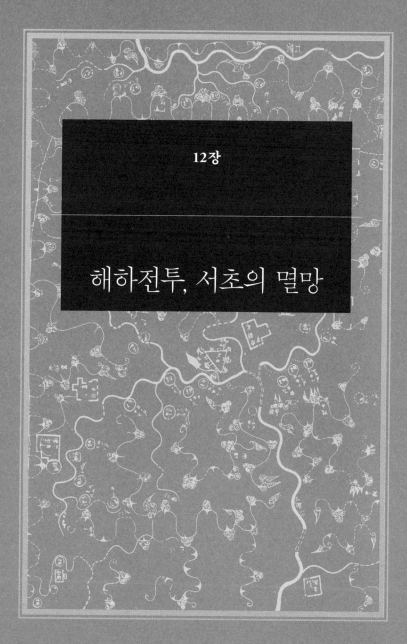

12장

해하전투, 서초의 멸망

한나라군 진영에서 노랫소리가 들려온다.
항우는 물론 서초 군사들의 귀에도
매우 익숙한 곡조와 노랫말. 다름 아닌
자신들의 고향, 초나라의 노래였다.

1

지켜지지 않은 홍구의 화약

광무대치 끝에 한나라와 서초 사이에 휴전협정이 맺어짐으로써 초한전쟁은 일단락되는 듯했다. 하지만 화약은 맺어지자마자 깨지고 말았다. 유방은 항우가 팽성으로 귀환을 시작하자 서초를 멸망시킬 절호의 기회라 판단하고 철수하는 항우를 추격했다.

누적된 손실과 보급 문제에도 불구하고 항우와 서초군의 전투력은 전혀 녹슬지 않았다. 팽성대전 때 그랬던 것처럼 유방은 항우가 진두지휘하는 서초군의 맹공을 받아 또다시 참패했다. 하지만 중국 대륙의 판도는 팽성대전 때와는 판이해져 있었다.

대치가 길어질수록 서초의 형편은 계속해서 악화되었다. 제왕 한신의 위협까지 갈 것도 없이, 당장 하루하루 보급 문제를 해결하기조차 버거울 정도였다. 항우의 군사적 재능과 서초군의 정강함, 그리고 인질로 잡혀 있는 유태공과 여치 때문에 당장 한나라군이 서초군에 정면공격을 하지 못하고 있지만, 이대로 간다면 서초군은 제대로 싸워보지도 못하고 보급 부족과 식량난으로 자멸할 수밖에 없는 상황이었다. 한나라군 역시 서초군보다 처지가 조금 나았다 뿐이지 길어지는 대치 상황이 달가울 리 없었다. 수년간 이어진 전쟁으로 인해 한나라의 국력도 상당히 소진된 상태였고, 별다른 진전 없이 대치가 수개월간 이어져 한나라군의 피로 누적과 사기 저하 역시 무시할 수 없는 수준에 다다랐다. 유방의 가족이 항우에게 인질로 잡혀 있다는 사실 역시 가볍게 여길 문제가 아니었다.

유방은 육고陸賈(기원전 240~기원전 170)라는 학식이 깊고 언변이 능하기로 이름난 부하를 항우에게 보내 자신의 가족을 방면하도록 설득했다. 하지만 육고는 항우를 설득하지 못했다. 가뜩이나 전황이 불리해져 가는 마당에 유방의 아버지와 정실부인이라는 가치 있는 인질을 풀어줄 리 없었다. 육고가 항우를 설득하는 데 실패하자 유방은 후공侯公(?~?)을 보내 거듭 항우를 설득했다. 이번에는 한나라와 서초 사이의 휴전협정 체결이라는 새로운 카드까지 더해졌다. 후공은 홍구鴻溝(오늘날 허난성 정저우시 북동쪽의 지명으로, 전국시대부터 황허강으로 이어지는 운하가 있던 장소였다)를 경계로 하여 그 서쪽을 한나라, 동쪽을 서초가 차지한다는 조건으로 휴전협정 체결을 제안하였다. 물론 휴전과 더불어 유방의 가족을 송환한다는 조건도 포함되어 있었다.

홍구는 형양에서 동쪽으로 40~50킬로미터 떨어져 있는 곳이니, 기원전 204년 형양·성고 전선에서 고전을 거듭하던 유방이 형양을 기준으로 천하를 반분하자며 강화를 제의했을 때보다도 항우에게 불리한 조건이었다. 하지만 길어진 전쟁과 팽월의 후방교란으로 인해 보급 및 전쟁 수행 능력이 한계에 다다른 데다 한신이 북벌까지 성공시켜 항우는 유방의 휴전 제안을 거부하기 어려웠다. 항우는 한나라의 휴전협정 제안을 받아들였고 유방의 가족도 송환했다. 유태공과 여치가 한군 진영으로 돌아오자 한군은 만세를 불렀고, 유방은 맨발로 뛰어나와 유태공에게 불효를 사죄하고 여치를 위로했다. 기원전 203년 9월에 일어난 일이었다. 기원전 203년 10월에 사수泗水전투가 일어났고 그 직후에 광무대치가 시작되었으니, 무려 1년 가까이 이어져 온* 한나라군과 서초군의 대치가 드디어 끝났다. 후공은 항우를 설득한 공을 인정받아 평국군平國君이라는 작위를 받았다.

화약이 체결됨에 따라 한나라군과 서초군은 광무산에서 철수하기 시작했다. 항우는 휘하 병력을 수습해 팽성으로 귀환 길에 올랐고 유방 역시 병력을 관중으로 물릴 채비를 시작했다. 그런데 이때 장량과 진평이 유방을 만류했다. 그들은 한나라가 서초를 압도할 만한 국력과 영토, 전쟁 수행 능력을 갖춘 반면 서초군은 작전한계

---

* 전욱력은 10월에 한 해를 시작해서 9월에 끝나기 때문에, 203년 10월은 연초이고 9월은 연말이 된다.

점에 도달한 지금이야말로 서초를 완전히 멸망시킬 호기라고 주장했다. 지금 서초를 멸망시키지 않는다면 훗날 서초가 또다시 한나라를 위협할 세력으로 부상할 수 있다는 지적도 빠트리지 않았다.

"한나라가 천하의 태반을 차지하고 있으니 제후들도 모두 한나라를 따르고 있사옵니다. 반면 서초의 군량은 바닥을 드러내고 있나이다. 이는 곧 지금이 하늘이 서초를 망하게 하려는 때라고 할 수 있사옵니다. 지금이야말로 서초를 멸망시킬 절호의 기회이옵니다. 지금 서초를 치지 않고 놓아준다면 이는 호랑이를 키워 후환을 남기는 일과 다를 바 없사옵니다."[84]

이에 따라 유방은 군사를 돌려 항우를 추격하기 시작했다. 장량이 호랑이를 길러 후환을 남긴다고 표현한 데서 알 수 있듯이 항우와 서초군은 여전히 위협적이었다. 따라서 유방은 양하陽夏(오늘날 허난성 저우커우周口시 타이캉太康현 북쪽)에서 한신, 팽월의 군대와 합류한 뒤 압도적으로 우세한 전력으로 서초군을 확실하게 섬멸한다는 계획을 세웠다.

2

서초패왕의 마지막 승리

홍구에서 화약을 맺은 항우는 지치고 굶주린 군사들을 이끌고 팽성으로 귀환을 시작했다. 하지만 항우의 귀환 길은 처음부터 평탄치 못했다. 광무산에서 팽성으로 곧장 가려면 대량을 지나야 했다. 그런데 앞서 살펴보았듯 대량은 팽월의 영향력 아래 있는 지역이었다. 처음부터 항우와 적대 관계였던 데다 도적 출신이었던 팽월이, 항우와 유방 간 화약이 체결되었다 해서 항우가 순순히 팽성으로 돌아가도록 가만히 놔둘 리 없었다. 한신 또한 신경 쓰이는 상대였다. 한나라에 귀순하기로 한 제나라를 역이기를 죽이면서까지 침공해 멸망시킨 인물이 아니던가. 아무리 항우의 무용과 군사적 재능이 인간의 경지를 넘어선 수준이었다고 하더라도, 패퇴하듯이 돌아가는 서초군이 이들의 견제나 기습을 받는다면 큰 피해를 입을 가능성이 컸다. 이 때문에 항우는 군사들을 이끌고 대량 남쪽으로 크게 돌아 팽성으로 귀환해야 했다.

장량과 진평의 조언에 따라 항우를 추격한 유방은 휴전협정이 체결된 다음 달인 기원전 202년 10월 양하에 도착했다. 그런데 유방과 합류하기로 한 한신과 팽월의 군사들은 여러 날을 기다려도 코빼기도 보이지 않았다. 유방을 따르기는 했지만 제후 신분이었던 한신과, 부하라기보다는 동맹자에 가까웠던 팽월이 자신들의 세력 범위에서 벗어나 서초 영토에까지 병력을 보내기를 꺼렸기 때문이었다. 앞서 언급했듯이 봉건 체제하에서 제후는 왕의 명령에 죽고 사는 오늘날의 군인과 같은 존재가 아니었다. 한신과 팽월이 기일이 넘도록 합류하지 않자 유방은 애가 탔다. 원군을 기다리기만 하다 항우를 놓칠 상황이었기 때문이다. 항우가 서초 영토 깊숙이 들어가면 한나라군이 불리해짐은 말할 필요도 없었다. 유방은 다 잡은 항우를 놓치겠다는 조바심에 자신의 군사들만으로 서초군을 치기 위해 양하 남쪽의 고릉固陵(오늘날 허난성 저우커우시 타이캉현 남쪽)으로 진격을 개시했다.

그런데 고릉을 지나고 있던 항우가 유방의 추격을 눈치챘다. 한나라군과 수많은 전투를 치른 항우였던지라 한나라군이 휴전협정을 어기고 자신을 추격해 올 수도 있다는 생각 정도는 미리 해둔 터였다. 202년 10월 항우는 종리말, 계포 등의 장수들과 더불어 고릉에 군사들을 데리고 매복하고 있다가 한나라군이 고릉에 진입하자 기습을 가했다. 무리하게 항우를 추격한 유방의 본대는 서초군의 역습을 받아 참패했다. 번쾌, 근흡, 하후영 등 역전의 명장들조차 항우의 맹렬한 기세를 받아내지 못했다. 유방은 간신히 군사들을 수습해 참호를 깊게 판 진지를 구축했다.

싸움에선 승리했지만 땅을 잃은 항우

고릉전투에서 항우가 유방의 본대를 대파함으로써 유방의 승기는 꺾이는 듯했다. 하지만 고릉전투의 승리는 서초의 전세 역전으로 이어지지 못했다. 서초 땅 곳곳이 한나라에 넘어가는 바람에 항우가 발을 딛고 싸울 땅이 사라져 버렸기 때문이었다.

고릉전투가 일어났을 무렵 제왕 한신은 관영을 대장으로 삼아 서초를 북쪽으로부터 침공했다. 이에 따라 한신의 제나라 정벌로 야기된 서초 후방의 위협이 현실화되고 말았다. 항우가 부재한 데다 숫자도 적고 정예군으로 볼 수도 없었던 서초 후방의 병사들은 당대 최고의 기병 지휘관이었던 관영을 당해내지 못했다. 관영은 무방비 상태로 한군에게 노출되어 있던 팽성을 점령하고 항타를 사로잡는 공을 세웠다. 완충지 역할을 해주던 제나라를 빼앗기고 한신에게 후방을 노출시킨 탓에 항우는 고릉에서 거둔 승리의 기쁨을 누릴 새도 없이 돌아갈 곳을 잃어버리고 말았다.

땅을 잃은 항우의 불운은 여기서 그치지 않았다. 고릉전투에서 참패한 유방에게 장량은 땅을 이용해 한신과 팽월을 움직이라 제안했다. 장량은 이들에게 봉지를 수여할 것을 확실히 약조한다면 틀림없이 군사를 움직일 것이라고 조언했다. 땅을 잃은 항우와 땅을 통제할 수 있었던 유방의 차이가 극명하게 드러나는 순간이었다.

"초군이 머지않아 무너지겠지만 한신과 팽월은 아직도 땅을 나누어 갖지 못했사옵니다. 그러니 그들이 오지 않음은 당연한 일이옵니다. 대왕께옵서 그들과 더불어 천하를 나눈다면 그들을 당장이라도 움직일 수 있나이다. 땅을 나누지 못하오면 그 뒤의 일도 보장할 수 없사옵니다. 대왕께옵서는 진陳에서부터 동쪽으로 바다에 이르는 땅을 한신에게, 수양 이북에서 곡성穀城(오늘날 후베이성 샹양襄陽시 구청穀城현)에 이르는 땅을 팽월에게 나누어 주소서. 그렇게 한다면 한신과 팽월이 곧장 전쟁에 합류할 터이니 서초를 쉽사리 꺾을 수 있을 것이옵니다."[85]

장량의 조언에 따라 유방은 한신과 팽월에게 전령을 보내 그들의 영지를 확실히 보장해 준다고 약속했다. 그러자 팽월과 한신은 즉각 군사를 소집해 유방의 본대에 합류하기 시작했다. 팽월과 함께 행동하던 유고 역시 이들과 발을 맞추어 남하하기 시작했다. 서초의 땅이 한나라에게 넘어가고 한나라의 땅에서 군사들이 항우를 치기 위해 모여들기 시작하면서 고릉에서 거둔 항우의 대승도 그 빛이 바래기 시작했다.

서초의 마지막 남은 숨통을 죌 밧줄은 북쪽뿐만 아니라 남서쪽에서도 다가왔다. 항우에게 일족을 잃은 영포였다. 기원전 203년 7월 회남왕으로 봉해진 영포는 유고와 더불어 자신의 옛 영지인 구강에 잠입했다. 이미 서초의 영토가 된 구강은 서초의 대사마 주은이 다스리고 있었다. 진평이 유방에게 독수를 진언하면서 범증, 용저, 종리말과 함께 항우에게 진심으로 충성하는 몇 안 되는 심복이라고 평했던 그 주은이다. 영포는 유고와 더불어 주은을 한나라에 귀순하게끔 회유했다. 서초의 패배가 이미 확실시된 데다 친분이 깊은 영포가 설득까지 하자 주은은 한나라에 귀순하고 말았다. 이로써 항우는 근거지를 잃고 사방의 수많은 적에게 포위된 신세로 전락하고 말았다.

기원전 202년 11월 관영은 팽성에서 남하해 유방의 본대와 더불어 진하陳下(오늘날 허난성 저우커우周口시 화이양淮陽현)에서 서초군을 공격했다. 생각지도 못했던 관영의 군사들이 북쪽에서 습격해오자 항우도 이를 당해내지 못했다. 관영은 적장 두 명을 참살하고 여덟 명을 생포하는 등의 전공을 세웠고, 진하에서 패배한 항우는 병력을 수습한 뒤 해하垓下(오늘날 안후이성 쑤저우宿州시 링비靈璧현 남쪽)로 퇴각했다. 해하의 위치가 과거 유방이 항우에게 참패했던 수수睢水 인근의 영벽과 멀지 않은 장소이니 어찌 보면 참 묘한 일이다. 유방과 관영의 부대뿐만 아니라 한신, 팽월, 유고, 영포, 주은 등이 이끄는 한나라의 전군이 항우를 쫓아 해하로 집결하기 시작했다.

3

해하에서 쓰러진
역발산기개세의 영웅

팽성을 잃고 각지에서 한군이 쇄도해 오는 상황, 항우는 어디에서
탈출구를 찾아야 했을까? 그곳은 바로 강남江南*이라고도 불렸던
양쯔강 이남 지역이었다. 강남은 과거 항량이 진나라의 눈을 피해
은거하며 세력을 키웠던 곳으로, 항량이 거병했던 회계 역시 강남
에 속한 지역이다.

　강남의 지리적 환경은 항우가 한나라의 공세를 막고 세력을 길
러 재기하는 데 안성맞춤이었다. 우선 세계에서 세 번째로 길고 아

---

* '강江'은 본래 양쯔강을 가리키는 말이었다가 훗날 하천을 뜻하는 일반명사로 바뀌었
다. 이 때문에 양쯔강 이남을 과거에는 '강남'이라 불렀다. 덧붙여 중국 중북부의 지명인
허난河南, 허베이河北 등의 지명 역시 '하河'가 고대 중국에서 황허강을 가리키는 말이었
던 데 기인한다.

시아에서는 가장 긴 양쯔강을 활용하면 적군을 효과적으로 막을 수 있었다. 습지, 삼림, 소택지 등이 발달한 강남의 지형 역시 한군의 침공을 막아내기에 효과적이었다. 『삼국지』의 조조도 양쯔강을 넘지 못하고 손권의 오吳나라가 자립하는 것을 허용했고, 12세기에 여진족이 세운 금金나라에 의해 북송北宋(960~1127)이 멸망한 뒤에도 송나라 왕실은 양쯔강을 성벽 삼아 양쯔강 이남에 남송南宋(1127~1279)을 세워 금나라와 치열하게 대립했다. 심지어 세계를 정복하다시피 했던 몽골제국조차도 남송을 정벌하는 과정에서 양쯔강 때문에 고전을 거듭했다. 항우가 강남의 지형지물을 활용해 한나라군을 막아내면서 강남에 산재한 택의 인재들을 소집해 군사를 일으킨다면 충분히 재기도 가능했다. 마침 해하에서 남쪽으로 더 내려가면 양쯔강이었다. 양쯔강만 넘어가면 항우는 급한 불을 끄고 재기를 도모할 수 있게 되는 것이었다.

사방에서 들려오는 초나라의 노래

하지만 유방은 항우가 양쯔강을 넘어 강남으로 탈출하도록 순순히 내버려 두지 않았다. 이미 한나라의 30만 대군이 해하에 집결해 항우를 포위하고 있었다. 한신이 서초군의 정면에 포진했고, 공취孔聚(?~기원전 172)와 진하陳賀(?~기원전 180)가 각각 좌익과 우익을 맡았다. 그리고 후방에는 중군을 맡은 유방의 본대와 후군을 맡은 주발과 사무柴武(?~기원전 163)의 부대가 포진했다. 관영은 기병대를 이끌고 중군 근처에 머물며 돌격할 시기를 기다렸다. 항우는 불리한 상황 속에서도 중군을 유린해 전세를 역전시킬 요량으로 한신의 본대를 향해 돌격을 감행했다. 항우의 맹렬한 공격에 한신의 본대가 일시 수세에 몰리기도 했지만, 공취와 진하의 좌우익이 시의적절하게 움직이며 한신의 본대에 잡혀 있는 서초군을 포위했다. 용맹하기로 유명한 서초군이었지만 이미 병력 손실이 컸던 데다 사기가 떨어지고 보급까지 제대로 되지 않는 상황에서 한나라 대군의 포위망을 뚫을 수는 없었다. 항우는 병력의 태반을 잃고 한나라군에게 포위되고 말았다.

항우와 서초군 잔존 병력은 포위된 상황 속에서도 어떻게든 와해되지 않고 세력을 유지했지만, 항우의 패망은 이미 시간문제나 다름없었다. 불리한 정도를 넘어 패배가 기정사실화되었음에도 항복할 생각을 하기는커녕 끝까지 저항하는 항우와 서초군은 유방에게도 큰 골칫거리였다. 전투를 해서 서초군 잔존 병력을 섬멸하자니 그들의 결사적인 저항으로 인해 한군의 병력 손실도 만만찮을 것 같았고, 대군을 장기간 주둔시켜 서초군이 고사할 때까지 기다리자니 보급에 대한 부담이 컸다. 오랜 전쟁으로 인해 국력이 크게 쇠퇴한 것은 한나라도 마찬가지였다. 대량의 군수물자가 필요한 장기전을 치르기엔 한나라 또한 쉽지 않은 형편이었다.

항우와 서초군이 결사의 각오를 다지며 해하에 진을 치고 있던 어느 날 밤, 한나라군 진영에서 일제히 노랫소리가 들려왔다. 항우는 물론 서초 군사들의 귀에도 매우 익숙한 곡조와 노랫말이었다. 다름 아닌 자신들의 고향, 초나라의 노래였다. 항우와 서초 군사들은 그만 맥이 풀렸다. 풍습은 물론 말까지 달랐던 한나라의 군사들이 초나라 노래를 그토록 구성지게 부를 수 있을 리가 없기 때문이었다. 한군의 진영에 초나라 출신 군사들이 저토록 많다는 것은, 서초 땅의 상당 부분이 한나라에 떨어졌고 수많은 서초 백성들이 한나라군의 진영에 들어가 있다는 이야기였다.

패배를 직감한 항우는 막사에서 술자리를 가졌다. 애첩 우미인虞美人(?~기원전 202?)이 항우의 곁에서 춤을 추며 마지막 술자리의 비통한 분위기를 달랬다. 항우는 이 자리에서 '역발산기개세'라는 말로 시작되는 시를 지어 읊으며 자신의 비참한 운명을 노래했다.

力拔山兮氣蓋世	힘은 산을 뽑고 기개는 세상을 덮건만
時不利兮雖不逝	때는 불리하고
	오추마烏騅馬*는 달리려 하지 않네.
雖不逝兮可奈何	오추마가 달리려 하지 않으니 어이할꼬.
虞兮虞兮奈若何[86]	우미인이여, 우미인이여! 그대는 또 어이할꼬.

항우는 침통한 마음으로 눈물을 흘리며 자신이 지은 이 구슬픈 시를 몇 번이나 읊었다. 우미인은 옆에서 항우의 시에 화답하며 그를 달랬다.** 술자리에 참석한 서초의 장수들도 모두 눈물을 흘리기 시작했다. 항우의 마지막 술자리는 울음바다가 되고 말았다.

술자리를 마친 항우가 장막을 열어젖히자 서초군 진지에는 적막이 감돌았다. 수많은 군사가 살길을 찾아 항복하거나 탈영했기 때

---

* 항우가 탔다고 알려진 검은 털에 흰 털이 섞인 명마이다.
** 우미인은 항우와의 술자리가 끝날 무렵 목을 찔러 자결했다고 널리 알려졌지만, 이는 사실『초한지』〈패왕별희〉 등의 창작물에 나오는 창작이다. 실제 우미인의 이후 행적은 사료에 나와 있지 않다. 참고로 우미인의 본명 또한 알려진 바 없으며,『사기』『한서』 등에 '우虞씨 성을 가진 미인'이라 기록되어 있어 '우미인'이라 불린다.

문이었다. 항우는 곧장 말에 올라타 자신을 따를 자는 따르라며 한나라군의 포위망을 뚫기 위해 달려갔다. 800여 명의 서초군 장졸들이 스스로 항우의 뒤를 따랐다. 결코 적은 숫자라고는 할 수 없었지만, 서초의 기존 군사력을 감안하면 병력 대부분이 전사하거나 흩어져 버린 셈이었다. 그들은 야음을 틈타 한군의 포위망을 뚫고 강남을 향해 남쪽으로 질주하기 시작했다.

강을 넘지 않고 쓰러진 패왕

날이 밝자 유방은 항우가 측근들을 데리고 포위망을 빠져나갔다는 사실을 눈치챘다. 만에 하나 항우가 양쯔강을 넘어 강남으로 탈출하는 데 성공한다면 유방으로서는 큰 낭패가 아닐 수 없었다. 서초가 비록 몰락했다고는 하나 항우는 여전히 초나라 백성들을 결집할 수 있는 역량을 가진 인물이었다. 과거 항량이 그랬듯 항우가 지형이 험준하고 택이 발달한 강남 땅에 몸을 숨긴 뒤 재기를 시도한다면 한나라는 통일은커녕 또다시 위기와 분열에 직면할 수도 있었다. 그뿐만이 아니었다. 항우를 제거하고 서초를 완전히 복속시키지 못한다면 한신, 팽월 등과 같은 제후 세력의 반독립적인 할거를 허용할 수밖에 없었다.

유방은 지체 없이 관영에게 정예 기병 5000기를 인솔해 항우를 추격게 했다. 항우는 필사적으로 도주했지만 관영의 기병대를 따돌리기에는 역부족이었다. 지리에 밝지 못했던 항우는 중간에 길을 잃는가 하면, 늪지대를 만나 도주할 시간을 뺏기기도 했다. 항우가 동성東城(오늘날 안후이성 추저우滁州시 딩위안定遠현 남쪽)에 도착했을 때 남은 군사는 고작 스물여덟에 불과했다. 양쯔강까지는 아직도 50~60킬로미터나 남아 있었고 뒤에선 수천 기에 달하는 관영의 기병대가 그들을 쫓아오고 있었다. 항우는 결사적으로 포위망을 뚫겠다는 결의를 다진 뒤 부하들 앞에서 연설했다.

"짐이 군사를 일으킨 지 어언 8년이 흘렀노라. 몸소 70여 차례의 전투에 나가 맞서는 자는 쳐부수고 공격하는 자는 굴복시켰으니 패배를 맛본 적 없이 천하의 패자霸者가 되었노라. 이제 와서 짐이 곤궁에 처한 연유는 하늘이 짐을 망하게 하려는 소치이지 짐이 전투에 무능해서가 아니니라. 오늘 결사적으로 제군과 더불어 통쾌히 싸워 세 번 승리를 거둘 것이다. 포위망을 뚫고 적장을 참살한 뒤 적군의 깃발을 꺾겠노라. 이로써 하늘이 짐을 망하게 하려 들 뿐 짐이 전쟁에 무능하지 않음을 제군에게 똑똑히 보여주겠노라!"[87]

항우는 스물여덟 명의 부하와 더불어 결사적으로 맞서 싸워 한군의 여러 장수들과 군사 수백을 쓰러뜨렸다. 한군은 추풍낙엽처럼 쓰러졌고, 양희楊喜(?~기원전 168)라는 장수는 심지어 항우의 호통에 혼이 빠져 줄행랑을 쳤다. 한군의 추격을 물리친 항우가 부하들의 인원을 점검해 보니 고작 두 명이 전사했을 뿐 나머지는 모두 한군의 추격을 뿌리치고 항우에게 합류했다. 항우는 천신만고 끝에 양쯔강의 나루터인 오강烏江(오늘날 안후이성 마안산馬鞍山시 허和현 우장전烏江鎭)에 도착했다. 한군이 바짝 추격해 오는 가운데 항우에게 운이 따랐다. 항우의 편이었던 오강의 정장이 배를 끌고 와서 항우에게 양쯔강을 건너기를 권한 것이다.

"강동이 비록 작다고는 하오나 그 땅이 사방 1000리에 달하고 백
성은 수십만이 넘는 곳이오니 대왕께옵서 다시금 왕 노릇을 할 수
있는 땅이옵니다. 조속히 배에 오르소서. 신만이 배를 갖고 있사오
니 한나라군이 따라잡더라도 강을 건널 수 없사옵니다."[88]

하지만 항우는 정장의 제안을 웃으며 거부했다. 대신 항우는 정
장의 호의에 감사하며 그에게 애마 오추마를 선물로 주었다.

"하늘이 짐을 버리는데 짐이 어찌 강을 건너겠는가. 이 항적이 강
동의 젊은이 8000명과 더불어 장강을 건너 서쪽으로 향했으나 지
금은 돌아온 자가 한 명도 없느니라. 설령 강동의 어르신들이 짐을
어여삐 여겨 왕으로 추대한들 짐이 무슨 낯으로 그들을 볼 수 있단
말인가. 설령 그들이 짐의 허물을 지적하지 않는다 한들 이 항적 홀
로 부끄러움을 모를 수는 없느니라."[89]

이윽고 항우는 마지막까지 자신을 따른 스물여섯의 부하와 함께
자신을 쫓아온 한나라군과 최후의 격전을 벌였다. 몸도 마음도 지
칠 대로 지쳤음에도 그들은 말 그대로 필사적으로 싸웠다. 항우 혼
자서 참살한 한나라 군사만 수백 명에 달할 정도였다. 하지만 항우
의 스물여섯 용사는 중과부적으로 하나둘 쓰러져 갔고, 항우도 열
군데 가까이 큰 상처를 입고 말았다.
이때 항우의 눈에 낯익은 얼굴 하나가 들어왔다. 과거 항우의 부

하였다가 한나라군에 들어가 사마 벼슬을 하고 있던 여마동呂馬童
(?~기원전 171)이었다. 항우가 여마동을 알아보자 여마동은 항우를
제대로 바라보지 못하고 동료 왕예王翳(?~?)에게 자신을 알아본 그
장수가 항우임을 알려주었다. 항우는 자신을 쫓아온 한나라군 기
병들에게 마지막 은혜를 베푼다고 말하고는 스스로 목을 찔러 자결
했다.

"한나라가 짐의 머리에 천금의 상금과 만호萬戶의 고을을 내걸었다
고 들었노라. 짐이 그대들에게 덕을 베풀겠노라."

항우가 쓰러지자 그의 시신을 전리품으로 챙기려는 한나라 군사
들이 벌떼처럼 달려들었다. 항우의 시신을 챙기려다 군사 수십 명이
밟히고 치여 죽을 정도였다. 결국 왕예가 항우의 머리를 가져갔고,
머리를 잃은 몸통은 여마동과 양희, 그리고 여승呂勝(?~기원전 175)
과 양무楊武(?~기원전 168)에게 네 토막이 난 채 돌아갔다. 다섯 사람
은 유방이 황제로 즉위한 뒤 모두 공신 반열에 올라 작위를 받았다.

기원전 202년 12월 항우가 쓰러짐으로써 초한전쟁은 종언을 고
했다. 진나라가 멸망하고 항우가 18제후를 봉한 뒤 한군이 관중을
재탈환한 기원전 206년으로부터 5년이었다. 중국을 전란의 소용돌
이로 몰아넣은 진승·오광의 난이 일어났던 기원전 209년까지 거슬
러 올라간다면, 무려 8년 동안 중국 전역에서 이어진 끔찍한 내전이
이제야 막을 내린 것이다.

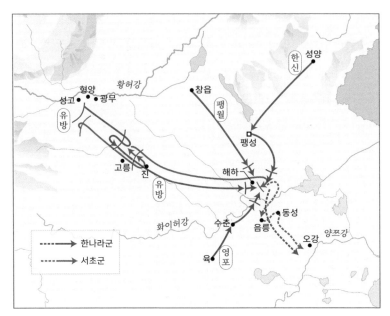

고릉전투와 해하전투의 과정

서초의 잔존 세력 소탕과 패왕의 영면

항우가 전사함으로써 서초는 사실상 멸망했지만, 한나라의 천하 통
일은 아직 완성되지 않았다. 여전히 항우를 따르며 한나라에 저항
하는 서초의 잔존 세력이 남아 있었기 때문이다. 초한전쟁기에 중립
을 지키던 임강왕 공오의 아들 공위共尉(?~기원전 202) 역시 한나라
에 귀순하기를 거부하고 저항을 계속했다. 양쯔강 남쪽의 강남에서
도 아직 항우의 죽음과 서초의 패배를 받아들이지 않는 자들의 저
항이 이어졌다.

　유방은 통일을 완수하기 위해 저항하는 서초의 잔존 세력 토벌

　　　　　　　　　　　　　　　　　　　　　　　　초한전쟁

을 개시했다. 우선 임강왕 공위는 기원전 202년 12월 유고, 노관, 근흡이 지휘하는 한군의 공격을 받아 패배한 뒤 붙잡혀 처형되었다. 임강은 남군南郡으로 한나라에 편입되었다. 관영은 기병대를 이끌고 양쯔강을 건너 옛 항량의 지리적 기반이었던 회계와 오吳(오늘날 장쑤성 쑤저우蘇州시), 그리고 예장豫章(오늘날 장시江西성 난창南昌시 일대) 등지의 저항 세력을 모두 격파하고 항복시켰다. 그런 다음 다시 양쯔강 북쪽으로 올라와 아직도 항복하지 않은 옛 서초의 52개 현을 모조리 평정하였다. 이 과정에서 관영이 사살한 서초의 잔존 세력이 무려 8만 명에 달했다. 이는 서초의 잔존 세력, 그리고 항우의 영향력이 그만큼 강했다는 방증이다. 하지만 항우라는 구심점이 사라지자 그들은 한데 뭉치지 못하고 산발적인 저항만 거듭하다 결국 각개격파 당하고 말았다.

이미 대세가 한나라에 넘어왔건만 옛 서초 땅에서 끝까지 한나라에 충성하고 귀속하기를 거부하는 고장이 한 군데 남아 있었다. 바로 노현이었다. 초 회왕이 항우를 노공魯公으로 책봉한 적이 있었는데, 이를 기억하는 노현 사람들은 항우에게 제후의 예를 다해 장례를 지내기 전에는 유방에게 항복할 생각이 없었다. 유방은 항복을 거부하는 서초 백성들을 굴복시키기 위한 본보기로 노현의 백성들을 도륙할 심산이었으나, 그들이 항복과 귀순을 거부한 내막을 알고 난 뒤에는 항우의 유해를 노현 백성들에게 돌려주어 정중히 장례를 치르게 한 뒤 자신도 장례식에 참석해 곡을 하고는 노현을 떠났다. 이로써 초한전쟁은 완전히 끝났다. 중국과 동아시아 문화의 큰 축을 이루는 유교의 발상지 노현*에서 거행된 항우의 장례식은 수년에 걸친 피비린내 나는 전쟁이 종식되고 중국 대륙에 유교, 도교 등의 가르침을 받아들인 통일 왕조가 들어서는, 역사적 대전환의 시작을 보여주는 상징적인 사건이었다.

---

* 앞서도 언급했듯이 노현은 춘추시대 노나라, 즉 공자의 출신지다.

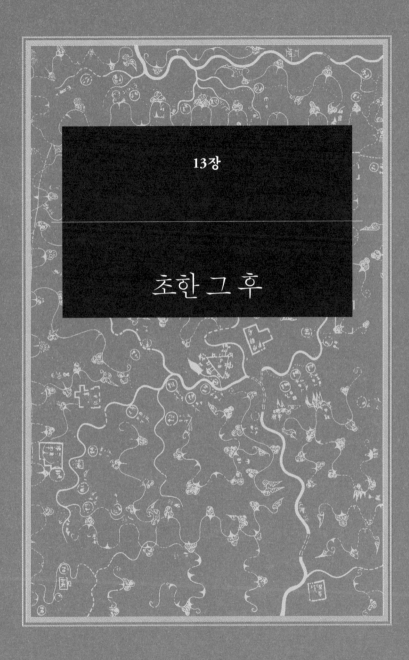

13장

초한 그 후

통일은 끝이 아닌 시작이었고,
새 왕조 앞에는 수많은
시련과 도전이 기다리고 있었다.
그리고 한나라는 진나라와 달랐다.

1

중앙집권적 통일 제국으로

한나라가 해하전투에서 승리함으로써 초한전쟁은 막을 내렸다. 진나라를 멸망시키고 천하를 호령했던 서초는 패자가 되어 역사 속으로 사라졌고, 한나라는 진승·오광의 난 이후 분열되었던 중국 땅을 통일하는 위업을 이루었다. 유방이 통일 한나라의 초대 황제로 즉위하면서 중국 땅엔 다시금 통일 제국이 들어섰다. 통일 한나라의 건국은 끝이 아닌 시작이었고, 새 왕조 앞에는 수많은 시련과 도전이 기다리고 있었다. 하지만 시황제의 죽음과 동시에 몰락한 진나라와 달리, 한나라는 수많은 시련을 이겨내고 중국의 실질적 첫 통일 왕조로 자리매김하는 데 성공했다. 이는 중국은 물론 동아시아 전반이 새로운 판도로 재편되는 역사적, 지리적 대변혁으로 이어지게 된다.

통일 왕조의 통치 기반, 군국제

항우를 제거하고 서초를 멸망시켜 초한전쟁에서 승리를 거둔 유방은 기원전 202년 2월 황제에 즉위했다. 유방의 정실부인 여치는 황후가 되어 훗날 여후呂后, 여태후呂太后 등의 명칭으로 불리게 된다. 진나라에 이어 한나라 역시 황제가 다스리는 제국이었으며 이후 등장하는 중국의 모든 왕조가 제국 체제를 유지하게 된다.

황제에 즉위한 유방은 공신에 대한 논공행상을 단행했다. 관중, 파촉 등 후방을 안정적으로 다스리며 유방에게 착실하게 병력과 물자를 지원해 주었던 상국 소하가 일등 공신에 올랐고, 유방이 패현에서 거병한 이래 숱한 전투에서 앞장서 많은 공을 세운 조참이 그 뒤를 이어 이등 공신에 올랐다. 유방은 해하전투에 늦게 참전했다는 이유로 한신의 제왕 작위를 박탈했지만 얼마 지나지 않아 그를 초왕으로 봉했다. 팽월도 양왕梁王, 즉 대량의 왕위에 올랐다. 초한전쟁에서 유방을 도운 옛 형산왕 오예도 장사왕長沙王으로 봉해졌다. 장량은 공신 서열로는 62위에 머물렀지만, 유방은 그의 공을 기려 제나라 땅 가운데 장량이 원하는 지역에 무려 3만 호나 되는 식읍을 내리겠다는 파격적인 보상을 제안했다. 하지만 장량은 유방의 제안을 고사하고 유방과 처음 만난 곳인 유留 땅의 제후로 만족하겠다는 뜻을 밝혀 유후由侯*에 봉해졌다. 유후 장량의 식읍 역시 1만 호에 달했지만, 이후 장량은 정치 일선에서 한 걸음 물러나 유방에게 이런저런 조언을 해주다가 유방 사후에는 은거해 유유자적한 여생

---

* 이 때문에 『사기』의 장량 세가에는 「유후세가」라는 제목이 붙었다.

초한전쟁

을 보냈다.

이 외에도 관영, 번쾌, 진평, 근흡, 왕릉, 노관 등 수많은 장수와 책사, 관료 들이 공을 인정받아 공신으로 선정되었다. 그중에는 유방의 거병 초기 위나라의 회유에 넘어가 유방을 배신했던 옹치도 끼어 있었다. 유방은 옹치 때문에 근거지를 잃고 패망할 위기에까지 처했던 만큼 옹치를 극도로 증오했다. 하지만 옹치가 초한전쟁 말미에 기회를 보아 한나라에 합류하기도 했고, 무엇보다 옹치 같은 인물을 용서한다면 다른 공신이나 제후들의 걱정과 불만을 잠재울 수 있다는 장량의 조언에 따라 유방은 불구대천의 원수인 옹치를 공신으로 올리고 십방후什方侯라는 작위까지 내려주었다.

홍문연, 광무대치 당시, 의도야 어찌 되었든 위기에 몰린 유방을 여러 차례 도와주었던 항백은 물론 항타, 항양項襄(?~기원전 170) 등 항우의 여러 일족은 유방에게 사면됨은 물론 작위까지 받았다. 유방은 항씨 일족을 단순히 포용하는 수준을 넘어 그들에게 유씨 성을 하사했다. 이렇게 함으로써 적대하던 항씨 일족마저 수용하는 포용력과 덕망을 만천하에 알리는 한편, 만에 하나 일어날지 모를 그들의 모반이나 반역을 사전에 차단하고자 했다. 아울러 숨어 지내던 계포 역시 하후영의 변호로 사면되고 관직까지 얻어 문제 치세까지 승승장구했다.

황제 자리에 오른 유방은 닷새에 한 번씩 유태공에게 안부 인사를 올렸다. 유태공이 유방을 아들 대하듯 하지 않고 예를 갖추어 천자를 모시듯 하자, 유방은 유태공을 태상황으로 추존하고 황금 500근을 바쳤다. 유태공을 범부가 아닌 태상황으로 모심으로써 황제의 권위를 살리면서도 아버지에 대한 효도를 다하려는 조치였다.

비록 광무대치 때는 유태공을 삶아 죽이겠다며 협박하는 항우에게 삶고 나면 국물이나 가져오라며 호기를 부렸던 유방이지만, 실제로는 아버지에 대한 효심이 극진했던 듯하다. 그런데 건달 시절 밥 축내지 말라며 자신을 구박하던 큰형수에 대한 악감정은 여전했는지 큰조카 유신劉信(?~?)에게는 작위를 내리지 않았다. 보다 못한 유태공이 유신에게도 작위를 내려달라고 간청하자 유방은 마지못해 유신에게 갱힐후羹頡侯라는 작위를 내렸다. '갱힐후'란 국 '갱羹' 자에 빼앗을 '힐頡'*자를 쓰니, 국이나 빼앗아 먹는 자라는 모욕적인 명칭이다. 아버지를 극진히 모셨을 뿐만 아니라 철천지원수인 옹치, 그리고 한때 적이었던 항씨 일족과 계포까지도 포용한 유방이었지만, 큰형수에 대한 섭섭한 마음은 제위에 오르고 나서도 풀리지 않았던 듯하다.

유방은 공신들에 대한 인사를 마무리한 뒤 한나라의 정식 도읍을 정했다. 초한전쟁기에 한나라는 관중의 약양을 도읍으로 삼았는데, 통일 후 관중이 아닌 낙양을 도읍으로 삼아야 한다는 여론이 상당한 힘을 얻었다. 동주東周, 즉 기원전 770년 이후 춘추전국시대가 펼쳐졌을 때 주 왕실의 도읍이었던 낙양은 황허강과 인접한 데다 지형이 개방되어 있어 중국 동부의 평야지대와 사통팔달로 연결되는 장소였다. 하지만 장량과 유경劉敬(?~?)**은 서주西周, 즉 춘추전국시대가 도래하기 전 주 왕실의 도읍이자 관중의 중심지이기도

---

* '힐頡'은 '곧은 목' '날아오르다' '크다' 등의 뜻으로 쓰이는 글자이지만 무엇인가를 빼앗는다는 뜻도 갖고 있다.
** 본래 누婁 씨였으나 장안을 도읍으로 삼으라는 진언이 채택된 뒤 유방에게 그 공을 인정받아 유씨 성을 하사받았다.

한 장안이 새 왕조의 도읍이 되어야 한다고 주장했다. 새 왕조가 아직 완전히 안정되었다고 보기는 어려운 만큼, 지형이 개방된 곳보다는 방어에 유리한 곳이 도읍으로 알맞다는 이유였다. 이에 따라 한나라의 도읍은 장안으로 결정되었고, 기원후 8년 왕망王莽(기원전 45~기원후 23, 신新나라 황제 재위 9~23)의 난으로 인해 한나라가 일시 멸망한 뒤 광무제光武帝(기원전 6~57, 재위 25~57)가 한나라를 부흥(후한後漢)시킨 다음 낙양으로 천도할 때까지 장안은 한나라의 도읍으로 기능했다.

유방은 한나라가 안정적인 통일 제국으로 정착할 수 있도록 제도 정비에도 박차를 가했다. 상국 소하를 중심으로 오랜 전쟁으로 인해 피폐해진 경제를 부흥하고 민심과 치안을 수습하기 위한 노력을 이어가는 한편, 진나라의 박사 출신인 숙손통叔孫通(?~기원전 194?)을 기용하여 궁정 예법을 정비했다. 이를 통해 한 왕조는 군벌 집단의 성격을 완전히 벗고 온전한 왕조로 거듭날 수 있었다.

진나라와 달리 한나라는 완전한 군현제 국가, 즉 중앙집권 국가는 아니었다. 통일 뒤에도 한나라에는 초왕 한신, 양왕 팽월, 한왕 신, 회남왕 영포, 연왕 장도, 조왕 장이 등 다수의 제후가 다스리는 영역이 남아 있었다. 한왕 신, 연왕 장도와 같은 옛 전국칠웅의 후손, 회남왕 영포나 조왕 장이 등과 같이 항우에게 봉해져 제후가 된 인물, 그리고 초왕 한신이나 양왕 팽월과 같이 광대한 토지를 기반으로 초한전쟁에서 큰 공을 세운 공신들을 완전히 무시하고 시황제처럼 급진적으로 군현제를 시행할 수는 없었기 때문이다.

다만 통일 한나라의 지방 통치 체제는 온전한 군현제를 유지했던 진나라와 다르되, 주나라의 봉건제나 항우의 18제후 체제와도 달랐

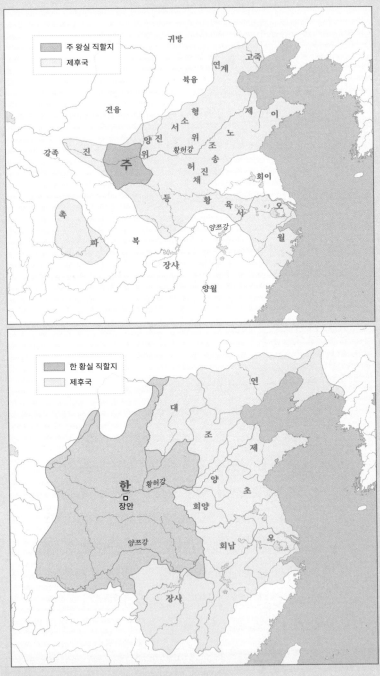

봉건 질서가 유지되었던 전성기 주나라(서주西周, 기원전 1047~기원전 771)의 영역과 군국제를 시행한 한나라 초기(기원전 195)의 영역 비교

다. 일단 한나라 황실의 직할지는 주 왕실의 직할지나 서초보다 월등히 컸다. 반면 제후들의 개별 영토는 한 황실의 직할지와 비교하기 어려울 정도로 작았다. 일례로 장이가 다스리는 조나라는 전국 시대 때보다 영토가 많이 축소된 상태였고, 연나라나 회남 등은 당시로서는 국력이 약한 일종의 변방이었다. 이처럼 제후국의 영토와 힘이 축소되다 보니 한나라는 그만큼 더 넓은 영토를 효과적으로 통제할 수 있었다. 그러므로 제후국의 영토를 최대한 줄여 그들의 힘을 뺀 유방의 조치는 한나라를 온전한 통일 왕조로 만들기 위한 초석을 놓은 것이라 해석할 수도 있다.

그뿐만이 아니다. 한 황실 직할지는 온전한 군현제로 다스렸다. 비록 군현제가 중국 전역으로 확산된 것은 아니었지만, 중국 전체 영토의 절반에 육박하는 지역에서 군현제가 시행됨에 따라 군현제에 토대한 중앙집권 체제가 뿌리를 내릴 수 있는 토양이 조성되었다. 군현제를 통해 옛 주 왕실에 비해 직할지를 더욱 확고하게 장악한 한 황실은 주나라, 서초에 비해 제후들에 대한 통제력도 더한층 강할 수밖에 없었다.

이처럼 광대한 직할지는 군현제로 재편하고 제후의 세력이 강한 지역이나 변방 지역은 봉건제를 유지하는 한나라 초기의 통치 체제에 후대의 학자들은 '군국제郡國制'라는 이름을 붙였다. 군郡현제와 제후국國이 병존하는 체제라는 뜻이다. 유방은 군국제를 통해 아직 영향력이 남아 있는 제후나 옛 제후국의 반발을 무마하는 동시에 넓은 직할지를 확고히 장악하고 그곳에서 아직은 낯선 군현제를 성숙시켰다. 군현제에 기반한 중앙집권적 통일 제국을 향해 점진적으로 나아가기 시작한 것이라 볼 수 있다.

숙청, 대륙을 재편하다

주나라나 항우의 18제후 체제보다 제후국의 영토가 크게 줄긴 했지만, 여전히 각지에서 여러 제후가 할거하고 있었다. 그중 초왕 한신, 양왕 팽월, 연왕 장도, 조왕 장이, 회남왕 영포, 한왕 신, 장사왕 오예의 일곱 제후는 유씨가 아닌 이성왕異姓王이었다. 이들은 초한전쟁에서 한나라가 서초를 격파하고 승리하는 데 지대한 공을 세운 공신이었다.

그런데 이들이 단순히 공신으로 남는 수준을 넘어 봉건 제후국의 왕이라는 신분을 갖고 있다는 사실이 한 황실에 적지 않은 부담을 주었다. 우선 영포나 팽월 같은 경우에는 애초에 유방에 대한 충성심 없이 왕이 될 야심으로 그 자리에 오른 인물이었다. 팽월은 왕자리를 얻기 위해 항우에게 반기를 든 인물이었고, 영포 역시 야심 때문에 항우를 배반한 믿기 어려운 인물이었다. 한신은 제후로서 유방에 대한 충성심을 갖고 있었지만, 그의 충성심 역시 통일 제국의 신하로서는 문제가 될 소지가 있었다. 연왕 장도는 애초에 한왕이었던 유방과 격이 대등한 인물이었고, 한때 자신의 주군이었던 한광을 제거하고 연왕에 오른 인물이었다. 무엇보다 이러한 인물들이 당장은 유방에게 충성한다 해도 세월이 흘러 후대에도 한나라 조정에 저항하거나 반기를 들지 않을 것이라는 보장이 없었다.

유방이 한나라 황제로 즉위한 지 얼마 되지도 않은 시점에 이러한 문제가 실제로 불거졌다. 기원전 202년 7월 장도는 초한전쟁이 끝난 틈을 타서 반란을 일으켰다가 유방과 번쾌, 노관이 지휘하는 한나라군에게 패배하여 처형되었다. 유방은 죽마고우였던 노관을

초한전쟁

연왕에 봉했다.

한왕 신은 한나라와 흉노 사이의 접경지대로 최전선에 해당했던 태원 일대에 새롭게 세워진 한국韓國으로 봉지를 옮겼다. 군사적 재능이 뛰어나 초한전쟁에서 많은 활약을 했던 그를 대흉노 전선의 책임자로 삼은 것이다. 그리고 기원전 201년에 흉노가 한국에 대대적인 침공을 가해 왔고, 한왕 신은 고군분투하면서 흉노의 진격을 최대한 저지하기 위해 그들에게 여러 차례 사신을 보내 교섭을 시도했다. 그런데 이 때문에 한왕 신은 유방에게 흉노와 내통하고 있는 게 아니냐는 의심을 샀고, 숙청을 두려워한 그는 같은 해 9월에 흉노에 투항해 버렸다. 옛 한韓나라 왕실은 이렇게 자의 반 타의 반으로 배신자 신세가 되어 중국 땅에서 기반을 잃고 말았다. 그나마 숙청당하거나 실각한 다른 이성왕보다는 한왕 신의 운명이 나았던 부분이, 그의 자손들은 문제 치세에 한나라로 다시 귀순해 중용되었다는 점이다. 이미 한나라의 체제가 안정기에 접어든 데다 춘추전국 시대 한韓나라의 영역성도 희미해진 터라, 한왕 신의 후손들은 한나라에서 우대받으며 명문 귀족으로 재기할 수 있었다.

초한전쟁이 끝난 지 5년이 지난 기원전 197년에는 한나라를 뒤흔든 거대한 반란이 일어났다. 양하후陽夏侯 작위를 갖고 있던 진희 秦豨(?~기원전 196)는 기원전 200년 한나라와 흉노 사이에 일어난 전쟁을 기회로 조나라와 대나라의 병권을 손에 넣었다. 이로써 강력한 군사력과 더불어 인망까지 얻기 시작한 진희는 유방과 어사대부 주창의 의심을 사기 시작하더니 기원전 197년 결국 반란을 일으켰다. 진희의 반란은 기원전 196년에 주발, 번쾌 등에 의해 진압되었지만, 진희가 반란을 일으키는 과정에서 한신, 팽월, 노관 등과 접촉하는 바람에 다른 제후 숙청의 빌미까지 제공하고 말았다. 반란에 연루된 노관은 숙청을 두려워한 나머지 유방의 출두 요구에 응하지 않다가 번쾌, 주발이 이끈 토벌군에게 공격받아 패퇴를 거듭했고, 결국 기원전 196년에 흉노의 땅으로 달아났다. 연왕 자리는 유방의 서자 유건劉建(?~기원전 181)에게 돌아갔다.

봉건제후라는 정체성이 확고했던 한신은 체포령이 떨어진 옛 서초의 용장 종리말을 과거의 친분을 이유로 숨겨주는가 하면, 자신의 영지인 초나라에서 군사를 대대적으로 양성하는 등 시대의 변화에 어울리지 않는 처신을 이어갔다. 건국한 지 얼마 안 되어 아직 취약한 부분이 많았던, 그리고 봉건국가에서 탈피하고 있던 한나라에서 이러한 행동은 모반을 꾀한다는 의심을 살 만했다. 한신은 결국 기원전 201년 초왕의 작위를 박탈당하고 회음후淮陰侯*로 강등당하고 말았다. 유방은 유고와 자신의 이복동생 유교劉交(?~기원전 179)를 각각 형왕荊王과 초왕으로 봉해 한신의 옛 영지를 나누어 다스리게 했다. 초왕 자리를 빼앗기고 자신이 번쾌, 관영, 조참 등과 같은 격으로 떨어졌다는 푸념을 해대며 인심을 잃어가던 한신은 진희의 반란이 진압된 뒤 진희와 연락을 주고받았다는 사실을 들켰고, 소하와 여후는 기원전 196년 군사적 재능이 뛰어난 한신을 단신으로 장안의 황궁으로 오게 한 뒤 그를 체포해 처형했다. 소하, 장량과 더불어 초한전쟁의 일등 공신이라 할 만한 명장 한신은 이렇게 최후를 맞이했다.

---

* 한신의 『사기』 열전에 「회음후열전」이라는 제목이 붙은 까닭이 바로 한신의 마지막 작위가 회음후였기 때문이다.

서초의 후방을 교란했던 또 다른 명장인 양왕 팽월 역시 숙청의 칼날을 피하지 못했다. 진희의 반란이 일어났을 때 유방이 팽월에게 출병을 요구하자, 팽월은 과거 전횡의 반란 때 영포가 그랬듯 친히 출병하는 대신 부하가 인솔하는 부대를 보내는 소극적인 대처를 해 유방의 분노를 샀다. 팽월은 유방에게 사죄하고 자신의 잘못을 해명하려 했으나, 부하인 호첩扈輒이 어차피 유방에게 숙청될 테니 차라리 이 기회에 거병해 반란을 일으키자고 팽월을 부추겼다. 팽월은 호첩의 선동을 거부했지만, 이 사실이 밖으로 새 나가는 바람에 팽월은 결국 유방에게 체포되고 말았다. 유방은 팽월을 죽이는 대신 촉 땅으로 유배 보냈고, 유배 길에서 여후를 만난 팽월은 여후에게 촉 대신 고향인 창읍 땅에서 은거하게 해달라고 사정했다. 그런데 여후는 팽월을 유방에게 데리고 간 다음, 반란 혐의를 조작해 위험 인물인 팽월을 처형할 것을 종용했다. 결국 팽월은 처형되었고, 양왕 자리는 유방의 아들 유회劉恢(?~기원전 181)에게 넘어갔다.

가장 마지막으로 반란을 일으킨 이성왕은 영포였다. 영포는 한신과 팽월이 토사구팽 당하는 모습을 보고 언젠가 자신도 숙청될 것을 우려해 남몰래 군사력을 강화하는 등의 준비를 해두고 있었다. 그러다가 영포의 애첩과 밀통하다 들통난 그의 가신이 유방에게 영포가 모반을 꾀한다고 거짓으로 고발하자, 신변에 위협을 느낀 영포는 기원전 195년에 그대로 반란을 일으켰다. 영포는 반란 초기에 초한전쟁 당시 팽월과 더불어 서초 후방에서 유격전을 펼치며 대활약했던 유고를 죽이는 등 맹위를 떨쳤으나, 유방이 친히 지휘한 한나라 토벌군에게 패해 최후를 맞았다. 회남왕의 작위는 유방의 서자유장劉長(기원전 199~기원전 174)에게 돌아갔다.

아울러 장이의 아들로 노원공주와 결혼하여 유방의 사위가 된 조왕 장오張敖(?~기원전 181)는 기원전 198년 부하들이 유방 암살을 모의했다가 발각되는 바람에 조왕 자리를 빼앗겼다. 장오는 결백함을 인정받아 목숨을 구했지만 선평후宣平侯로 강등되었고, 조왕과 대왕 자리는 유방의 서자 유여의劉如意(기원전 207~기원전 195)와 유항에게 각각 돌아갔다.

유방의 숙청을 피해간 이성왕은 장사왕 오예와 그 후계자인 오신吳臣(?~기원전 194) 부자뿐이었다. 오예는 초한전쟁 기간 동안 유방을 착실히 도왔을 뿐만 아니라 영지가 중국 남부에 있었기 때문에 진희의 반란 등에 휘말릴 일도 없었다. 오신 역시 유방에게 패해 자신에게 신변을 의탁한 영포를 속여 그를 제거하는 등 유방에게 충성을 다했다. 장사국은 오씨 왕통이 단절된 기원전 157년까지 존속했다.*

이렇게 해서 초한전쟁 당시 유방을 도와 숱한 공을 세웠던 이성왕들은 오예, 오신 부자를 제외하고 유방 재위기에 모두 숙청되었다. 숙청된 이성왕들의 왕위와 영지가 유방의 아들들에게 돌아가면서 중국 대륙 전체가 한 황실의 지배하에 놓이게 되었다. 물론 한왕신 등과 같이 억울한 예도 있었지만, 결과적으로 이성왕 숙청은 군국제라는 과도기적 국토 지배체제를 갖고 있던 한 황실이 영토를 한층 더 확실하게 장악하게 되는 결과로 이어졌다. 이로써 한나라는 온전한 통일 제국에 한 걸음 더 가까워질 수 있었다.

---

* 오예 가문이 단절된 뒤 한나라 남쪽의 변경이었던 장사국 왕위는 유씨 황족이 이어받아 형식적인 제후국으로 이어지다가 후한 시대인 기원후 37년에 한나라의 군현으로 완전히 편입되었다.

2

건국과 동시에 닥쳐온 시련

유방이 중국 통일의 위업을 이룩하고 천자의 자리에 올랐지만, 여전히 중국 북방에 천자의 땅을 위협하는 거대한 적이 존재하고 있었다. 바로 흉노였다. 흉노는 시황제 재위기에 몽염이 지휘하는 원정군에게 패배해 북쪽으로 쫓겨났지만, 초한전쟁을 틈타 세력을 회복하고 다시금 한나라의 북쪽 국경을 압박하기 시작했다.

흉노는 기원전 4세기에서 기원전 1세기에 걸쳐 몽골을 포함한 중앙아시아 동부 일대의 스텝steppe 지대에서 유목 생활을 하던 튀르크계 민족이다. 광대한 초원이 이어지는 중앙아시아의 스텝 지대는 농사를 짓기에는 부적합하지만, 가축을 기르며 유목 생활을 하는 데는 별다른 문제가 없다. 중앙아시아의 스텝 지대는 말馬의 원산지이기도 하다. 그러다 보니 중앙아시아의 유목민은 강력한 기마 전사로 자랄 수밖에 없었다. 아주 어릴 때부터 말을 타고 유목 생활을 하며 수렵과 약탈, 전투를 일삼기 때문이었다. 당연히 이들의 장기는 궁술과 기마술이었다. 말을 타고 자유자재로 활을 쏘며 적진을 휘젓다가 불리하다 싶으면 잽싸게 퇴각하며 말 위에서 허리를 돌려 쫓아오는 적에게 화살을 퍼붓는 중앙아시아 유목민 궁기병은 중국 등 농경 국가의 군대가 상대하기 힘든 강적이었다. 게다가 유목 생활을 하다 보니 일정한 근거지가 없었고 불리하다 싶으면 다른 곳으로 이주해 농경 국가로서는 이들을 완전히 소탕하기가 힘들었다. 흉노도 예외는 아니었다.

흉노의 땅에서 무릎을 꿇은 천자

가을이 오면 남하해 중국의 농촌 마을을 사정없이 약탈하는 흉노는 고대 중국의 크나큰 골칫거리였다. 그랬기 때문에 중국인들은 이들을 오랑캐 '흉匈' 자에 종 '노奴' 자를 써서 멸칭으로 불렀다. 하지만 흉노는 문자 체계 등이 제대로 발달하지 못했고 중국과 문화가 달랐을 뿐, 결코 싸움밖에 모르는 야만인이 아니었다. 실크로드가 지나는 중앙아시아의 스텝 지대에서 활동했던 그들은 동서 교

***

** '스텝'이란 본래 중앙아시아의 초원을 일컫는 말인데, 기후학에서는 연평균 강수량 250~500밀리미터인 건조기후(쾨펜의 기후구분 'BS')를 가리키는 용어로도 쓰인다. 스텝 기후가 나타나는 지역은 적은 강수량 때문에 수목이 자라기는 어렵지만 풀은 자랄 수 있기 때문에 초원 지대가 발달하는 경우가 많다. 그렇기에 스텝 지대는 농사를 짓기에 적절하지 않은 반면 유목을 하는 데는 큰 문제가 없어 고대부터 유목민의 터전으로 자리매김해 왔다.

역을 주관하며 막대한 부를 축적했을 뿐만 아니라 동서양의 문물을 빠르게 받아들이면서 금속공예 기술 등을 고도로 발달시켰다. 게다가 몽골 일대에 다수의 철광산까지 산재해 있던 덕분에 흉노는 뛰어난 품질의 활과 창검, 갑옷으로 무장한 기마 전사가 될 수 있었다. 그들은 평시에 함부로 칼을 뽑아 들면 사형에 처할 정도로 엄격한 사회 규율도 정립했다. 시황제가 만리장성을 쌓은 이유도 이처럼 강력하고 골치 아픈 흉노의 침략과 약탈을 막기 위함이었다.

흉노의 선우單于*** 묵돌冒頓(?~기원전 174, 재위 기원전 209~기원전 174)은 초한전쟁으로 인해 빚어진 중국과 흉노 간의 군사적 공백기를 틈타 주변의 유목민 부족들을 정복하고 거대한 세력을 형성했다. 몽골을 비롯한 중앙아시아 동부를 통합하는 데 성공한 묵돌의 다음 목표는 초한전쟁으로 인해 국력이 크게 쇠퇴한 한나라였다. 묵돌은 한나라 원정을 준비했다.

유방 역시 초한전쟁에서 승리한 뒤 흉노의 침공에 대한 대비를 게을리하지 않았다. 한왕 신에게 태원 일대를 맡긴 까닭도 그 때문이다. 하지만 타이항산맥 북서쪽에 위치한 한나라의 최전방 마읍馬邑(오늘날 산시山西성 쉬저우朔州시)에서 묵돌의 대군에게 포위당한 채 고군분투하던 한왕 신이 기원전 201년에 흉노에 투항함으로써 한나라의 대흉노 전선에 중대한 공백이 발생하고 말았다. 마읍을 점령한 묵돌은 한왕 신의 도움을 받아 태원까지 점령했다.

마읍과 태원이 함락된 데다 믿었던 한왕 신이 배신하자 유방은

*** 흉노의 군주를 지칭하는 말로, 흉노가 한 무제의 원정으로 인해 서쪽으로 쫓겨난 뒤에도 선비鮮卑족, 강羌족 등 여러 유목 민족에서 군주의 칭호로 쓰였다.

30만 대군을 이끌고 흉노 토벌에 나섰다. 유방은 태원 근처에서 흉노 기병 2만 명을 격퇴하는 등의 성과를 거두며 흉노의 근거지를 향해 북진을 계속했다. 하지만 이는 한군을 유인해 섬멸하려는 묵돌의 계략이었다. 기원전 200년 한군은 타이항산맥 너머 백등산白登山(오늘날 산시山西성 다퉁大同시 인근)까지 진격했다. 그런데 한겨울이었던 탓에 동상에 걸려 손발을 잃는 군사들이 속출했고 한군의 전투력이 크게 낮아졌다. 묵돌은 이 기회를 놓치지 않고 대규모 기병을 동원해 유방의 본대를 후속부대와 단절시킨 뒤 백등산 계곡 안으로 유인해 포위했다. 보병 위주로 구성된 데다 추위 탓에 전투력까지 급감한 한군은 백등산의 포위망을 풀 재간이 없었다. 유방은 이역만리에서 흉노에게 포로로 잡히거나 목숨을 잃을 위기에 빠졌다.

절체절명의 위기에 빠진 유방을 구한 인물은 바로 진평이었다. 진평은 묵돌의 부인에게 막대한 선물과 더불어 미인도를 바쳤다. 선물에 마음이 흔들린 데다 한나라가 미인을 바쳐 묵돌의 총애를 잃게 될 것을 염려한 묵돌의 부인은 묵돌을 설득했고, 결국 묵돌은 일부러 포위망 일부를 느슨하게 만들어 유방이 탈출할 길을 열어주었다. 유방은 천신만고 끝에 탈출해 후속부대와 합류했다.

강추위에 수많은 군사를 잃고 백등산에서 참패까지 해버린 유방은 더 이상 흉노와의 전쟁을 계속할 수 없었다. 묵돌 역시 무리한 전투를 이어가기가 부담스러웠다. 이에 따라 기원전 200년 유방과 묵돌 간에 강화가 체결되었다. 묵돌의 판정승이었던 만큼 한나라는 흉노를 상국上國으로 섬기며 매년 막대한 공물을 바치고 공주를 흉노 선우에게 시집보내야 한다는 불평등 조약을 맺을 수밖에 없었다. 그나마 만리장성 이남의 영역을 잃지 않았다는 사실이 불행 중

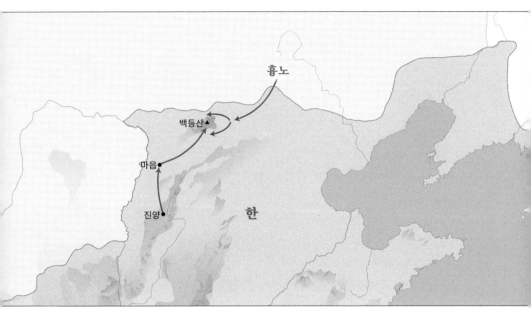

백등산전투 당시 양군의 이동 경로

다행이었다.* 이후 한나라는 흉노 때문에 매년 막대한 재정적 손실
을 보면서도 수시로 약탈에 시달려야 했다. 한나라의 흉노에 대한

---

* 사실 흉노 등 스텝 지대의 유목민은 농경 국가의 땅을 완전히 정복하기보다는 군사력
으로 그들을 굴복시켜 상국 노릇을 하며 식량과 공물을 뜯어내는 방식을 선호했다. 농경
국가의 영토는 스텝 지대와 지리적 환경이 크게 달랐기 때문에 유목민의 문화와 잘 맞지
않았을뿐더러, 스텝 지대의 인구부양력이 낮았기 때문에 유목민은 기본적으로 인구가 적
어서 그들만으로 광대한 농경 국가를 완전히 지배하기 어려웠기 때문이다. 예를 들어 흉
노의 후예라 할 수 있는 훈족의 아틸라Attila(406~453)는 동로마와 서로마를 여러 차례 침
공했지만, 그의 목적은 두 제국을 정복하기보다는 그들의 상국 행세를 하며 공물을 뜯어
내는 데 있었다. 스텝 지대의 유목민이 농경 국가를 완전히 정복한 사례는 몽골제국뿐이
다. 중국의 정복왕조인 금나라, 청나라를 세운 여진족은 스텝 지대의 유목민이 아니라 만
주를 무대로 반농 반유목 생활을 이어가던 민족이었다.

굴욕적인 외교 관계는 백등산전투로부터 한 세기 가까이 지난 무제의 치세에 이르러서야 역전되기 시작했다.

제국을 장악한 황제의 부인

기원전 195년 5월 한고조 유방은 장안의 궁궐에서 파란만장한 생애를 마쳤다. 패현에서 거병한 지 13년, 항우에 의해 한왕으로 책봉된 지 11년, 초한전쟁에서 승리를 거두고 제위에 오른 지 7년 만이었다. 태자 유영이 후사를 이어받아 한나라 제2대 황제 혜제로 즉위했다. 혜제는 유방의 적장자였기 때문에 황제가 될 확실한 정통성을 갖고 있었다. 혜제는 유방과 달리 다소 유약한 인물이기는 했지만 인품이 너그러워 신하와 백성들에게 인망을 얻었다.

혜제는 즉위 후 소하의 보좌를 받았고, 기원전 193년 소하가 세상을 떠나자 조참을 상국으로 임명해 한나라의 안정을 위해 노력했다. 혜제는 즉위 후 대사면령을 내려 민심을 수습하는가 하면, 30세 이상의 독신 남녀에게 무거운 세금을 물려 전쟁으로 줄어든 인구를 보충하고 국력의 신장을 도모했다. 오늘날의 관점에서 보면 독신자에 대한 폭정이나 다름없지만, 고대 사회에선 인구가 곧 국력이었다. 독신자를 일찍 결혼하게 해서 인구를 늘리려는 혜제의 정책은 고대 사회의 관점에서 보면 혜안이 돋보이는 뛰어난 정책이었다.

하지만 혜제의 치세에 한 황실은 심각한 위기에 빠져들고 말았다. 그 원인은 유방의 정실부인이자 혜제의 모후였던 여후였다. 유방이 살아 있을 때부터 한신, 팽월 등의 숙청을 주도하는 등 정치적 야심을 드러냈던 여후는, 어린 혜제가 즉위하자 섭정을 빌미로 한나라의 권력을 장악하기 시작했다. 애초에 여후는 과거 조고가 그랬듯 유방의 유언을 위조해 공신들을 모두 숙청하고 한나라의 실권을 장악하려 했지만, 한군의 주력부대가 흉노와의 전선에 파견되어 있어 병권을 미처 장악하지 못한 데다 그의 의도를 눈치챈 역상이 견제까지 하는 바람에 바로 뜻을 이루지는 못했다. 하지만 어린 데다 유약한 혜제의 치세에 태후의 권력은 결코 무시할 수 없는 수준으로 커졌다. 여후는 혜제를 등에 업고 한나라의 권력을 장악해 갔다.

이때부터 『사기』 『한서』 등에 기록된 여후의 폭정이 시작되었다. 그 첫 대상은 유방의 후궁이었던 척부인戚夫人(?~기원전 194)이었다. 여후 못지않은 야심가였던 척부인은 유방의 총애를 등에 업고 유방 생전에 자신의 아들 유여의를 태자로 세우려고 시도했다. 유방 역시 성격이 유약한 유영을 못 미더워해 성격이 활발한 데다 총희의 소생이기도 한 유여의로 태자를 교체하려다 적장자가 아닌 서자를 후계자로 세워서는 안 된다는 신하들의 반발 때문에 뜻을 이루지 못한 바 있었다. 당연히 여후와 척부인의 관계는 완전히 틀어졌다. 그리고 기원전 195년 혜제가 즉위하자마자, 여후는 조왕으로 책봉되어 있던 유여의를 장안으로 소환한 뒤 혜제의 보호까지도 뚫고 독살했다. 그런 다음 세력 기반을 완전히 잃은 척부인을 체포해 눈과 혀를 도려내고 귀를 먹게 한 다음 사지까지 절단해서 돼지우리에 집어넣어 인분을 받아먹게 하는 극악무도한 만행을 저질렀다. 여후는 끔찍한 몰골이 된 척부인을 '사람 돼지人彘'라 하여 혜제에게 보여주기까지 했다. 여후의 극악무도한 행각에 혜제는 질릴 대로 질렸지만, 태후라는 위치를 이용해 조정의 권력을 장악한 여후를 말릴 수 있는 사람은 없었다. 『사기』의 「여태후본기呂太后本紀」에는 이로 인해 혜제가 심각한 정신적 충격을 받은 끝에 일체의 정무에서 손을 뗀 채 주색에 빠져 살다 요절했다고 기록되어 있다. 하지만 『한서』와 『자치통감』에는 그 뒤에도 혜제가 소하와 조참, 숙손통 등의 보필을 받으며 대사면령을 내리는 등 정사를 돌보았다는 기록도 나와 있으며, 사마천 역시 「여태후본기」에 혜제 치세에 한나라의 국정과 민심이 안정적이었다고 기록했다. 유방이 국가의 기반을 어느 정도 다져 두었을 뿐만 아니라, 조고에게 철저히 농락당했던 호해와 달리 혜제는 명재상 소하와 조참을 비롯한 유능하고 충성스러운 신하들의 보필을 충분히 받을 수 있었기 때문이었다.

사람 돼지 사건으로 인해 혜제가 실성해 정무를 포기했다는 「여태후본기」의 기록의 사실 여부와는 별개로, 혜제는 기원전 188년 9월 재위 7년 만에 후사도 남기지 못한 채 요절하고 말았다. 혜제의 후임 황제는 그의 서자 또는 양자로 알려진, 본명조차 분명하지 않은 전소제前少帝(?~기원전 184, 재위 기원전 188~기원전 184)였다. 전소제는 너무 어렸기 때문에 이번에도 여후가 섭정할 수밖에 없었다. 이때부터 여후의 본격적인 전횡이 시작되었다. 여후는 한나라를 여씨의 천하로 만들기 위해 유씨 제후들을 독살하거나 멋대로 폐위한 뒤 그 자리에 자신의 친족을 앉혔다. 우승상 왕릉이 여씨 일족을 제후로 앉히려는 여후를 저지하려 했지만 진평, 주발 등의 대신들이 여후의 권력이 막강하다는 이유로 만류했다. 그 덕에 여후는 여씨 일족을 제후에 봉해 자신의 권력 기반을 강화할 수 있었다. 여후를 저지하려 했던 왕릉은 이내 낙향한 뒤 칩거해 간신히 목숨과 가문을 보전할 수 있었다.

유씨 제후들 가운데 목숨과 지위를 보전한 인물은 유방에게 별다른 총애를 받지 못한 박희의 아들 유항, 그리고 유방이 여후와 결혼하기 전 교제하던 조씨曹氏라는 여자가 낳은 서장자庶長子이자 여후 앞에서 처신을 잘했던 제나라 도혜왕悼惠王 유비劉肥(?~기원전 189)와 그 아들 유양劉襄(?~기원전 179), 유장劉章(기원전 200~기원전 177) 형제, 그리고 회남왕 유장劉長 정도였다. 진평, 관영, 주발, 왕릉, 역상 등 유방을 보좌하며 초한전쟁에서 숱한 무공을 세웠던 역전의 노장들도 여후의 전횡 앞에서는 몸을 사리기 바쁠 정도였다.

여후는 심지어 꼭두각시 황제인 전소제가 장성해 자신과 여씨 가문에 보복할 것을 두려워한 나머지 멋대로 전소제를 폐위하고 독살한 뒤 출신조차 불분명한 유홍劉弘(?~기원전 180, 재위 기원전 184~기원전 180)이라는 인물을 한나라 제4대 황제로 앉혔다. 그가 바로 후소제後少帝이다. 유방이 승하한 지 10년이 조금 지난 시점에 한나라는 여후와 그의 일족에게 나라를 찬탈당할 위기에까지 내몰렸다.

여씨 천하의 종말

기원전 180년 8월 여후는 세상을 떠났다. 혜제 재위기의 황태후로 7년, 혜제 사후 전소제와 후소제를 앞세워 섭정 자격으로 8년, 도합 15년 동안이나 한나라의 국정을 멋대로 농단했던 여후도 죽음을 피해 가지는 못했다. 여후에게는 한나라를 개국한 위대한 황후라는 뜻이 담긴 '고황후高皇后'라는 시호가 내려졌다.

여후가 죽었다고 해서 여씨 일족의 천하가 바로 끝나지는 않았

다. 여후가 유방의 자손인 유씨 제후들을 숙청하고 여씨 일족을 요
직이나 제후 자리에 앉혀놓았기 때문이었다. 하지만 무소불위의 권
력을 장악한 여후라는 카리스마 넘치는 지도자가 사라지자, 여후에
기대 호가호위했을 뿐 권력에 대한 정통성과 정당성이 없던 여씨 일
족의 권세에 커다란 구멍이 생겼다.

여후의 의심을 피해 목숨과 작위를 보전했던 제왕 유장劉章은 여
후 사후 형제인 주허후朱虛侯 유양, 원로 대신인 진평, 주발, 역상과
역기酈寄(?~?) 부자, 관영, 하후영 등과 더불어 여씨 멸족을 시도했
다. 유방과 한 황실에 대한 충성심이 깊었던 대신들도 유장劉章, 유
양 형제의 여씨 멸족 시도에 동참했다. 기원전 180년 유장과 유양
형제는 거병했고, 역기가 친분을 이용해 한나라의 병권을 쥐고 있
던 조왕 여록呂祿(?~기원전 180)과 여왕呂王 여산呂產(?~기원전 180)을
유인한 틈을 타 태위 주발과 승상 진평이 병권을 빼앗았다. 이때 여
록의 군영에 들어간 주발이 여씨를 따를 자는 오른쪽 어깨를, 유씨
를 따를 자는 왼쪽 어깨를 드러내라고 말하자 군사들은 모두 왼쪽
어깨를 드러내며 주발의 거사에 호응했다.*

병권을 빼앗은 주발과 진평에게 관영, 유장, 유양 등의 군사들까
지 합류하면서 여씨 일족은 사냥감으로 전락하고 말았다. 주발과
진평 등은 여록과 여산을 주살한 뒤 여씨 일족을 남녀노소 가리지
않고 모조리 체포해 처형했다. 번쾌의 아내이자 여후의 동생이었던
여수呂嬃(?~기원전 180)와 번쾌의 적장자 번강樊伉(?~기원전 180)도
숙청을 피해 가지 못했다. 번쾌의 후사는 그의 서자인 번불인樊市人

---

* 이 일화에서 남을 편들어 동의한다는 뜻을 가진 '좌단左袒'이라는 성어가 유래했다.

초한전쟁

(?~기원전 150)에게 넘어갔다. 여후가 세운 꼭두각시 황제 후소제 역시 폐위된 뒤 목숨을 잃었다. 훗날 광무제가 여후의 고황후 시호를 박탈함에 따라 여후는 폐후廢后로 전락했다.

여씨 일족을 소탕한 한나라의 대신들에게는 새 황제 옹립이라는 과제가 주어졌다. 혜제가 후사 없이 승하한 데다 유방의 남은 아들들도 서자였기 때문에 새 황제 옹립은 쉬운 일이 아니었다. 여씨 멸족에 대한 공헌도와 혈통을 생각하면 서자이기는 했지만 유방의 장남인 유비의 아들 제왕 유장劉章이 적임자였다. 그러나 여후의 국정 농단에 시달릴 대로 시달렸던 대신들은 유장劉章의 장인인 사균駟鈞(?~?)이 제2의 여후가 되고도 남을 자라는 이유를 들며 이구동성으로 반대했다. 주발, 진평 등이 병권을 쥐고 있었기 때문에 유장은 수양대군 세조처럼 멋대로 제위를 찬탈할 수도 없었다. 회남왕 유장劉長 역시 외가에 문제가 많다는 이유로 대신들이 새 황제로 옹립하는 것을 반대했다. 대신들에게 새 황제로 간택된 인물은 대왕 유항이었다. 유항 본인은 물론 모친인 박희 또한 어진 인물로 정평이 나 있었고, 본래 위표의 첩이었던 박희의 집안 역시 별다른 힘이 없었기 때문이었다. 황제 추대를 받은 유항은 다섯 번이나 고사한 끝에 새 황제로 즉위해 달라는 대신들의 요구를 수용했다. 이로써 유항은 기원전 180년 한나라 제5대 황제 문제로 즉위했고, 박희는 훗날 광무제에 의해 고황후로 추존되었다. 다섯 번째 황제였지만 전소제와 후소제는 여후의 꼭두각시나 다름없었고 혜제 역시 여후에게 휘둘리다 요절했기 때문에, 문제는 유방의 실질적 후계자나 다름없었다.

3

초한전쟁의 승자에서
동아시아의 거인으로

문제는 혜제나 전소제, 후소제와는 달랐다. 그는 유양, 유장劉章 형제 등의 황족, 그리고 주발, 진평 등과 같은 공신들의 도움 덕분에 제위에 올랐지만, 즉위 뒤에는 그들에게 휘둘리기는커녕 황족과 공신들을 잘 통제하며 강력한 황권을 구축하는 데 성공했다. 무리하게 중앙집권화를 시도하다 시황제 사후 조고의 국정 농단을 허용하며 단기간에 몰락해 버린 진나라와 달리, 한나라는 이성왕들의 반란과 굴욕적이었던 흉노와의 전쟁, 그리고 도합 15년에 걸친 여후의 국정 농단 등 숱한 위기를 극복하고 중앙집권적 통일 왕조로 자리 잡는 데 성공했다.

문제는 강력한 황권을 바탕으로 한나라의 국력을 크게 신장했다. 이를 데 없이 검소하고 성실한 군주였던 문제는 도교와 유교 사상을 바탕으로 선정을 펼쳐 한나라를 안정적이면서도 부강한 나라로 발전시켜 갔다. 군사적으로 우위에 있었던 흉노에 대해서도 큰 싸움은 최대한 회피하며 공물을 바치기는 하되 저자세로 일관하지 않고 침략과 약탈을 최대한 방어했고, 그들로부터 말馬 등을 수입하면서 군사력 강화를 꾀했다. 문제의 후계자인 경제景帝(기원전 188~기원전 141, 재위 기원전 156~기원전 141) 역시 부황의 업적을 이어받아 부국강병책을 효과적으로 실시하며 한나라의 국력을 더한층 강화했다. 특히 경제는 기원전 154년 일어난 유씨 제후들의 반란인 '오초칠국의 난吳楚七國之亂'*을 주발의 아들 주아부周亞夫(?~기원전 143)의 도움을 받아 진압한 뒤 한나라 전역을 군현제로 재편했다.** 이로써 한나라는 유교와 도교 사상에 기반을 둔 강력한 중앙집권 국가로 거듭났다.

한, 동아시아 문화의 기틀이 되다

중국의 역사는 기원전 17세기 무렵까지 거슬러 올라가는 상나라***

---

* 오吳나라와 초나라를 중심으로 하는 일곱 제후국이 한나라 조정에 반기를 들었다고 해서 붙여진 명칭이다.

** 장사국 등 일부 제후국이 이후에도 존속하긴 했으나, 이전과 같은 봉건 제후국은 아니었다.

*** 『사기』의 「하본기夏本紀」는 상나라 이전에 존재했다는 하夏나라 역사의 기록이며, 1990년대 이후 중국 정부는 하나라의 실존을 입증하기 위한 대대적인 역사학적, 고고학적 연구를 추진해 오고 있다. 하지만 오늘날의 사학계는 하나라가 원시적인 고대 씨족이나 부족 수준을 넘어 여러 부족을 결속한 본격적인 왕조라고 볼 만한 증거가 확인되었다는 중국 정부와 학계의 발표를 회의적으로 받아들이고 있다.

부터 시작하지만, 상나라와 주나라는 부족 연합체의 성격이 농후했던 데다 영토도 작았기 때문에 본격적인 통일 왕조라 부르기는 어렵다. 중국의 주류 민족을 '상인商人' '주인周人' 등으로 부르지 않는 까닭도 바로 이 때문이다. 이 당시 중국의 주류 민족이라 할 수 있는 화하족 역시 중국인, 정확히는 한족의 선조라고 여길 뿐 한족과 동일시하지는 않는다. 초한전쟁기에조차 초나라 사람들이 이민족 취급을 받았던 데서 알 수 있듯이, 이 시기의 중국은 통일된 영역이 아니라 다양한 부족의 연맹이 산재하던 영역이었다. 물론 진이 최초로 통일을 이룩했다고는 하나, 통일 후 불과 15년 만에 멸망했기 때문에 진을 중국을 온전히 통일한 왕조로 보는 데도 한계가 있는 게 사실이다.

하지만 한나라는 100년이 훨씬 넘는 기간 동안 통일 왕조의 기틀을 다져 끝내 중국을 통일된 영역으로 탈바꿈시켰다. 유방은 통일 왕조로 가는 데 필요한 유연하면서도 혁신적인 제도적, 지리적 토대를 구축했고, 문제와 경제는 이를 발판 삼아 한나라를 온전한 통일 왕조로 만들어갔다. '문경지치文景之治'라 불리는 문제와 경제의 치세는 '한무성세漢武盛世'라 불리는 무제의 치세로 이어졌다. 무제는 유교를 관학으로 공인함으로써 중국, 나아가 동아시아의 사회와 문화에 유교가 뿌리내리는 데 커다란 기여를 했다. 오랫동안 한나라의 상국으로 군림하던 흉노를 대대적으로 정벌해 그들을 서쪽으로 쫓아내기 시작하는 한편으로, 장건張騫(?~기원전 114)을 시켜 실크로드를 개척함으로써 한나라의 영토와 국력을 크게 신장했다.

무제는 흉노 정벌뿐만 아니라 고조선, 그리고 오늘날 베트남 북부에 있던 남월南越* 원정도 실시했다. 기원전 111년 한나라가 내분

　　　　　　　　　　　　　　　　　　　초한전쟁

으로 약해진 남월을 정복하자 교지交趾, 구진九眞 등 인접 지역 또한 한나라에 항복했다. 무제는 남월 땅에 아홉 개의 군을 설치했다. 기원전 109년에는 고조선 정벌도 개시했다. 고조선의 우거왕右渠王(?~기원전 108)은 도읍 왕검성王儉城**에서 농성하며 결사적으로 저항했지만 항복파 대신들에게 암살당했고, 우거왕의 유지를 이어받아 저항을 계속하던 장군 성기成己(?~기원전 108)마저도 그들에게 암살당함으로써 고조선은 멸망했다. 무제는 고조선의 땅에 낙랑군樂浪郡, 진번군眞番郡, 현도군玄菟郡, 임둔군臨屯郡의 네 개 군을 설치했으니 이것이 한국 고대사를 장식하는 한사군漢四郡이다. 이 가운데 낙랑군과 낙랑군에 흡수되었던 진번군이 3세기 초에 부활해 생긴 대방군帶方郡, 그리고 현도군이 한나라가 멸망한 뒤에도 지방정권의 형태로 이어지다가 4~5세기에 이르러 고구려에 흡수되었다.

한 무제의 고조선과 남월 원정은 단순한 영토 확장을 넘어서는 역사적, 지리적 의미가 있다. 한사군이 설치된 한반도와 베트남에 한자, 유교, 도교 등 한나라의 문화가 유입되었고 수 세기에 걸쳐 뿌리를 내렸다.[90] 2~3세기에 중앙아시아를 거쳐 중국에 전파된 대승불교 역시 한반도와 베트남으로 전파되었다. 그리고 한반도에 들어온 중국 문화가 바다 건너 일본으로까지 전파되었다. 중국의 문화를 수용한 한반도, 일본, 베트남은 이를 자국의 환경에 맞게 변용하고 발전시키면서 중국과는 차별화되지만 공통분모를 갖는 다양한 문화를

---

* 오늘날 베트남越南의 국호는 바로 고대 남월에 기인한다. 덧붙여 '월越'이란 고대 중국에서 양쯔강 이남에 살던 민족을 지칭하던 말이다. 즉, 남월이란 남쪽 끝에 있는 월족의 땅이라는 뜻이다.
** 왕검성의 위치가 평양이었다는 설도 있고 랴오둥반도 일대였다는 설도 있다.

이룩했다. 이렇게 해서 동아시아 문화권이 형성되기 시작했다.

결론적으로 한나라는 단순히 400년 이상 지속된 강력한 통일 왕조를 넘어 중국 대륙을 온전한 통일 국가의 땅으로 탈바꿈시킨, 중국에 역사적 대전환을 불러온 기념비적 왕조였다. 이미 남북조시대(420~589)부터 중국의 주류 민족을 '한족漢族' 또는 '한인漢人'으로 지칭하고 중국의 언어와 문자를 '한어漢語' '한자漢字'라고 불렀다는 사실[91]은 한나라가 중국을 온전히 통일함으로써 중국 문화의 토대를 구축했음을 잘 보여준다. 나아가 한나라로부터 유교, 도교, 한자, 대승불교 등이 한반도, 베트남, 일본 등으로 전파되면서 이들 지역은 동아시아 문화권으로 거듭났다. 이러한 점에서 우리는 한고조 유방을 왕조의 창업주를 넘어, 중국 문화의 기틀을 닦고 동아시아 문화권의 탄생을 가져온 동양사, 세계사의 거인으로 볼 수 있을 것이다.

주

1 勝藤猛,「韓信についての覚え書き―史記淮陰侯列伝」,『岩手県立大学盛岡短期大学部研究論集』, 3, 2001, 9~10쪽.

2 柴田昇,『漢帝國成立前史―秦末反亂と楚漢戰爭』, 東京: 白帝社, 2018, 16~23쪽.

3 柴田昇, 위의 책, 2018, 23~24쪽.

4 세키네 히데유키,「한국과 토라쟈의 사자의례 상징구조: 장강문명의 전통과 변화」,『동북아문화연구』, 1(20), 2009, 253~254쪽.

5 齋藤道子,「「秦の始皇帝」と「漢の高祖劉邦」:「皇帝像」を考える」,『経済史研究』, 20, 2017, 5쪽.

6 "吾子, 白帝子也, 化爲蛇, 當道, 今爲赤帝子斬之." 사마천,「고조본기」,『사기』, 권8.

7 "天下若秦久矣. 今父老雖爲沛令守, 諸侯並起, 今屠沛. 沛今共誅令, 擇子弟可立者立之, 以應諸侯, 則家室完. 不然, 父子俱屠, 無爲也." 사마천,「고조본기」,『사기』, 권8.

8 柴田昇, 앞의 책, 2018, 26~27쪽.

9 藤田勝久,『項羽と劉邦の時代』, 東京: 講談社, 2006, 98쪽.

10 藤田勝久, 위의 책, 2006, 98쪽.

11 柴田昇,「楚漢戦争の展開過程とその帰結(上)」,『愛知江南短期大学 紀要』, 44, 2015, 16쪽.

12 "將戮力而攻秦, 久留不行. 今世饑民貧, 士卒食芋菽, 軍無見糧, 乃飲酒高會, 不引兵渡河因趙食, 與趙幷力攻秦, 乃曰 承基敝. 夫以秦之彊, 何敝之承. 且國兵新破, 王坐不安席, 埽境內專屬於將軍, 國家安危, 在此一擧. 今不恤士卒而徇其私, 非社稷之臣." 사마천, 「항우본기」, 『사기』, 권7.

13 "必衆徒合義兵誅無道秦, 不宜倨長子." 사마천, 「역생육고열전」, 『사기』, 권97.

14 "父老苦秦苛法久矣, 誹謗者族, 偶語者棄市. 吾與諸侯約, 先入關者王之, 吾當關中王. 與父老約, 法三章耳, 殺人者死, 傷人及盜抵罪. 餘悉除去秦法." 사마천, 「고조본기」, 『사기』, 권8.

15 "沛公欲王關中, 令子嬰爲相, 珍寶盡有之." 사마천, 「고조본기」, 『사기』, 권8.

16 "臣與將軍戮力而攻秦, 將軍戰河北, 臣戰河南, 然不自意能先入關破秦, 得復見將軍於此. 今者有小人之言, 令將軍與臣郤." 사마천, 「항우본기」, 『사기』, 권7.

17 "此沛公左司馬曹無傷言之, 不然, 籍何以至此." 사마천, 「항우본기」, 『사기』, 권7.

18 "君王爲人不忍, 若入前爲壽, 壽畢, 請以劍舞, 因擊沛公於座, 殺之. 不者, 若屬皆且爲所虜." 사마천, 「항우본기」, 『사기』, 권7.

19 "且沛公先入定咸陽, 暴師霸上, 以待大王. 大王今日至, 聽小人言, 與沛公有隙, 臣恐天下解, 心疑大王也." 사마천, 「번역등관열전」, 『사기』, 권95.

20 "大行不顧細謹, 大禮不辭小讓. 如今人方爲刀俎, 我爲魚肉, 何辭爲." 사마천, 「항우본기」, 『사기』, 권7.

21 "豎子不足與謀. 奪項王天下者, 必沛公也, 吾屬今爲之虜矣." 사마천, 「항우본기」, 『사기』, 권7.

22 柴田昇, 앞의 논문, 2015, 26쪽.

23 松島隆真, 「陳涉から劉邦へ: 秦末楚漢の国際秩序」, 『史林』, 97(2), 2014, 298쪽.

24 "關中阻山河四塞, 地肥饒, 可都以覇." 사마천, 「항우본기」, 『사기』, 권7.

25 "富貴不歸故鄉, 如錦繡夜行, 誰知之者." 사마천, 「항우본기」, 『사기』, 권7.

26 "人言楚人沐猴而冠耳, 果然." 사마천, 「항우본기」, 『사기』, 권7.

27 금재원, 「秦漢帝國 수도 권역 변천의 하부구조—秦嶺과 黃河 교통망을 중심으로」, 『동양사학연구』, 149, 2019, 7~8쪽.

28 "若雖長大, 好帶刀劍, 中情怯耳. 信能死, 刺我, 不能死, 出我袴下." 사마천, 「회음후열전」, 『사기』, 권92.

29 "王素慢無禮, 今拜大將如呼小兒耳, 此乃信所以去也. 王必欲拜之, 擇良日, 齋戒, 設壇場, 具禮, 乃可耳." 사마천, 「회음후열전」, 『사기』, 권92.

30 "然臣嘗事之, 請言項王之爲人也. 項王暗噁叱咤, 千人皆廢, 然不能任屬賢將, 此特匹夫之勇耳. 項王見人恭敬慈愛, 言語嘔嘔, 人有疾病, 涕泣分食飮, 至使人有功當封爵者, 印刓敝, 忍不能予, 此所謂婦人之仁也. 項王雖覇天下而臣諸侯, 不居關中而都彭城. 有背義帝之約, 而以親愛

王, 諸侯不平 … 項王所過無不殘滅者, 天下多怨, 百姓不親附, 特劫於威彊耳 … 今大王能反

其道. 任天下武勇, 何所不誅. 以天下城邑封功臣, 何所不服. 以義兵從思東歸之士, 何所不散

… 項王詐阬秦降卒二十餘萬, 惟獨邯欣翳得脫, 秦父兄怨此三人, 痛入骨髓. 今楚彊以威王此

三人, 秦民莫愛也. 大王之入武關, 秋毫無所害, 除秦苛法, 與秦民約, 法三章耳, 秦民無不欲大

王王秦者. 於諸侯之約, 大王當王關中, 關中民咸知之. 大王失職入漢中, 秦民不恨者. 今大王擧

而東, 三秦可傳檄而定也." 사마천, 「회음후열전」, 『사기』, 권92.

31 "天下共立義帝, 北面事之. 今項羽放殺義帝於江南, 大逆無道. 寡人親爲發喪, 諸侯皆縞素. 悉

發關內兵, 收三河士, 南浮江漢以下, 願從諸侯王擊楚之殺義帝者." 사마천, 「고조본기」, 『사

기』, 권8.

32 "漢卒皆南走山." 사마천, 「항우본기」, 『사기』, 권7.

33 "雖急不可以驅, 柰何棄之." 사마천, 「항우본기」, 『사기』, 권7.

34 "臣故秦民, 恐軍不信臣, 臣願得大王左右善騎者傳之." 사마천, 「번역등관열전」, 『사기』, 권

95.

35 "孰能爲我使淮南, 令之發兵倍楚, 留項王於齊數月, 我之取天下可以百全." 사마천, 「경포열

전」, 『사기』, 권91.

36 "大王與項王俱列爲諸侯, 北鄉而臣事之, 必以楚爲彊, 可以託國也. 項王伐齊, 身負板築, 以爲

士卒先, 大王宜悉, 淮南之衆, 身自將之, 爲楚軍前鋒, 今迺發四千人以助楚. 夫北面而臣事人者,

固若是乎." 사마천, 「경포열전」, 『사기』, 권91.

37 "大王不背楚者, 以漢爲弱也. 夫楚兵雖彊, 天下負之以不義之名, 以其背盟約而殺義帝也. 然而

楚王恃戰勝自彊, 漢王收諸侯, 還守成皐滎陽也, 下蜀漢之粟, 深溝壁壘, 分卒守徼乘塞, 楚人還

兵, 閒以梁地, 深入敵國八九百里, 欲戰則不得, 攻城則力不能, 老弱轉糧千里之外, 楚兵至滎陽

成皐, 漢堅守而不動, 進則不得攻, 退則不得解. 故曰楚兵不足恃也. 夫楚之彊, 適足以致天下之

兵耳. 故楚不如漢, 氣勢易見 也. 今大王不與萬全之漢而者託於危亡之楚, 臣竊爲大王惑之. …

臣請與大王劍而歸漢, 漢王必裂地而封大王, 又況淮南, 淮南必大王有也." 사마천, 「경포열

전」, 『사기』, 권91.

38 "漢王慢而侮人, 罵詈諸侯羣臣如罵奴耳, 非有上下禮節也, 吾不忍復見也." 사마천, 「위표팽월

열전」, 『사기』, 권90.

39 김한신, 「技能을 넘어선 神妙함—『舊唐書』「方伎傳」 譯註」, 『중국고중세사연구』, 53,

2019, 120~121쪽.

40 김한신, 위의 논문, 2019, 120쪽.

41 반고, 노돈기·이리충 엮음, 김하나 옮김, 『한서—반고의 인물열전』, 팩컴북스, 2013,

175쪽.

42 공원국, 『춘추전국이야기 11—초한쟁패, 엇갈린 영웅의 꿈』, 위즈덤하우스, 2017, 197

쪽.

43 "此乘勝而去國遠鬪, 其鋒不可當. 臣聞千里餽糧, 士有飢色, 樵蘇後爨, 師不宿飽. 今井陘之道, 車不得方軌, 騎不得成列, 行數百里, 其勢糧食必在其後. 願足下假臣奇兵三萬人, 從閒道絶輜重, 足下深溝高壘, 堅營勿與戰." 사마천, 「회음후열전」, 『사기』, 권92.

44 "吾聞兵法十則圍之, 倍則戰. 今韓信兵號數萬, 其實不過數千. 能千里而襲我, 亦已罷極, 金如此避而不擊, 後有大者, 何以加之! 則諸侯謂吾怯, 而輕來伐我." 사마천, 「회음후열전」, 『사기』, 권92.

45 "趙見我走, 必空壁逐我, 若疾入趙壁, 拔趙幟, 立漢赤幟." 사마천, 「회음후열전」, 『사기』, 권92.

46 "趙已先據便地爲壁, 且彼未見吾大將旗鼓, 未肯擊前行, 恐吾至阻險而還." 사마천, 「회음후열전」, 『사기』, 권92.

47 사마천, 최익순 옮김, 『사기열전 중』, 백산서당, 2014, 124쪽; 사마광, 권중달 옮김, 『자치통감 2—전한시대 Ⅰ』, 삼화, 2009, 77쪽.

48 이동민, 「중국 초한전쟁기(기원전 206-기원전 202년) 정형 전투(井陘之戰)에 대한 군사지리학적 재해석」, 『한국지리학회지』, 11(1), 2022. 129~130쪽.

49 이동민, 위의 논문, 2022, 같은 쪽.

50 이동민, 위의 논문, 2022, 같은 쪽.

51 "此在兵法, 顧諸君不察耳. 兵法不曰, 陷之死地而後生, 置之亡地而後存. 且信非得素拊循士大夫野, 此所謂驅市人而戰地, 其勢非置之死地, 使人人自爲戰, 今予之生地, 皆走." 사마천, 「회음후열전」, 『사기』, 권92.

52 이동민, 앞의 논문, 2022, 같은 쪽.

53 "僕聞之, 百里奚居虞而虞亡, 在秦而秦霸, 非遇於虞而智於秦也, 不與不用, 聽與不聽也. 誠令成安君聽足下計, 若信者亦已爲禽矣. 以不用足下, 故信得侍耳." 사마천, 「회음후열전」, 『사기』, 권92.

54 "今將軍涉西河, 虜魏王, 禽夏說閼與, 一擧而下井陘, 不終朝破二十萬衆, 誅成安君. 名聞海內, 威震天下, … 傾耳以待命者. 若此, 將軍之所長也. 然而衆勞卒罷, 其實難用. 今將軍欲擧倦弊之兵, 頓之燕堅城之下, 欲戰恐久力不能拔, 情見勢屈, 曠日糧竭, 而弱燕不服, 濟必距境以自彊也. 燕濟相持而不下, 則劉項之權未有所分也. 若此者, 將軍所短也." 사마천, 「회음후열전」, 『사기』, 권92.

55 "昔者湯伐桀而封其後於杞者, 度能制桀之死命也. 今陛下能制項籍之死命乎." 사마천, 「유후세가」, 『사기』, 권55.

56 "武王伐紂封其後於宋者, 度能得紂之頭也. 今陛下能得項籍之頭乎." 사마천, 「유후세가」, 『사기』, 권55.

57 "武王入殷, 表商容之閭, 釋箕子之拘, 封比干之墓. 今陛下能封聖人之墓, 表賢者之閭, 式智者之門乎." 사마천, 「유후세가」, 『사기』, 권55.

58 "發鉅橋之粟, 散鹿之錢, 以賜貧窮. 今陛下能散府庫以賜貧窮乎." 사마천, 「유후세가」, 『사기』, 권55.

59 "殷事已畢, 偃革爲軒, 倒置幹戈, 覆以虎皮. 以示天下不復用兵. 今陛下能偃武行文, 不復用兵乎." 사마천, 「유후세가」, 『사기』, 권55.

60 "休馬華山之陽, 示以無所爲. 今陛下能休馬華山之陽, 示以無所用乎." 사마천, 「유후세가」, 『사기』, 권55.

61 "放牛桃林之陰, 示以不復輸積. 今陛下能牛不復輸積乎." 사마천, 「유후세가」, 『사기』, 권55.

62 "且天下遊士離親戚, 棄墳墓, 去故舊, 從陛下遊者, 從欲日夜望咫尺之地. 今復六國, 立韓魏燕趙齊楚之後, 天下遊士各歸事其主, 從其親戚, 反其故舊墳墓, 陛下與誰取天下乎. 且夫楚唯無彊, 六國立者復橈而從之, 陛下焉得而臣之. 誠用客之謀, 陛下事去矣." 사마천, 「유후세가」, 『사기』, 권55.

63 "豎儒, 幾敗而公事" 사마천, 「유후세가」, 『사기』, 권55.

64 "項王爲人, 恭敬愛人, 士之廉節好禮者多歸之. 至於行功爵邑, 重之, 士亦以此不附. … 此項王骨鯁之臣亞父鍾離眛龍且周殷之屬, 不過數人耳. 大王誠能出捐數萬斤金, 行反間, 間其君臣, 以疑其心, 項王爲人意忌信讒, 必內相誅. 漢因舉兵而攻之, 破楚必矣." 사마천, 「진승상세가」, 『사기』, 권56.

65 "吾以爲亞父使, 乃項王使." 사마천, 「진승상세가」, 『사기』, 권56.

66 "天下事大定矣, 君王自爲之. 願賜骸骨歸卒伍." 사마천, 「항우본기」, 『사기』, 권7.

67 "城中食盡, 漢王降." 사마천, 「항우본기」, 『사기』, 권7.

68 "漢與楚相距滎陽數歲, 漢常困, 願君王出武關, 項羽必引兵南走, 王深壁, 令滎陽成皋間且得休. 使韓信等輯河北趙地, 連燕齊, 君王乃復走滎陽, 未晚也. 如此, 則楚所備者多, 九分, 漢得休, 復與之戰, 破楚必矣." 사마천, 「고조본기」, 『사기』, 권8.

69 "謹守成皋, 則漢欲挑戰, 愼勿與戰, 毋令得東而已. 我十五日必誅彭越, 定梁地, 復從將軍." 사마천, 「항우본기」, 『사기』, 권7.

70 "王者以民人爲天, 而民人以食爲天. 夫敖倉, 天下轉輸久矣, 臣聞其下迺有藏粟甚多. 楚人拔滎陽, 不堅守敖倉, 迺引而東, 令適卒分守成皋, 此乃天所以資漢也. 方今楚易取而漢反卻, 自奪其便, 臣竊以爲過矣……. 願足下急復進兵, 收取滎陽, 據敖倉之粟, 塞成皋之險, 杜太行之道, 距蜚狐之口, 守白馬之津, 而示諸侯效實制之勢, 則天下知歸矣." 사마천, 「역생육고열전」, 『사기』, 권97.

71 "方今燕趙已定, 唯齊未下. 今田廣據千里之齊, 田間將二十萬之衆, 軍於歷城, 諸田宗彊, 負海阻

河齊, 南近楚, 人多變詐, 足下雖遣數十萬帥, 未可以歲月破也. 臣請得奉明詔說齊王, 使爲漢而稱東藩." 사마천, 「역생육고열전」, 『사기』, 권97.

72 "漢王先入咸陽, 項王負約不與而王之漢中. 項王遷殺義帝, 漢王聞之, 起蜀漢之兵擊三秦, 出關而責義帝之處, 收天下之兵, 立諸侯之後, 降城卽以侯其將, 得略卽以分其士, 與天下同其利, 豪英賢才皆樂爲之用. 諸侯之兵四面而至, 蜀漢之粟方船而下. 項王有倍約之名, 殺義帝之負, 於人之功無所記, 於人之罪無所忘, 戰勝而不得其賞, 拔城而不得其封 … 天下畔之, 賢才怨之, 而莫爲之用 … 夫漢王發蜀漢, 定三秦, 涉西河之外, 援上黨之兵, 下井陘誅成安君, 破北魏, 舉三十二城. 此蚩尤之兵也, 非人之 力也, 天之福也. 今已據敖倉之粟, 塞成皐之險, 守白馬之津, 杜太行之阪, 距蜚狐之口, 天下後服者先亡矣." 사마천, 「역생육고열전」, 『사기』, 권97.

73 "將軍受詔擊齊, 而漢獨發閒使下齊, 寧有詔止將軍乎. 何以得毋行也! 且酈生一士, 伏軾掉三寸之舌, 下齊七十餘城, 將軍將數萬衆, 歲餘乃下趙五十餘城, 爲將數歲, 反不如一豎儒之功乎." 사마천, 「역생육고열전」, 『사기』, 권97.

74 "漢兵遠鬪窮戰, 其鋒不可當. 齊楚自居其地戰, 兵易敗散. 不如深壁, 令齊王使其信臣招所亡城, 亡城聞其王在, 楚來救, 必反漢. 漢兵二千里客居, 齊城皆反之, 其勢無所得食, 可無戰而降也." 사마천, 「회음후열전」, 『사기』, 권92.

75 "漢方不利, 寧能禁信之王乎? 不如因而立, 善遇之, 使自爲守. 不然, 變生." 사마천, 「회음후열전」, 『사기』, 권92.

76 Zhou, H., "Internal rebellions and external threats: A model of government organizational forms in ancient China", Southern Economic Journal, 78(4), 2012, 1132~1134쪽.

77 "然兵困於京索之間, 迫西山而不能進者, 三年於此矣. 漢王將數十萬之衆, 距鞏雒, 阻山河之險, 一日數戰 無尺寸之功, 折北不救, 敗滎陽, 傷成皐, 遂走宛葉之間, 此所謂智勇俱困者也 … 當今兩主之命於足下. 足下爲漢則漢勝, 與楚則楚勝 … 莫若兩利而俱存之, 參分天下, 鼎足而居, 其勢莫敢先動. 夫以足下之賢聖, 有甲兵之衆, 據彊齊, 從燕趙, 出空虛之地制其後, 因民之欲, 西鄕爲百姓請命, 則天下風走而響應矣, 孰敢不聽." 사마천, 「회음후열전」, 『사기』, 권92.

78 "今不急下, 吾烹太公." 사마천, 「항우본기」, 『사기』, 권7.

79 "吾與項羽俱北面受命懷王, 曰約爲兄弟, 吾翁卽若翁, 必欲烹而翁, 則幸分我一桮羹." 사마천, 「항우본기」, 『사기』, 권7.

80 "天下凶凶數歲者, 徒以吾兩人耳, 願與漢王挑戰決雌雄." 사마천, 「항우본기」, 『사기』, 권7.

81 "吾寧鬪智, 不能鬪力." 사마천, 「항우본기」, 『사기』, 권7.

82 "始與項羽俱受命懷王, 曰先入定關中者王之, 項羽負約, 王我於蜀漢, 罪一. 項羽矯殺卿子冠軍而自尊, 罪二. 項羽已救趙, 當還報, 而擅劫諸侯兵入關, 罪三. 懷王約入秦無暴掠, 項羽燒秦宮室, 掘始皇帝家, 私收其財物, 罪四. 又彊殺秦降王子嬰, 罪五. 詐坑秦子弟新安二十萬, 王其將,

초한전쟁

罪六. 項羽皆王諸將善地, 而徒逐故主, 令臣下爭叛逆, 罪七. 項羽出逐義帝彭城, 自都之, 奪韓

王地, 并王梁楚, 多自予, 罪八. 項羽使人陰弒義帝江南, 罪九. 夫爲人臣而弒其主, 殺已降, 爲政

不平, 主約不信, 天下所不容, 大逆無道, 罪十也. 吾以義兵從諸侯誅殘賊, 使刑餘罪人擊殺項

羽, 何苦乃與公挑戰." 사마천, 「고조본기」, 『사기』, 권8.

83 "虜中吾指." 사마천, 「고조본기」, 『사기』, 권8.

84 "漢有天下太半, 而諸侯皆附之. 楚兵罷食盡, 此天亡楚之時也, 不如因其機而遂取之. 今釋弗

擊, 此所謂養虎自遺患也." 사마천, 「항우본기」, 『사기』, 권7.

85 楚兵且破, 信越未有分地, 其不至固宜. 君王能與共分天下, 今可立致也. 卽不能, 事未可知也.

君王能自陳以東傳海, 盡與韓信, 睢陽以北至穀城, 以與彭越, 使各自爲戰, 則楚易敗也." 사마

천, 「항우본기」, 『사기』, 권7.

86 사마천, 「항우본기」, 『사기』, 권7.

87 "吾起兵至今八歲矣, 身七十餘戰, 所當者破, 所擊者服, 未嘗敗北, 遂霸有天下. 然今卒困於此,

此天之亡我, 非戰之罪也. 今日固決死, 願爲諸君決戰, 必三勝之, 爲諸君潰圍, 斬將, 刈旗, 令

諸君知天亡我, 非戰之罪也." 사마천, 「항우본기」, 『사기』, 권7.

88 "江東雖小, 地方千里, 衆數十萬人, 亦足王也. 願大王急渡. 今獨臣有船, 漢軍至, 無以渡." 사마

천, 「항우본기」, 『사기』, 권7.

89 "天之亡我, 我何渡爲. 且籍與江東子弟八千人渡江而西, 今無一人還, 縱江東父兄憐而王我, 我

何面目見之. 縱彼不言, 籍獨不愧於心乎." 사마천, 「항우본기」, 『사기』, 권7.

90 허경진, 「동아시아 문화교류의 다양한 층위(層位)와 데이터베이스 구축의 필요성」,

『韓民族語文學』, 66, 2014, 325쪽.

91 공봉진, 「漢族의 민족정체성에 관한 연구」, Journal of China Studies, 1, 2006, 24쪽.

찾아보기

초한전쟁

참고문헌

단행본

공원국, 『춘추전국이야기 11─초한쟁패, 엇갈린 영웅의 꿈』, 위즈덤하우스, 2017.

권혁재, 『지형학』, 법문사, 2010.

데이비드 M. 글랜츠·조너선 M. 하우스, 권도승·남창우·윤시원 옮김, 『독소 전쟁사 1941~1945』, 열린책들, 2007.

반고, 노돈기·이리충 엮음, 김하나 옮김, 『한서─반고의 인물열전』, 팩컴북스, 2013.

사마광, 권중달 옮김, 『자치통감 2─전한시대 Ⅰ』, 삼화, 2009.

사마천, 김원중 옮김, 『사기 세가』, 민음사, 2010.

_____, 소준섭 옮김, 『사마천 사기 56』, 현대지성, 2016.

_____, 신동준 옮김, 『완역 사기 본기─오제부터 한무제까지 제왕의 역사』, 위즈덤하우스, 2015.

_____, 신동준 옮김, 『완역 사기 세가─역대 제후와 공신들의 연대기』, 위즈덤하우스, 2015.

_____, 신동준 옮김, 『완역 사기 열전 1─인물들의 흥망사』, 위즈덤하우스, 2015.

_____, 최익순 옮김, 『사기열전 중』, 백산서당, 2014.

신동준, 『사서로 읽는 항우와 유방』, 인간사랑, 2019.

아자 가트, 오숙은·이재만 옮김, 『문명과 전쟁』, 교유서가, 2017.

왕리췬, 홍순도·홍광훈 옮김, 『항우강의』, 김영사, 2012.

藤田勝久, 『項羽と劉邦の時代』, 東京: 講談社, 2006.

柴田昇, 『漢帝國成立前史―秦末反亂と楚漢戰爭』, 東京: 白帝社, 2018.

Koo, T., The Constitutional Development of the Western Han Dynasty,
　　Piscataway, NJ: Gorgias Press, 2010.

논문

강윤숙, 「복식에 나타난 오행색 의미에 관한 연구」, 『복식』, 20, 1993.

공봉진, 「漢族의 민족정체성에 관한 연구」, Journal of China Studies, 1, 2006.

＿＿＿, 「고대 중국의 '화하족'과 '동이족' 기억 만들기」, 『사회과학연구』, 22(1), 2009.

금재원, 「秦漢帝國 수도 권역 변천의 하부구조―秦嶺과 黃河 교통망을 중심으로」, 『동양사
　　학연구』, 149, 2019.

기세찬, 「춘추시대의 전쟁수행방식과 전쟁관」, 『사총』, 91, 2017.

＿＿＿, 「진의 전쟁수행방식과 군사사상」, 『군사연구』, 146, 2018.

김광억, 「현지 문화: 다민족 국가인 중국 이해하기」, CHINDIA Plus, 5, 2007.

김기주, 「혈연적 질서로부터 비혈연적 질서로: 춘추전국시대와 제자백가의 대응」, 『철학
　　연구』, 153, 2020.

김덕균, 「은대 가족주의와 효문화 검토」, 『효학연구』, 25, 2017.

김만태, 「사시(四時)·월령(月令)의 명리학적 수용에 관한 고찰」, 『한국학』, 37(3), 2014.

김상규, 「사마천 경제사상의 경제교육적 함의」, 『경제교육연구』, 25(3), 2018.

김영진, 「초기 중국의 통일국가 형성 기제에 대한 이론적 고찰」, 『한국정치학회보』, 47(1),
　　2013.

김일권, 「조선후기 세시기에 나타난 역법학적 시간 인식과 도교 민속 연구」, 『역사민속
　　학』, 29, 2009.

김종박, 「중화민족다원일체론의 등장과 동북공정의 논리적 모순」, 『사총』, 77, 2012.

김한신, 「技能을 넘어선 神妙함―『舊唐書』 「方伎傳」 譯註」, 『중국고중세사연구』, 53, 2019.

박대성, 「중국사를 이해하는 틀로서의 가국동형구조의 재해석」, 『인문과학연구논총』,
　　37(3), 2016.

박순발, 「백제의 해상 교통과 기항지―대(對) 중국항로(中國航路)를 중심으로」, 『백제학

보』, 16, 2016.

박양진, 「중국 역사공정의 비판적 검토―하상주단대공정과 중화문명탐원공정을 중심으로」, 『역사비평』, 82, 2008.

세키네 히데유키, 「한국과 토라쟈의 사자의례 상징구조: 장강문명의 전통과 변화」, 『동북아문화연구』, 1(20), 2009.

송옥진, 「고대의 동이인식」, 『선도문화』, 14, 2013.

신성재, 「태봉의 수군전략과 수군운용」, 『역사와 경계』, 75, 2010.

신호철, 「高麗 건국기 西南海 지방세력의 동향: 羅州 호족의 활동을 중심으로」, 『역사와 담론』, 58, 2011.

우성민, 「중국 역사학계의 새로운 해석에 대한 비판적 검토」, 『진단학보』, 116, 2012.

원용준, 「고대 중국의 '夷'개념에 관한 유교사상사적 고찰」, 『양명학』, (43), 2016.

윤대식, 「『戰國策』에 내재한 전쟁과 도덕의 정합성」, 『한국정치학회보』, 48(1), 2014.

이기구, 「풀어쓴 중국 역사탐험 ⑥ 주(周)왕조의 근간 봉건제도(封建制度)」, 『역사&문화』, 6, 2006.

이동민, 「『노마만리(駑馬萬里)』의 타이항산 항일 근거지 재현 양상에 대한 문학지리학적 분석」, 『로컬리티 인문학』, 23, 2020.

_____, 「중국 초한전쟁기(기원전 206-기원전 202년) 정형 전투(井陘之戰)에 대한 군사지리학적 재해석」, 『한국지리학회지』, 11(1), 2022.

이상기, 「秦始皇의 焚書坑儒에 대한 始末」, 『中國硏究』, 14, 1993.

이연승, 「중국의 고대 역법의 사상적 특징과 문화적 의미」, 『중국과 중국학』, 1(1), 2003.

이용일, 「전국시대 진 봉군의 설치와 봉읍」, 『대구사학』, 75, 2004.

_____, 「전국시대(戰國時代) 봉군(封君) 설치(設置)와 봉군(封君) 수봉기준(受封基準)」, 『人文論叢』, 23, 2009.

이춘식, 「동아시아 국제사회의 형성과 조종외교」, 『한국동양정치사상사연구』, 5(2), 2006.

임태승, 「주대(周代) 토지봉건(土地封建)의 실상(實狀)과 공자(孔子)의 방국(邦國) 이해」, 『유교사상문화연구』, 81, 2020.

장현근, 「성인의 재탄생과 성왕 대 폭군 구조의 형성」, 『정치사상연구』, 17(2), 2011.

_____, 「덕의 정치인가, 힘의 정치인가―맹자 왕패(王霸) 논쟁의 정치 기획」, 정치사상연구, 20(1), 2014.

_____, 「중국 고대 정치사상에서 '국가(國家)' 관념의 형성과 변천」, 『한국정치학회보』, 49(2), 2015.

_____, 「중국 고대의 충군(忠君)사상과 충효(忠孝)관념의 정치화」, 『정치사상연구』,

21(2), 2015.

최우석, 「李白 <蜀道難>篇의 譯註 및 解說」, 『중국어문논역총간』, 48, 2021.

허경진, 「동아시아 문화교류의 다양한 층위(層位)와 데이터베이스 구축의 필요성」, 『韓民族語文學』, 66, 2014.

황루시, 「강릉단오제 설화연구」, 『口碑文學硏究』, 14, 2002.

渡邉英幸, 「秦律の夏と臣邦」, 『東洋史研究』, 66(2), 2007.

濱川栄, 「漢代以前における中原の位置と意義」, 『중국사연구』, 49, 2007.

史党社, 「早期秦文化与行政制度史的印证—重读毛家坪」, 『中国史研究动态』, 4, 2017.

松島隆真, 「陳渉から劉邦へ: 秦末楚漢の国際秩序」, 『史林』, 97(2), 2014.

勝藤猛, 「韓信についての覚え書き—史記淮陰侯列伝」, 『岩手県立大学盛岡短期大学部研究論集』, 3, 2001.

柴田昇, 「楚漢戦争の展開過程とその帰結(上)」, 『愛知江南短期大学 紀要』, 44, 2015.

_____, 「楚漢戦争の展開過程とその帰結(下)」, 『愛知江南短期大学 紀要』, 45, 2016.

齋藤道子, 「「秦の始皇帝」と「漢の高祖劉邦」: 「皇帝像」を考える」, 『経済史研究』, 20, 2017.

陳力, 「前漢王朝建立時における劉邦集団の戦闘経過について(上)—劉邦集団内部の政治的派閥の形成を中心に」, 『阪南論集 人文·自然科学編』, 47(2), 2012.

_____, 「前漢王朝建立時における劉邦集団の戦闘経過について(下): 劉邦集団内部の政治的派閥の形成を中心に」, 『阪南論集 人文·自然科学編』, 55(2), 2020.

蔡志銓, 「以孫子兵法的觀點評析: 韓信的背水為陣」, 『海軍學術雙月刊』, 51(4), 2017.

蔡志銓·羅春秋, 「韓信背水陣分析: 野戰戰略的觀點」, 『國防雜誌』, 29(5), 2014.

肖云飞, 「汉初郡国并行制新论」, 『重庆交通大学学报(社会科学版)』, 18(3), 2018.

黄暁芬, 「秦の墓制とその起源」, 『史林』, 74(6), 1991.

Alishahi, A. R., Tajik, H., and Forozan, Y., "The Reasons of the Presence of ISIS in Afghanistan Based on William Bullitt Domino Theory", Geopolitics Quarterly, 13(45), 2017.

Campbell, R. B., "Toward a networks and boundaries approach to early complex polities", Current Anthropology, 50(6), 2009.

Chun, C., and Xin, G., "Erlitou and Xia: A dispute between Chinese and overseas scholars", Social Evolution & History, 17(2), 2018.

Das, A. K., "A study of feudal coalition and control system in Tokugawa Japan", International Journal of Social Sciences, 9(4), 2020.

Fang, H., "The eastern territories of the Shang and Western Zhou: Military Expansion and Cultural Assimilation", A companion to Chinese archaeology, ed. Underhill, A. P., Hoboken, NJ: Blackwell, 2013.

Feng, L., ""Feudalism" and Western Zhou China: A criticism", Harvard journal of Asiatic studies, 63(1), 2003.

Guo, R., Zhou. L., Zhao, H., and Chen. F., "High Genetic Diversity and Insignificant Interspecific Differentiation in Opisthopappus Shih, an Endangered Cliff Genus Endemic to the Taihang Mountains of China", The Scientific World Journal, 2013.

Huang, C. C., Zhou, J., Pang, J., Han, Y., and Hou, C., "A regional aridity phase and its possible cultural impact during the Holocene Megathermal in the Guanzhong Basin, China", The Holocene, 10(1), 2000.

Jin, G., Zheng, T., Liu, C., Wang, C., and Gao, M., "An important military city of the Early Western Zhou Dynasty: Archaeobotanical evidence from the Chenzhuang site, Gaoqing, Shandong Province", Chinese Science Bulletin, 57(2-3), 2012.

Lander, B., "Birds and Beasts Were Many: The Ecology and Climate of the Guanzhong Basin in the Pre-Imperial Period", Early China, 43, 2020.

Low, S. P., "Chinese business principles from the eastern Zhou dynasty (770-221 BC): Are they still relevant today?", Marketing Intelligence & Planning, 19(3), 2001.

Li, F., Pan, G., Tang, C., Zhang, Q., and Yu, J. "Recharge source and hydrogeochemical evolution of shallow groundwater in a complex alluvial fan system, southwest of North China Plain", Environmental Geology, 55(5), 2008.

Shelach, G., and Jaffe, Y., "The earliest states in China: A long-term trajectory approach", Journal of Archaeological Research, 22(4), 2014.

Sun, H., "The Sanxingdui Culture of the Sichuan Basin", A companion to Chinese archaeology, ed. Underhill, A. P., Hoboken, NJ: Blackwell, 2013.

Tao, D., Zhang, G., Zhou, Y., and Zhao, H., "Investigating wheat consumption based on multiple evidences: Stable isotope analysis on human bone and starch grain analysis on dental calculus of humans from the Laodaojing cemetery, Central Plains, China", International Journal of Osteoarchaeology, 30(5), 2020.

Young, A. T., "The political economy of feudalism in medieval Europe", Constitutional Political Economy, 32(1), 2021.

Zhou, H., "Internal rebellions and external threats: A model of government organizational forms in ancient China", Southern Economic Journal, 78(4), 2012.

기사

윤태옥, 「태항산의 8개 지레목…중원·변방 잇는 길마다 천하 절경」, 《중앙선데이》, 2019.10.12.

초한전쟁
역사적 대전환으로의 지리적 접근

2022년 9월 28일 초판 1쇄 펴냄

지은이 이동민

펴낸이 공재우
펴낸곳 도서출판 흠영 **등록** 2021년 9월 9일 제395-2021-000171호
주소 경기도 고양시 덕양구 동송로 33 이편한세상시티삼송 2층 32호 A223(동산동)
전화 010-3314-1755 **전송** 0303-3444-3438
전자우편 manju1755@naver.com **블로그** blog.naver.com/manju1755
인스타그램 instagram.com/heumyeong.press

편집 공재우 심온결
디자인 studio forb
지도 임근선
제작 영신사

© 이동민 2022

이 도서는 2022 경기도 우수출판물 제작지원 사업 선정작입니다.
이 도서는 한국출판문화산업진흥원의 '2022년 중소출판사 출판콘텐츠 창작 지원 사업'의 일환으로
국민체육진흥기금을 지원받아 제작되었습니다.
판매 수익금의 일부는 지구촌 이웃의 자립을 돕는 월드투게더에 기부됩니다.

ISBN 979-11-976400-1-8 03910